BONNE CONTINUATION

BONNE CONTINUATION

Approfondissement à l'écrit et à l'oral

Nina M. Furry
Hannelore Jarausch
University of North Carolina at Chapel Hill

Prentice Hall

Upper Saddle River, New Jersey 07458

Library of Congress Cataloging-in-Publication Data

Furry, Nina M., (1954)
    Bonne continuation : approfondissement à l'écrit et à l'oral / Nina M. Furry, Hannelore Jarausch.
        p. cm.
    Includes index.
    ISBN 0-13-082908-0 (pbk.)
    1. French language—Textbooks for foreign speakers—English. I. Jarausch, Hannelore.
    II. Title.

PC2129.E5 F87 2001
448.2'421—dc21

                                                        00-061137

V.P., Editorial Director: *Charlyce Jones Owen*
Editor in Chief: *Rosemary Bradley*
Development Editor: *Barbara Lyons*
Editorial Assistant: *Meghan Barnes*
Managing Editor: *Ann Marie McCarthy*
Prepress and Manufacturing Buyer: *Tricia Kenny*
Design and Production: *Pearson Education Development Group*
Cover Art Director: *Jayne Conte*
Cover Designer: *Bruce Kenselaar*
Cover Credit: *Gallery at Musée D'Orsay, Paris, France*
Photographer: *Peter Gridley, FPG International LLC*
Marketing Manager: *Stacy Best*

This book was set in 10/12 Janson Text by the Pearson Education Development Group and was printed and bound by Courier Companies, Inc. The cover was printed by Phoenix Color Corp.

© 2001 by Prentice-Hall, Inc.
A Division of Pearson Education
Upper Saddle River, New Jersey 07458

Printed in the United States of America
10 9 8 7 6 5 4 3 2 1

ISBN 0-13-082908-0

Prentice-Hall International (UK) Limited, *London*
Prentice-Hall of Australia Pty. Limited, *Sydney*
Prentice-Hall Canada Inc., *Toronto*
Prentice-Hall Hispanoamericana, S.A., *Mexico*
Prentice-Hall of India Private Limited, *New Delhi*
Prentice-Hall of Japan, Inc., *Tokyo*
Pearson Education Asia Pte. Ltd., *Singapore*
Editora Prentice-Hall do Brasil, Ltda., *Rio de Janeiro*

TABLE DES MATIÈRES

UNITÉ 2 Héritages collectifs

UNITÉ 3 Amitiés et amours

UNITÉ 4 Le passé dans le présent

PREFACE

Bonne continuation will be your guide as you continue your journey from the intermediate to the more advanced levels of French. The focus is on content through which linguistic skills can be practiced. Its organization, reading selections and activities are designed to improve your reading comprehension, acquaint you with a variety of text types, increase your vocabulary, and reinforce your ability to use the structures of French appropriately. By encouraging you to talk and write about the themes of units, the activities give you repeated opportunities to apply your knowledge of the language and build confidence in your ability to express meaning.

Learning a language is both a solitary and a communal activity, as you know from your past experience. The organization of *Bonne continuation* will make it easier for you to be an independent learner, reviewing structures in the reference grammar sections, practicing vocabulary or preparing yourself for a reading with activities in the **Cahier**. You will, however, also be part of the community of the classroom with directed reading, comprehension, and interpretation activities in which you share knowledge with your classmates to help each other in this discovery and exploration of meaning.

Organization

A short introductory unit on how the French see themselves and are seen by others opens *Bonne continuation*. Four main sections follow, each organized around one broad theme, which provides both unity and variety. In each part, five to seven French and francophone short stories, poems, songs, and expository selections, such as newspaper articles, art reviews, historical discussions, calls to political action, or letters, offer different perspectives from which to view the central topic. **Unité 1, Les beaux-arts**, presents texts incorporating the visual arts, from creation to appreciation. **Unité 2, Héritages collectifs**, offers folklore as well as literary treatments of European and West-African traditions, ranging from a medieval story to a contemporary musical legend. **Unité 3, Amitiés et amours**, treats human relationships, from youthful friendships to love between grandparents and children, as well as challenges in adult relationships. The final unit, **Le passé dans le présent**, illustrates the presence of the past in the contemporary world, through issues such as francophonie, the role of Jeanne d'Arc, challenges of immigration, and an imagined scientific exploit that has become reality.

Each unit opens with an introduction to the theme, followed by the **Champ de vocabulaire**, which presents vocabulary appropriate to the theme. The section **Parlons un peu** provides some activities for oral practice of the words and expressions before you begin the readings. At the end of each of the four units you will find the grammar, under the heading of **Formes et structures utiles**. Between four and five grammatical structures, with explanations in French, appear in each of these sections, with examples drawn from or related to the readings.

Reading

Developing your reading skill is important to continuing study in French. Whether the goal of your subsequent courses is analyzing literature, exploring aspects of culture, or formulating informed opinions for discussion about a topic, comprehension of written texts is a first step. This textbook seeks to facilitate your understanding through brief introductions and **Pré-lecture** questions that draw your attention to the context and features of each reading. Besides enabling you to anticipate content, these sections can bring relevant images and vocabulary to mind. As you actually begin reading, **Lecture dirigée** questions guide you to focus on main ideas and to distinguish pertinent details from less important ones. When treated as a group exercise, this allows different readers to contribute their individual insights to the process of justifying interpretation, so that all may benefit from a collaborative construction of meaning. Once the initial gist is established, you may proceed with more confidence and continue to capitalize on what you know. This can prevent you from feeling overwhelmed by all the details. The follow-up **Questions de compréhension** serve to summarize the essential points of the reading and thus to confirm your basic comprehension of the text as a whole. Successfully reading for meaning requires you to be actively engaged in problem solving throughout the process; you will need to reconcile the content already constructed with what follows by drawing on information from the text and your own background knowledge. In addition, you will need to puzzle through obstacles presented by the language of the text. Although linguistically accessible, the readings in this book vary in length and difficulty and each should present some challenge. Longer pieces can be read with less attention to every detail, whereas shorter ones, particularly poems, require a closer reading. You should expect to read any text several times to increase your understanding.

Vocabulary

Students often express frustration at how much vocabulary they do not know and emphasize this as a major impediment to comprehension. It is true that the larger your vocabulary, in your own language as well as in French, the more helpful it will be. One of the goals of this textbook is to acquaint you with effective tools for building your vocabulary in French. Glosses within each text highlight terms that are important to comprehension of that specific reading but are not necessarily generalizable. Therefore, a list of expressions (**Champ de vocabulaire**) at the beginning of each **Unité** provides some words applicable to more than one text and useful to discussion of related themes. This list is meant as both a quick reference and a base for you to build on. The short lists of cognates (**Mots apparentés**) are intended to sensitize you to look for similarities, and to notice the differences, between new words you encounter in French and the words you already know in English. Other words derived from the same root in French often accompany the initial entry so you can see how different forms correspond to different grammatical functions. A brief definition appropriate to the context and an abbreviation for grammatical function, as it would appear in a dictionary, are provided. Material in the **Unité préliminaire** and exercises in the **Cahier** are designed to help you attend to the range of information in a dictionary. Beyond lists and the dictionary, the best way to expand vocabulary is to see it and use it in context. More reading is a way to increase your vocabulary and can thus contribute to both your oral and written expression.

Speaking

Now that you have reached this level of French, you are ready to discuss ideas and feelings, considering questions similar to those that are meaningful to you in your native language and culture. The topics of the readings (and associated vocabulary and grammar) serve as starting points, sources of information, and illustrations of language for class discussions. **Questions de compréhension**, which can be prepared in small groups or with the whole class, deal with identifiable content, letting you speak specifically about the texts. More interpretative activities (**Réfléchissez et discutez ensemble**) allow you to demonstrate your analytical skills as you compare your perspectives with those of your classmates. Role-plays (**Jouez les scènes**) add a personal, creative element to speaking when you "become" someone else reacting to an aspect of the reading selections or even playing one of the characters in a story. In all the speaking activities, you are encouraged to respond with several sentences, working toward a more complex form of expression.

Listening

When you and your classmates share understanding of and reactions to the texts and themes, you also practice your listening skills, asking for clarification and justification as needed. For more structured practice in listening, the accompanying **CD** and activities in the **Cahier**, with material thematically related to the units of *Bonne continuation*, can be used on your own or in class.

Writing

Expressing in writing your comprehension of and reaction to the reading selections is a logical follow-up to the oral activities. Many of the shorter assignments (**À l'écrit**) have a creative aspect, such as writing a letter, a diary entry, etc., from the perspective of one of the characters in the reading. The point of departure is the text, but your imagination expands the theme in more personal directions. At the end of most readings, a concluding **Synthèse** activity pulls together the major themes in a longer, guided-writing assignment. By following the steps indicated, you produce more complex language as you apply the content and the structures presented.

Grammar

A presentation of grammar structures (**Formes et structures utiles**) follows each unit for easy reference. The explanations are intentionally brief, since the authors feel that at this level, too much detail with too many exceptions can be counter-productive. They have chosen to focus on those aspects of the structures which are both frequent and useful in developing your ability to read fluently and express yourself correctly, both orally and in writing. **Applications grammaticales**, accompanying most readings, allow you to practice these structures. Translation is used occasionally to highlight structural differences in order to help you avoid the pitfalls of transposing your ideas word for word from English to French.

At this level of language study, students have a wide range of backgrounds and varying needs when it comes to grammar review. You will need to be aware of which structures you feel confident about, going through those quickly, while spending more time on those about which you feel more uncertain. Additional exercises for practice are included in the **Cahier**. Your instructor may want to present certain forms in class, while leaving others to you to review on your own. As an experienced language learner, you should use the **Formes et structures utiles** as needed to build your confidence in your ability to express yourself.

In conclusion, the authors would like to wish you enjoyment and success as you continue your adventure towards the mastery of French. The salutation which they chose as the title for this book is defined as follows in the *Petit Robert*: « Bonne continuation ! : souhait adressé à quelqu'un qui semble se plaire à ce qu'il fait, dans sa situation. »

Acknowledgments

We would like to express our gratitude to those who helped and supported us in the creation of *Bonne continuation*. First of all, we want to thank Rosemary Bradley, Editor-in-Chief, for her confidence in us. We could not have completed the project without the careful reading and perceptive commentary of Barbara Lyons, who appreciated our approach, as well as the thoughtful work of Estelle Needleman, Lisa Donovan, and Yin Ling Wong who saw the book through its production phases. Taïeb Berrada's attention to linguistic detail was invaluable. The many graduate teaching fellows in our program who have used this material in the classroom deserve special recognition.

We are grateful for the constructive criticism of the colleagues who gave generously of their time to review the manuscript:

Joseph Allaire, *Florida State University*
Cynthia Fox, *SUNY Albany*
Beth Glessner, *Arizona State University*
Elizabeth Guthrie, *University of California, Irvine*
Kristen Halling, *Southern Arkansas University*
Hedwige Meyer, *University of Washington*
Lyle Polly, *Southwest Missouri State University*
Mary Ellen Scullen, *University of Maryland*
Patricia Siegel, *SUNY Brockport*

We would like to dedicate this book to our many French friends and most especially to the memory of Raymonde Lore-Cornée.

NF & HJ

Bonne continuation
CD Contents

Track	Title
01.	Lettre de Van Gogh (Unité 1)
02.	pour faire le portrait d'un oiseau (Unité 1)
03.	Des musées à Paris (Cahier, Unité 1)
04.	Dis-moi, lune d'argent (Unité 2)
05.	Tour jusqu'à la lune (Cahier, Unité 2)
06.	Tom Pouce (Cahier, Unité 2)
07.	Raconte-moi (Unité 2)
08.	Qu'est-ce que l'amitié? (Cahier, Unité 3)
09.	Mes grands-parents; anecdotes sur Mami (Cahier, Unité 3)
10.	Colloque sentimental (Unité 3)
11.	Mère Awa (Unité 3)
12.	La langue de chez nous (Unité 4)
13.	L'histoire et le poids du passé (Cahier, Unité 4)
14.	Des problèmes de papiers (Cahier, Unité 4)

Unité préliminaire

En route

2

Les G.I. sur les Champs Elysées lors de la Libération—août 1944

Les Français vus d'ailleurs

Ce que nous pensons d'un autre peuple vient à la fois de notre propre culture et du contact que nous avons eu avec celui-là. En outre, les rapports historiques, aussi bien que les images transmises par les médias, contribuent à la manière dont nous observons une culture étrangère. Réfléchissez un peu aux rapports entre la France et les États-Unis en vous servant des questions suivantes comme guide :

1. Que savez-vous des rapports historiques entre la France et les États-Unis ?

2. Quelles images les Américains ont-ils de la France ? Et les Français des Américains ?

3. Pour quelles raisons la France attire-t-elle tant de touristes ?

Galerie d'art au cœur de Paris

Un Américain arrive à Paris

Dans *Les chroniques de l'ingénieur Norton : confidences d'un Américain à Paris*, Christine Kerdellant présente, de façon comique, les Français vus par un étranger fictif. Norton, un ingénieur américain, est envoyé travailler en France et dès son arrivée, il raconte, par courrier électronique, sa découverte des particularités françaises. En promenant son regard faussement naïf sur les travers de la société française, il fait aussi un commentaire sur des particularités américaines. Dans l'extrait qui suit, il décrit son arrivée à Paris et explique ce qu'il savait sur la France avant de s'y établir :

paquetage : bagage d'un soldat

qu'il ne nous a fallu : était nécessaire ; **soute** : *baggage hold;* **accalmie** : calme

Nous sommes arrivés en France cinquante ans après les GI's. Mais mon grand-père avait dû mettre moins de temps pour débarquer avec son paquetage° sur les plages normandes qu'il ne nous a fallu° pour atterrir à Roissy[1] avec nos bagages dans la soute°. Nous avons pris les contrôleurs aériens par surprise, en profitant
5 d'une accalmie° entre deux grèves.

Je ne savais rien sur la France avant que la Compagnie ne rachète ma société, sinon ce que tous les Américains ayant fait des études en savent. C'est-à-dire :

1. Que la France est le pays de Sartre[2] et de Bardot[3], celui qui nous a donné l'existentialisme et les Gauloises[4] ;

10 2. Que Paris est la capitale du bien-vivre et du bon goût, et qu'on y aperçoit la tour Eiffel dans un rayon de cinquante kilomètres bien qu'elle soit moins haute que l'Empire State Building ;

3. Que la France serait le plus beau pays du monde sans les Français, lesquels sont froids, arrogants, et aussi sûrs de leurs vins que de leurs philosophes ;

imprévisibles : *unpredictable*

sauvé la mise : *bailed out*

mettre les bâtons dans les roues : *put a monkey wrench in the works*

15 4. Enfin, qu'ils sont des alliés imprévisibles° et ingrats : bien que nous leur ayons sauvé la mise° en 18 et en 44, ils ne cessent de nous mettre des bâtons dans les roues°.

Pour eux, l'Américain moyen est un cow-boy qui porte une cravate, mâche du chewing-gum et croit que Cézanne est un empereur romain.

mutation : *transfer*

20 Lorsque nous avons appris ma mutation°, quelques mois après la fusion, Ruth [la femme de Norton, d'origine allemande] a bien réagi. Nous autres, Américains, n'aimons pas quitter longtemps notre pays, qui est le plus grand et le plus beau du monde, mais, s'il faut vraiment partir, la France est sans conteste le point de chute° le plus recherché. On y bénéficie de cinq semaines de congés payés, contre
25 deux chez nous. Paris fait rêver : c'est la destination romantique par excellence, celle des voyages de noces, et des escapades sentimentales....

point de chute : endroit où on arrive

percer : découvrir

Ruth, elle, avait l'intention de vivre comme Dieu en France[5]. Elle allait mettre à profit ce séjour pour percer° le secret de la « classe » française : savoir tenir un verre de vin par le pied, choisir un camembert du bout des doigts, confectionner
30 une mousse au chocolat bien ferme ou, à tout le moins, faire la différence entre un Saint-Émilion et un Saint-Estèphe[6]...

Elle achèterait des tailleurs Saint-Laurent et des sacs Vuitton, moins chers à Paris que dans les boutiques new-yorkaises. Du moins le croyait-elle.

---

[1] l'aéroport Charles de Gaulle
[2] Jean-Paul Sartre, écrivain et philosophe (1905-1980)
[3] Brigitte Bardot, vedette de cinéma des années 1960, connue surtout pour sa beauté
[4] cigarettes françaises, au goût et parfum forts
[5] vieux dicton germanique
[6] vins rouges de Bordeaux

L'avenir lui a donné tort. Sauf sur un point : si, pour gagner de l'argent, il n'y a pas
35 de meilleur endroit que les États-Unis, la France est imbattable° lorsqu'il s'agit de
le dépenser.

imbattable : *unbeatable*

Christine Kerdellant, *Les chroniques de l'ingénieur Norton* (Paris : Belfond, 1997)

Questions de compréhension

1. Pourquoi Norton et sa famille s'établissent-ils en France ?

2. Pour quelles raisons les Américains n'aiment-ils pas quitter leur pays ?

3. Qu'est-ce qui rend le travail en France si agréable, selon Norton ?

4. Quels aspects de la vie en France intéressent sa femme Ruth ?

Réfléchissez et discutez ensemble

1. À quel événement historique Norton compare-t-il son arrivée en France ?
En quoi ces deux arrivées sont-elles différentes ? Pourquoi fait-il ce genre
de comparaison ? À quels autres événements historiques fait-il allusion ?

2. Comparez les images de la France que vous avez trouvées en répondant à la
question #2 tout à fait au début (p. 3) aux images présentées dans le texte.
D'où viennent ces images, selon vous ?

3. Expliquez le dicton allemand : Vivre comme Dieu en France. Qu'est-ce que
cela suggère ?

4. Trouvez-vous les commentaires de Norton amusants ? Pourquoi ou
pourquoi pas ?

Jouez les scènes

1. Norton vient d'apprendre qu'il doit quitter les États-Unis pour aller travailler
en France. Sa femme, qui est allemande, trouve cela formidable mais lui n'est
pas du tout sûr de vouloir partir. Imaginez leur conversation.

2. Les nouveaux collègues de Norton n'en savent que très peu sur les Américains
et lui expriment leurs idées assez stéréotypées. Il les contredit.

Les Français vus par les Français

La première qualité que s'attribuent les Français par rapport aux habitants d'autres
pays européens est la créativité (47%), devant le niveau culturel (34%), le niveau
de qualification° (31%), les qualités de la jeunesse (30%), le caractère travailleur
(25%), la capacité d'adaptation (24%), le dynamisme (24%). La qualité des élites
5   arrive en dernier lieu, avec 10%.

Les Echos/BVA, 1998

qualification : *job training and
skills*

Qu'en savez-vous ?

Les Français sont avant tout fiers de leur créativité et de leur culture. Quels
artistes, écrivains, inventeurs, chercheurs français connaissez-vous ?

Et en Amérique ?

Faites un petit sondage dans votre classe sur les qualités que s'attribuent les Américains. Retrouve-t-on les mêmes qualités citées par les Français ? Y a-t-il des différences dans l'importance accordée à ces qualités ?

Les valeurs des Européens

Liste des valeurs auxquelles les habitants de cinq pays de l'Union européenne sont le plus attachés° (en %) :

	Europe	Italie	France	Allemagne	Espagne	Grande Bretagne
• Justice	49	51	47	49	51	47
• Travail	47	56	46	48	56	44
• Liberté	44	42	44	38	42	45
• Tolérance	36	31	38	48	31	33
• Égalité	33	37	33	34	37	30
• Solidarité	29	41	42	25	41	4
• Argent	21	14	13	23	14	44
• Ordre	15	14	18	18	14	9
• Tradition	9	3	8	8	3	14
• Patriotisme	6	3	8	3	3	10

° Choix des trois préférées parmi la liste de dix valeurs proposée.

IPSOS, 1998

1. Quelles sont les six valeurs auxquelles les Français sont le plus attachés ?

2. Comparez ces six valeurs à celles qui sont les plus importantes pour les autres Européens.

3. Parmi les valeurs les moins importantes pour les Français, y en a-t-il certaines qui vous surprennent ? Expliquez.

4. À votre avis, quelles sont les valeurs auxquelles les Américains sont le plus attachés ? Justifiez votre point de vue.

Pour enrichir votre vocabulaire

Au début de chaque unité, vous trouverez un champ de vocabulaire, avec des expressions utiles à votre compréhension des textes ainsi qu'à votre expression relative aux thèmes introduits.

Les mots apparentés [*cognates*]

Les mots apparentés dans ces listes ressemblent aux mots anglais et ont la même signification, mais leur orthographe est souvent différente. Ce vocabulaire peut faciliter votre compréhension et peut être incorporé rapidement dans votre expression.

- Il faut faire attention cependant aux **faux amis**, ces expressions en français qui ressemblent aux mots anglais mais qui ont une signification différente. Par exemple :

  faire des études = *to pursue a course of study, higher education*
  (*to do one's studies* = faire des devoirs).

  rester = *to stay, remain*
  (*to rest* = se reposer ; *to rest something on* = poser quelque chose sur...)

- Parfois la signification en français est différente de celle en anglais, selon le contexte particulier : Le mot **société** peut vouloir dire *society* en anglais, mais dans le contexte des affaires, **une société** = *a company*, comme IBM. De même, le mot **mutation** peut vouloir dire **transformation**, comme en anglais, mais dans le contexte des affaires, **une mutation** = *a transfer*.

Si vous hésitez sur la signification d'un de ces mots en français, ou si vous ne pouvez pas en réconcilier votre interprétation avec le contexte, il vaut mieux vérifier la définition dans un bon dictionnaire.

La partie du discours [*part of speech*]

La présentation des champs de vocabulaire ressemble un peu à celle d'un dictionnaire. Pour vous habituer à l'usage de cette référence importante, toutes les expressions sont accompagnées d'abréviations indiquant la partie du discours :

n = nom
adj = adjectif
art = article
pron = pronom
v = verbe
adv = adverbe
prép = préposition
conj = conjonction

Le genre (masculin ou féminin)

Avec certaines catégories grammaticales, on indique d'autres distinctions importantes pour la forme ou l'usage. Par exemple, le genre est indiqué pour les noms (*nm* = nom masculin ; *nf* = nom féminin) puisque cela détermine la forme des articles et des adjectifs à employer :

contrôleurs (*nm*) les contrôleurs aériens
endroit (*nm*) le meilleur endroit
plage (*nf*) les plages normandes
tour (*nf*) la tour...moins haute

Entraînez-vous

1. Encerclez tous les mots apparentés que vous pouvez trouver dans l'extrait de *Les chroniques de l'ingénieur Norton* et dans ceux de *Francoscopie* que vous venez de lire.

2. Voici une dizaine de mots de ces extraits. Donnez l'expression équivalente en anglais pour chacun et vérifiez-la dans un dictionnaire français-anglais :

bagages
contrôleurs aériens
philosophes
cessent
empereur
bénéficie
ferme
culturel
dynamisme
solidarité

3. En vous servant d'un bon dictionnaire français ou français-anglais, trouvez le genre (masculin/féminin) pour les noms dans la liste ci-dessus. Identifiez aussi le genre de la forme de chaque adjectif donné, en vous référant au dictionnaire, puis trouvez son équivalent masculin/féminin. Exemple : **sophistiqué** = *m.* **sophistiquée** = *f.*

Verbes transitifs ou intransitifs

Les verbes se distinguent également entre ceux qui sont transitifs, s'accompagnant toujours d'un objet direct (*vt* = verbe transitif), et ceux qui sont intransitifs, sans objet direct (*vi* = verbe intransitif). Un objet direct n'est jamais précédé d'une préposition.

Christine Kerdellant **présente** les Français vus par un étranger.
(**présenter** = verbe transitif ; son objet direct = les Français)

L'image de prestige, de luxe et de tradition **reste** forte.
(**rester** = verbe intransitif sans objet)

Il faut faire attention à cette distinction en français qui ne correspond pas toujours à l'usage des verbes équivalents en anglais :

En anglais, *leave* = verbe transitif **et** intransitif.

Americans don't like to leave their country for long.
(usage transitif avec *their country* comme objet direct)

If they have to leave, France is the preferred destination.
(usage intransitif sans objet direct)

En français, il y a deux verbes différents :

Nous, les Américains, n'aimons pas **quitter** longtemps notre pays.
(**quitter** = verbe transitif ; l'objet direct = notre pays)

S'il faut **partir**, la France est la destination la plus recherchée.
(**partir** = verbe intransitif sans objet direct)

Les verbes qui semblent équivalents dans les deux langues n'ont pas toujours le même sens en anglais aussi bien qu'en français :

elaborate = verbe intransitif / **élaborer** = verbe transitif en français
*I'm not sure what you mean. Can you **elaborate**?* (= *give more details*)

Norton **a élaboré** une liste de ce que savent les Américains de la France.
*Norton **developed** a list of what Americans know about France.*

Verbes pronominaux

Certains verbes transitifs ont une forme pronominale *(vpron)* s'accompagnant toujours d'un pronom objet qui correspond au sujet du verbe. Si on trouve cette forme dans le dictionnaire, on peut l'employer dans des contextes où l'on est obligé d'avoir une structure passive ou bien un verbe intransitif en anglais :

Les Américains s'étonnent de l'ingratitude apparente des Français.
Americans are surprised by the apparent ingratitude of the French.

La famille Norton s'est installée dans un appartement.
The Norton family moved into an apartment.

Faites attention à vérifier le sens du verbe qui peut être différent à la forme pronominale.

installer *(vt)* [*to install, establish something*]   **s'installer** [*to move in, get settled*]

dépêcher *(vt)* [*to dispatch, send something*]   **se dépêcher** [*to hurry*]

Exercice de recherche de verbes à l'aide du dictionnaire

Cherchez l'équivalent français des verbes suivants dans un dictionnaire et indiquez s'ils sont transitifs, intransitifs, ou les deux en français. Si le verbe est transitif, cherchez également une forme pronominale. Ecrivez une phrase avec chacun de ces verbes français :

break
hide
listen
print
tear

Définitions

En plus des informations sur la forme, l'orthographe, et la partie du discours avec des précisions relatives à certaines catégories, les **champs de vocabulaire** vous donnent aussi les définitions relatives au contexte particulier des lectures de ce manuel. Toutefois, dans un bon dictionnaire, vous trouverez l'ensemble des définitions pour chaque contexte, suivi d'exemples d'usage. Ces exemples s'accompagnent parfois d'une abréviation indiquant un domaine spécialisé (Méd = médecine ; Archit = architecture). D'autres marques d'usage précisent la notion de temps (vx = vieux ou vieilli ; mod = moderne), de situation géographique (Can = Canada), de perception culturelle (fam = familier ; vulg = vulgaire), ou de fréquence (rare) pour vous aider à interpréter ou à utiliser l'expression de manière appropriée. Pour ces definitions, vous trouverez également des expressions synonymes et antonymes, que vous pouvez ajouter à votre vocabulaire.

La France traditionelle

Abréviations

Regardez les premières pages de votre propre dictionnaire français-anglais pour une liste des abréviations utilisées. Si vous trouvez les abréviations françaises suivantes sur cette liste, indiquez le mot correspondant en français et en anglais :

arg
ex
fig
littér
péj

Que veut dire... ?

Voici l'extrait du dictionnaire Harper-Collins-Robert pour le mot **patrimoine**. Examinez cet extrait pour répondre aux questions suivantes :

patrimoine [patRimwan] *nm* (gén) *inheritance*; (Jur) *patrimony*; (Fin : biens) *property*; (fig) *heritage*. **~ national** *national heritage*

1. Que signifient les abréviations entre parenthèses ?

2. Quel synonyme français peut-on employer pour ce mot dans le domaine financier ?

3. Quelle est la signification de cette expression dans la phrase suivante : L'histoire, le **patrimoine** et la culture sont les premiers attraits touristiques de la France.

4. À part le genre et les définitions, quelle information donne-t-on sur ce mot ?

Et comment dit-on... ?

Voici les extraits du dictionnaire Harper-Collins-Robert pour les mots *visit*/**visite**. Examinez ces extraits pour répondre aux questions suivantes :

visit [vizit] **1** *n* (*call. tour*) visite *f*; (*stay*) séjour *m*. to pay a ~ to *person* rendre visite à; *place* aller à; to be on a ~ to *person* être en visite chez; *place* faire un séjour à; **on a private/an official** ~ en visite privée/officielle; (*fig*) **to pay a** ~ * aller au petit coin *. **2** *vt* (**a**) (*go and see*) *person* aller voir; (*more formally*) rendre visite à; *town, museum, zoo, theatre* aller à. (**b**) (*stay with or in*) *person* faire un séjour chez; *town, country* faire un séjour à (*or* en). (**c**) (*inspect*) *place* inspecter; *troops* passer en revue. ♦ **visitation** *n* [*official*] visite *f* d'inspection; [*bishop*] visite pastorale. ♦ **visiting** *adj friends* de passage; *lecturer* invité; *professor etc* associé; ~ **ing card** carte *f* de visite; (*US*) ~ **ing fireman** * visiteur *m* de marque; ~ **ing hours** *or* **time** heures *fpl* de visite; (*US*) ~ **ing teacher** ≃ visiteuse *f* scolaire; (*Sport*) **the** ~ **ing team** les visiteurs *mpl*; **I'm not on** ~ **ing terms with him** nous ne nous rendons pas visite. ♦ **visitor** *n* (*guest*) invité(e) *m(f)*; (*in hotel*) client(e) *m(f)*; (*tourist; also at exhibition etc*) visiteur *m*. -euse *f*; ~ **ors' book** livre *m* d'or; (*in hotel*) registre *m*; ~ **ors to Paris** les visiteurs de passage à Paris; ~ **ors to the exhibition** les personnes *fpl* visitant l'exposition.

visite [vizit] *nf* (**a**) (*action*) [*pays etc*] visiting; [*bagages*] examination, inspection, (*à l'hôpital*) **heures de** ~ visiting hours; **la** ~ **du château a duré 2 heures** it took 2 hours to go round the castle. (**b**) (*tournée*) (*gén*) visit; [*ami. représentant*] visit, call; [*inspecteur*] visit, inspection. ~ **guidée** guided tour; **en** ~ **officielle en France** on an official visit to France; **rendre** ~ **à qn** to pay sb a visit, call on sb, visit sb; **avoir la** ~ **de qn** to have a visit from sb. (**c**) (*visiteur*) visitor, **nous attendons de la** ~ *ou* **des** ~ **s** we are expecting visitors *ou* company *ou* guests. (**d**) (*Méd*) ~ **médicale** medical examination; ~ (**à domicile**) (house) call, visit; ~ **de contrôle** follow-up visit; **la** ~ (*chez le médecin*) (medical) consultation; (*Mil*) sick parade; [*recrue etc*] **passer à la** ~ (*médicale*) so have a medical *ou* physical (*US*) examination. ♦ **visiter** (**1**) *vt* (**a**) *pays* to visit; *château* to go round, visit; *maison à vendre* to go *ou* look over, view, **il nous a fait** ~ **la maison** he showed us round the house. (**b**) *bagages* to examine, inspect; *recoins* to search (in); *navire* to inspect; (*hum*) *coffre-fort* to visit. (**c**) [*médecin, représentant*] to visit, call on. ♦ **visiteur, -euse** *nm, f* visitor.

1. Le mot *visit* en anglais peut être nom ou verbe. Quelle est l'expression équivalente en français pour chacune de ces parties du discours ?

2. Trouvez deux expressions en français qui veulent dire *visit someone*.

3. Trouvez deux expressions en français qui veulent dire *visit a country*.

La France moderne

Familles de mots

Si vous reconnaissez des mots appartenant à la même famille, qui se ressemblent dans l'orthographe, mais dont la catégorie grammaticale (nom, adjectif, verbe, adverbe) est différente, cela peut faciliter votre compréhension et élargir votre vocabulaire. Vous les trouverez souvent dans le dictionnaire, soit avec les définitions d'un mot, soit avant ou après ce mot :

bénéficier *v*	rêver (de) *v*	profiter *v*
bénéficiaire *n* = personne	rêve *nm*	profit *nm*
bénéfice *nm* = chose	rêvé *adj*	profitable *adj*
	rêveur *nm, adj*	

Unité préliminaire En route
Formes et structures utiles

A. Le présent

En général, l'emploi du présent en français est le même qu'en anglais. On utilise le présent :

Pour travailler davantage ces structures, voir Cahier, Unité préliminaire.

1. Pour exprimer une action qui se passe au moment où l'on parle :

> — Qu'est-ce que tu **fais** ?
> — Je **lis** un article sur les Français et les étrangers.

NOTE : Pour insister sur le fait que l'action a lieu au moment où l'on parle, on peut employer l'expression : **être en train de** + infinitif :

> Tu me déranges ! Je **suis en train de faire** mes valises.

Cette expression n'est pas limitée au présent, mais peut s'employer aussi au futur et à l'imparfait :

> Ne me téléphone pas à minuit. Je **serai en train de dormir**.
> Quand nous sommes arrivés, ils **étaient en train de dîner**.

2. Pour exprimer une habitude :

> Avant de voyager dans une région que je ne **connais** pas, **j'achète** toujours un *Guide Michelin*.
> La plupart des Français **ont** cinq semaines de congés payés.

3. Pour exprimer un état général ou permanent :

> L'histoire, le patrimoine et la culture **sont** les premiers attraits touristiques de la France. Pour les Américains, la Tour Eiffel **symbolise** toute la France.

4. Pour exprimer un passé tout récent par rapport au présent, souvent avec **venir de** + infinitif :

> Comparez: Il **arrive** à l'instant de Bruxelles. / Mes amis allemands **viennent d'acheter** une maison en Provence.

5. Pour exprimer un futur proche par rapport au présent, souvent avec **aller** + infinitif :

> Comparez: Attends-moi ! J'**arrive**. / Nous **allons visiter** le Louvre cet été.

6. Au lieu d'employer le futur, on utilise le présent après **si** dans une phrase de condition. [Voir Unité 2 : Formes et structures utiles, pour les phrases de condition.] :

> Si tu **vas** en France cet été, mes amis t'inviteront.

7. Pour rendre l'action plus vivante dans une narration au passé (présent littéraire ou historique) :

> Selon les déclarations de Jeanne, Dieu l'a chargée de chasser les Anglais et de rendre au roi son royaume. Soutenue par les voix de Saint Michel, de Sainte Catherine et de Sainte Marguerite, elle **quitte** sa famille en cachette. Elle **finit** par persuader un seigneur des environs de Domrémy de lui donner une petite escorte. Elle **arrive** à Chinon et **demande** à voir le Dauphin. (« Jeanne d'Arc », p. 169)

8. On utilise le présent après **depuis**, pour indiquer qu'une action (ou un état) commencée dans le passé, continue dans le présent. (En anglais, on utilise souvent le *present perfect* dans ces cas-là.)

> **Depuis** combien de temps **apprenez-vous** le français ? (la durée dans le temps)
> (*How long have you been learning French?*)
>
> Je l'**apprends depuis** cinq ans.
> (*I've been learning it for five years.*)
>
> **Depuis** quand les Allemands **admirent**-ils le style de vie des Français ? (le commencement)
> (*How long have the Germans admired the lifestyle of the French?*)
>
> Ils l'**admirent depuis** le dix-huitième siècle.
> (*They've admired it since the 18th century.*)

On peut aussi utiliser **Il y a ...que, Ça fait...que, Voici/voilà...que** + un verbe au présent pour indiquer la durée dans le temps :

> **Il y a** combien de temps **que** vous **habitez** en France ?
> (*How long have you been living/have you lived in France?*)
>
> **Ça fait** deux jours **que j'écris** cet article sur les Français.
> (*I've been writing this article on the French for two days.*)

Formation : voir l'Appendice pour des exemples de conjugaisons.

B. La négation

1. Formes (affirmations en gras)

adverbes	pronoms
ne...pas ne...pas du tout ne...jamais (**toujours, souvent, quelquefois,** etc.) ne... pas encore (**déjà**) ne...plus (**encore, toujours**) ne...que ne...guère	ne...personne (**quelqu'un, tout le monde**) (objet) personne...ne (**quelqu'un, tout le monde**) (sujet) ne...rien (**quelque chose, tout**) (objet) rien...ne (**quelque chose, tout**) (sujet)

adjectifs/pronoms	conjonctions
ne...aucun(e) (**quelques,** **quelques-un(e)s**) (objet) aucun(e)...ne (**quelques,** **quelques-un(e)s**) (sujet)	ne... ni...ni (**et, ou**) (objet) ni...ni...ne (**et, ou**) (sujet)

2. Place de la négation

a. ne...pas, ne...jamais, ne...pas encore, ne...plus

- Aux temps simples (présent, imparfait, futur, conditionnel, subjonctif présent), **ne** (**n'** devant une voyelle ou un **h** muet) est placé devant le verbe, et l'autre partie de la négation (**pas, jamais, pas encore, plus,** etc.) est placée après le verbe.

  Les Français pensent que les Américains **ne** boivent **pas** de bon vin.

  La France **n'**est **plus** le pays du béret et de la baguette.

NOTE : Dans la langue parlée familière, le **ne** a tendance à disparaître, mais dans la langue écrite, il est obligatoire.

- Aux temps composés (passé composé, plus-que-parfait, futur antérieur, conditionnel passé, passé du subjonctif), les règles s'appliquent à l'auxiliaire, c'est-à-dire, le **ne** (**n'**) se place devant l'auxiliaire et la deuxième partie de la négation après l'auxiliaire :

  Je **n'**ai **pas encore** visité le Sénégal.

  Nous **ne** sommes **jamais** descendus dans un hôtel de luxe.

Quand il y a des pronoms objets, le **ne** précède ces pronoms :

  Les Français **ne** se sont **plus** disputés avec les Allemands.

  Je **ne** leur ai **jamais** parlé de mes expériences en Belgique.

b. ne...personne, ne...rien

Ces pronoms négatifs peuvent être le sujet, l'objet direct ou indirect, ou l'objet d'une préposition et leur place varie selon leur fonction dans la phrase. Le **ne** (**n'**) est toujours placé devant le verbe, comme pour les adverbes de négation :

  Personne n'aime les touristes arrogants (sujet).

  Je **n'**ai parlé avec **personne** (objet d'une préposition).

  Ils **n'**ont **rien** dit (objet).

Aux temps composés, **personne** est placé après le participe passé.

  Il **n'**a trouvé **personne** à qui demander de l'aide (objet direct).

NOTE : Quand **rien** ou **personne** sont suivis d'un adjectif, il faut ajouter **de**. L'adjectif est toujours au masculin singulier. C'est aussi le cas pour les expressions affirmatives correspondantes (**quelqu'un** et **quelque chose**).

Son mari **ne** lui a **rien** acheté **de** beau. Elle a trouvé **quelque chose de** joli au marché.

Nous **n'**avons vu **personne d'**intéressant. J'ai rencontré **quelqu'un d'**intelligent.

c. ne...aucun(e)

L'adjectif modifie un nom singulier sujet, objet, objet d'une préposition. Il s'accorde (masculin ou féminin) avec le nom, comme tous les adjectifs.

Le **ne** (**n'**) se trouve devant le verbe, comme pour les autres négations.
Le pronom **aucun**(e) remplace un nom et doit s'accorder avec celui-ci :

Je **n'**ai eu **aucune** carte de lui. Je **n'**en ai eu **aucune**.

NOTE : Le verbe avec **aucun**(e) comme sujet sera toujours au singulier :

Aucun touriste **ne** veut qu'on se moque de lui. **Aucun ne** le veut.

d. ne...ni...ni

Cette conjonction est l'opposé de **et** ou **ou** :

Ni les Anglais **ni** les Américains **ne** trouvent les Français hospitaliers.
Il **ne** veut voyager **ni** au Canada **ni** aux Antilles.

e. ne...que, ne...guère

Ces deux expressions indiquent la restriction plutôt que la négation :

- **ne...que** est un synonyme de l'adverbe **seulement**. Le **que** est placé devant le mot qui subit le sens restrictif :

    On **ne** peut connaître d'autres pays **qu'**en y travaillant.
    Elle **ne** m'a acheté **qu'**un t-shirt à Paris.

- **ne...guère** [*scarcely, hardly*] veut dire **pas beaucoup**, **peu de**, **presque pas** :

    Je **n'**ai **guère** eu le temps de lui parler.
    Les Américains **ne** parlent **guère** de langues étrangères.

Attention : **Si** remplace **oui** quand vous répondez affirmativement à une question négative ou à une phrase négative :

> Comparez : As-tu vu ces touristes ?
> > Oui, je les ai vus. Non, je ne les ai pas vus.
>
> > N'as-tu pas vu ces touristes ?
> > **Si**, je les ai vus.
>
> > Je n'ai pas mon passeport.
> > **Si**, tu l'as, dans ton portefeuille.

UNITÉ 1
Les beaux-arts

Picasso dans son atelier

Le Penseur de Rodin

16

Le Louvre

Introduction

Les beaux-arts (peinture, sculpture, dessin, architecture, etc.) se donnent pour but de reproduire, d'élaborer des formes en réalisant une conception de la beauté. Pendant longtemps, la France s'est considérée comme le centre des arts plastiques par excellence et encore aujourd'hui ses musées (le Louvre, le Musée d'Orsay, le Centre Pompidou, le Musée Picasso, etc.) attirent des millions de touristes venus du monde entier. Quels artistes français connaissez-vous ? Quelles écoles artistiques associez-vous avec la France ?

Les beaux-arts existent aussi en dehors des musées. Dans cette première unité, vous aborderez des textes qui traitent aussi bien d'artistes que de personnes très différentes, qui ont été confrontées à l'art dans leur vie. Devant la beauté éternelle d'un tableau, un écrivain s'interroge sur l'aspect éphémère de sa jeunesse. Un peintre passionné retrouve de l'inspiration sans pouvoir se sortir des soucis d'argent. Un poète offre une recette insolite pour la peinture, tandis qu'un autre crée des dessins à partir de mots. Une jeune fille est hantée par un vieux portrait qui cache des secrets familiaux. Un critique d'art présente l'œuvre d'une femme-sculpteur dont le talent et les souffrances ont longtemps été oubliés.

Et vous ? L'art joue-t-il un rôle dans votre vie ?

17

UNITÉ 1 LES BEAUX-ARTS
CHAMP DE VOCABULAIRE

Mots apparentés

abstraction (*nf*), **abstrait** (*adj*)
admirer (*vt*)
art (*nm*)
artiste (*n*)
collectionneur (*nm*)
couleur (*nf*)
créer (*vt*), **création** (*nf*)
cubiste (*n & adj*)
enthousiasme (*nm*), **enthousiaste** (*adj*)
expressionniste (*n & adj*)
image (*nf*)
impressionniste (*n & adj*)
inspiration (*nf*), **inspirer** (*vt*)
moderne (*adj*)
musée (*nm*)
palette (*nf*)
portrait (*nm*)
poser (*vi*)
proportion (*nf*)
réaliser (*vt*)
réaliste (*n & adj*)
sensation (*nf*)
studio (*nm*)
style (*nm*)
sujet (*nm*)

Pour enrichir votre vocabulaire

aborder (*vt*)	to approach, address (*qqch, qqn*)
accrocher (*vt*)	to hang (*qqch*)
atelier (*nm*)	workshop, studio
amateur (d'art) (*nm*)	art lover, connaisseur
bouleverser (*vt*)	to overwhelm, to change completely
cadre (*nm*)	picture frame; setting
célèbre (*adj*)	famous
chef d'œuvre (*nm*)	masterpiece
œuvre (*nf*)	work (*art ou littérature*)
connu/inconnu (*adj*)	known/unknown
coûter (*vt, vi*)	to cost
critique (*nf*) (*nm*)	criticism; critic
critiquer (*vt*)	to criticize
dessin (*nm*)	drawing
dessiner (*vt & vi*)	to draw
don (*nm*)	talent, gift

émouvant (*adj*)	moving (emotionally)	
ému, e (*de* émouvoir) (*adj*)	moved (emotionally)	
étude (*nf*)	study (art)	
exposer (*vt*)	to exhibit	
exposition (*nf*)	exhibit	
salle d'exposition (*nf*)	exhibit hall	
fermeture/ouverture (*nf*)	opening/closing	
génie (*nm*)	genius	
avoir du ~ ; homme, œuvre de ~		
goût (*nm*)	taste	
nature morte (*nf*)	still life	
oser (*vi*) + infinitif	to dare	
paysage (*nm*)	landscape	
peindre (*vt & vi ; irrég : pp=peint*)	to paint	
peintre (*nm*)	painter	
peinture (*nf*)	paint, painting	
~ à l'huile, huile (*nf*)	oil painting	
aquarelle (*nf*)	watercolor	
coup (*nm*) de peinture, touche (*nf*)	brushstroke	
pendre (*vt*)	to hang	
pinceau (*nm*)	paintbrush	
prix (*nm*)	price	
rendre (*vt*)	to return something, to render	
rendre + adj	to make + adj (*voir p. 54 Formes et structures utiles*)	
réussi (*adj*)	well done, successful	
réussite (*nf*)	success	
salon (*nm*)	exhibition, show	
sombre (*adj*)	dark (color)	
tableau (*nm*)	painting	
teinte (*nf*)	shade (color)	
toile (*nf*)	canvas, painting	
valoir (*vi*)	to be worth	
valeur (*nf*)	value	
vif (*adj*)	bright (color)	

Familles de mots

beau(x), bel, belle(s)	beauté (*nf*) beauty	embellir to make beautiful
jeune(s)	jeunesse (*nf*) youth	
joli(s), jolie(s)		
vieux, vieil, vieille(s)	vieillesse (*nf*) old age	vieillir to get old
bête(s)	bêtise (*nf*) something dumb	
fou(s), folle(s)	folie (*nf*) craziness	
mou(s), molle(s)	mollesse (*nf*) flabbiness, softness	amollir to make soft
sot(s), sotte(s)	sottise (*nf*) something silly	

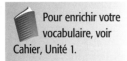
Pour enrichir votre vocabulaire, voir Cahier, Unité 1.

PARLONS UN PEU

A. L'art et le travail

Avec un partenaire, préparez un dialogue à présenter à vos camarades de classe en utilisant des expressions du champ de vocabulaire. Suivez les étapes indiqués :

1. Travail à deux : choisissez une des catégories ci-dessous et décidez du personnage que vous allez jouer.

2. Travail individuel : faites une liste de mots et d'expressions tirés du champ de vocabulaire dont vous auriez besoin si vous vous trouviez dans la situation décrite.

3. Travail à deux : une interview ou une conversation entre les deux personnages. Le premier personnage doit montrer ses connaissances à la deuxième.

   a. Un stagiaire dans un musée d'art moderne en France et un directeur de musée.

   b. Un journaliste qui prépare un article sur une exposition d'art dans votre ville et le rédacteur [*editor*] de son journal.

   c. Un employé d'un marchand de tableaux et le marchand.

   d. Un peintre qui veut convaincre une galerie d'art d'acheter une de ses œuvres et le galeriste [*gallery owner*].

   e. Un peintre débutant qui doit acheter ce qu'il lui faut et le vendeur.

B. Vos goûts

Dans un groupe de trois ou quatre étudiants, discutez de quelques-unes des questions suivantes. Un(e) étudiant(e) prend des notes pour résumer et présenter la discussion à la classe :

1. Si vous pouviez acheter une peinture, choisiriez-vous une œuvre réaliste, impressionniste, ou cubiste ? Expliquez pourquoi.

2. Quels adjectifs et quelles couleurs associez-vous à l'impressionnisme ? Au cubisme ? À l'art moderne ?

3. Quelle sorte de tableau préférez-vous : Les paysages ? Les natures mortes ? Les portraits ? Les abstractions ? Expliquez vos préférences.

4. Préférez-vous les aquarelles ou les huiles ? Donnez vos raisons.

5. Pour vous, quel aspect d'une peinture est le plus important, le sujet, le style, la couleur, ou le prix ? Pourquoi ?

À la fin : Que peut-on dire sur les goûts de la classe ?

C. Que savons-nous sur l'art ?

Prenez quelques minutes pour réfléchir aux questions suivantes. Puis parlez-en avec vos camarades de classe :

1. Combien de peintres français pouvez-vous nommer ?

2. Avez-vous déjà visité un musée d'art ? Si oui, lequel et pourquoi ? Si non, avez-vous l'intention de le faire ? Expliquez.

3. Pourquoi les musées ont-ils tant de visiteurs de nos jours ? Comment peut-on expliquer la popularité des grandes expositions sur Van Gogh, l'Impressionnisme, Picasso, etc. ?

La cathédrale

André Maurois (1885–1967)

André Maurois est né dans une famille d'industriels et il a été longtemps chef d'industrie lui-même, mais il a considéré la littérature comme un passe-temps passionnant. C'était après l'âge de quarante ans qu'il s'est surtout consacré à l'écriture. Son talent s'est exprimé dans plusieurs genres, des essais, des biographies, des contes, et des romans où il traite des problèmes de couple. L'histoire que vous allez lire a été publiée en 1960 dans un recueil de contes intitulé *Pour un piano seul*.

La cathédrale Notre-Dame de Chartres

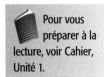
Pour vous préparer à la lecture, voir Cahier, Unité 1.

Pré-lecture

Fond

Avant de lire, considérez les questions suivantes pour anticiper le contenu de cette histoire :

1. Comment est la vie dans les grandes villes : chère ou pas chère? Pourquoi ?

2. Quelles sont les difficultés pour un(e) étudiant(e) qui fait ses études dans une grande ville ?

3. Que font les étudiants quand ils ont besoin d'argent ?

Forme

En français, on indique les parties du dialogue par des tirets : — Parcourez le texte et indiquez les lignes qui font partie du dialogue plutôt que de la narration.

Lecture dirigée

Parcourez les trois premiers paragraphes et répondez aux questions suivantes :

1. Où et quand cette histoire a-t-elle eu lieu ?

2. Qui est le personnage principal de l'histoire ?

3. Comment sait-on que le personnage principal est amateur d'art ? Citez le texte.

Lisez le reste du texte sans l'aide d'un dictionnaire. Devinez le sens des mots inconnus par la forme (ressemblent-ils à d'autres mots français ? à des mots anglais?) et par le contexte. Consultez le champ de vocabulaire Unité 1 au besoin. Avant de consulter un dictionnaire, décidez s'il est nécessaire de connaître la définition exacte des mots pour comprendre l'essentiel du texte.

La cathédrale

En 18—— un étudiant s'arrêta, rue St-Honoré[1], devant la vitrine d'un marchand de tableaux. Dans cette vitrine était exposée une toile de Manet[2]: la Cathédrale de Chartres. Manet n'était alors admiré que par quelques amateurs, mais le passant avait le goût juste ; la beauté de cette peinture l'enchanta. Plusieurs jours il revint
5   pour la voir. Enfin, il osa entrer et en demanda le prix.

— Ma foi, dit le marchand, elle est ici depuis longtemps. Pour deux mille francs, je vous la céderai.

L'étudiant ne possédait pas cette somme, mais il appartenait à une famille provinciale qui n'était pas sans fortune. Un de ses oncles, quand il était parti pour
10   Paris, lui avait dit : «Je sais ce qu'est la vie d'un jeune homme. En cas de besoin urgent, écris-moi.» Il demanda au marchand de ne pas vendre la toile avant huit jours et il écrivit à son oncle.

Ce jeune homme avait à Paris une maîtresse qui, mariée avec un homme plus âgé qu'elle, s'ennuyait. Elle était un peu vulgaire, assez sotte et fort jolie. Le soir du
15   jour où l'étudiant avait demandé le prix de la Cathédrale, cette femme lui dit :

[1]une rue à Paris
[2]peintre impressionniste

Manet : Au café

— J'attends demain la visite d'une amie de pension qui arrive de Toulon[3] pour me voir. Mon mari n'a pas le temps de sortir avec nous ; je compte sur vous.

L'amie arriva le lendemain. Elle était elle-même accompagnée d'une autre. L'étudiant dut, pendant plusieurs jours, promener ces trois femmes dans Paris.
20 Comme il payait repas, fiacres° et spectacles, assez vite son mois° y passa. Il emprunta de l'argent à un camarade et commençait à être inquiet quand il reçut une lettre de son oncle. Elle contenait deux mille francs. Ce fut un grand soulagement°. Il paya ses dettes et fit un cadeau à sa maîtresse. Un collectionneur acheta la Cathédrale et, beaucoup plus tard, légua° ses tableaux au Louvre.

25 Maintenant, l'étudiant est devenu un vieil et célèbre écrivain. Son cœur est resté jeune. Il s'arrête encore, tout ému, devant un paysage ou devant une femme. Souvent dans la rue, en sortant de chez lui, il rencontre une dame âgée qui habite la maison voisine. Cette dame est son ancienne maîtresse.

Son visage est déformé par la graisse ; ses yeux, qui furent beaux, soulignés par
30 des poches ; sa lèvre surmontée de poils gris. Elle marche avec difficulté et l'on imagine ses jambes molles. L'écrivain la salue mais ne s'arrête pas, car il la sait méchante et il lui déplaît de penser qu'il l'a aimée.

Quelquefois il entre au Louvre et monte jusqu'à la salle où est exposée la Cathédrale. Il la regarde longtemps et soupire°.

André Maurois, *Pour un piano seul*, Flammarion

fiacre: voiture tirée par des chevaux; **mois:** l'argent pour un mois

soulagement: *relief*
légua: donna par testament

soupire: *sighs*

---
[3]une ville dans le sud de la France

Questions de compréhension

1. Le jeune homme dans cette histoire aimait beaucoup une certaine peinture. Quel était son problème au début ?

2. Comment a-t-il essayé de résoudre son problème ?

3. Qu'est-ce qu'il a fait en attendant cette solution et quelles en étaient les conséquences ?

4. Qu'est-ce qui est arrivé au tableau ?

5. Qu'est-ce qui est arrivé depuis à l'étudiant? Et à sa maîtresse ?

6. Sortent-ils encore ensemble ? Pourquoi ? (Citez quelques mots dans le texte qui vous donnent ces réponses.)

7. Qu'est-ce qui n'a pas changé à la fin de l'histoire ?

Réfléchissez et discutez ensemble

1. Pourquoi l'homme soupire-t-il à la fin ?

2. Quels changements y a-t-il du début à la fin de l'histoire ? Quelle leçon l'homme a-t-il apprise ?

3. Pouvez-vous suggérer une moralité [*moral*] pour l'histoire en une phrase ?

4. Le narrateur a donné quelques détails descriptifs sur la maîtresse mais il n'a pas décrit l'homme. Pourquoi ? Est-ce juste ? Expliquez votre point de vue.

5. Que pensez-vous de la fin de l'histoire ? Auriez-vous fait les mêmes choix ?

À l'écrit

1. Deux étudiants travaillent ensemble. L'un fait deux listes d'adjectifs pour décrire

   a) l'homme au début de l'histoire.   b) l'homme à la fin.

   L'autre fait deux listes de verbes (à l'infinitif) qui pourrait décrire la vie quotidienne, les habitudes, de

   a) l'homme au début.   b) l'homme à la fin.

   Puis, en vous basant sur ces deux listes, faites un portrait, au passé, de l'homme.

2. Imaginez que vous êtes l'étudiant. Écrivez la lettre à votre oncle dans laquelle vous lui demandez de vous envoyer de l'argent. Commencez par écrire d'abord la date précédée de la ville : Paris, le 4 septembre, 18___ (jour, mois, année), faisant attention au contexte de l'histoire pour l'année, et puis l'appel : **Mon cher oncle.** Employez la forme **tu** pour vous adresser à votre oncle. Réfléchissez sur le contenu de la lettre avant de l'écrire. Comment convaincre votre oncle qu'il s'agit d'un « besoin urgent » ? Racontez les circonstances données au début de l'histoire et ajoutez des détails inventés pour être persuasif. Souvenez-vous que votre maîtresse ne vous a pas encore demandé de sortir et que vous ne vous êtes pas encore endetté au moment d'écrire la lettre. Vous devez donc parler surtout de la peinture de Manet et de votre situation financière en tant qu'étudiant à Paris. N'oubliez pas la salutation de la fin : **ton neveu,** _____

3. Imaginez que vous êtes la maîtresse. Racontez ce qui s'est passé de son point de vue et décrivez sa réaction/ses sentiments devant le comportement [*behavior*] de l'écrivain à la fin.

Jouez les scènes

1. L'oncle arrive à Paris et veut savoir ce que son neveu, l'étudiant, a fait de l'argent qu'il lui avait envoyé.

2. La maîtresse, vieille maintenant, vient de reconnaître son ancien amant dans la rue. En prenant le thé avec ses deux amies, elle parle de l'ancien amant, de la façon dont il a vieilli. Les amies lui posent des questions et se souviennent de leur visite à Paris.

3. Après avoir vu son ancienne maîtresse dans la rue, l'écrivain rencontre un ami, collectionneur de tableaux. Ils parlent de leur jeunesse, des choix qu'ils avaient faits.

Applications grammaticales

Le passé

1. Donnez la forme du passé composé pour tous les verbes au passé simple dans le texte. Attention au choix de l'auxiliaire et à la forme du participe passé !

2. Justifiez l'emploi du passé simple, de l'imparfait, et du plus-que-parfait des verbes dans le texte.

3. À la fin de cette histoire, il y a un changement dans les verbes: le narrateur parle au présent. Mais tout ce qu'il raconte est maintenant au passé. Remplacez **Maintenant** par **Après** dans la première phrase de l'avant-dernier paragraphe, et finissez l'histoire en mettant tous les verbes au passé à la forme nécessaire.

(Ces verbes doivent-ils être surtout au passé composé ou à l'imparfait ? Pourquoi ? Les actions sont-elles accomplies et précisées dans le temps ou s'agit-il de descriptions et d'habitudes ?)

> Consultez les pages 52–54 pour une explication de la formation et de l'usage des verbes au passé.

Synthèse

Pour vous aider à raconter une histoire ou pour décrire au passé :

En plus des formes des verbes, quelques adverbes, prépositions et conjonctions jouent un rôle important dans la narration :

1. Pour situer les actions dans le temps…

Quelques adverbes à mettre en tête de phrase ou après le verbe :

d'abord	D'abord, l'artiste a cherché un sujet qui l'inspirait.
ensuite	Ensuite, il a choisi ses pinceaux et ses couleurs.
alors	Alors, il a peint son chef-d'œuvre.
puis	Puis*, il l'a exposé. (*seulement en tête d'une phrase)
plus tard	Plus tard, un collectionneur a admiré le tableau à l'exposition.
enfin	Enfin, l'artiste a vendu sa peinture au collectionneur.

2. Pour varier la structure des phrases…

Il faut respecter la distinction entre les prépositions et les conjonctions :

Prépositions (+ nom ou infinitif)	**Conjonctions** (+ sujet + verbe)
à cause de + nom	**parce que** + sujet + verbe
L'étudiant ne pouvait pas acheter la peinture **à cause de** sa situation financière.	L'étudiant ne pouvait pas acheter la peinture **parce qu'**il n'avait pas assez d'argent.
Après + infinitif passé (même sujet)	**Après que** + sujet + verbe (2 sujets différents)
Après avoir regardé la toile, l'amateur voulait l'acheter.	**Après que l'amateur a demandé** le prix, l'artiste a dit que la toile n'était pas à vendre.
Avant de + infinitif (même sujet)	**Avant que** + sujet + verbe (subjonctif) (2 sujets différents)
Avant de peindre, l'artiste a choisi ses pinceaux.	Les critiques avaient parlé du tableau **avant que** le collectionneur <u>ne</u>[1] l'achète.

3. Pour marquer un contraste ou une explication…

mais *(conj)*	Je ne connais pas le peintre **mais** j'aime bien cette toile.
cependant *(adv)*	Je ne suis pas riche. **Cependant**, je veux acheter la toile.
pourtant *(adv)*	Ce paysage est beau. **Pourtant**, je préfère les natures mortes.
puisque *(conj)*	**Puisque** la toile coûte trop cher, je ne vais pas l'acheter.
parce que *(conj)*	On n'aime pas ce tableau **parce que** le sujet est bizarre.
à cause de *(prép)*	On n'aime pas ce tableau **à cause de** son sujet.
d'ailleurs *(adv)*	Je n'aime pas aller au musée. **D'ailleurs**, c'est trop cher.
en plus *(adv)*	**En plus**, il n'y a pas d'expositions intéressantes en ce moment.

---

[1] Après certaines conjonctions (avant que, à moins que) on met **ne** devant le verbe pour des raisons stylistiques—cela n'indique pas la négation.

Écrivez un résumé [*summary*] de *La cathédrale* au passé (passé composé, imparfait, plus-que-parfait) à l'aide des expressions ci-dessus et en suivant les indications ci-dessous pour l'exercice collaboratif.

Quand on écrit un résumé, on doit garder en tête ces caractéristiques :

- Un résumé est plus court que le texte d'origine (environ 20%).
- Il représente l'essentiel du texte sans tous les détails (par exemple, le prix exact de la toile).
- Le contenu est donné directement, on n'écrit pas : **l'auteur/le narrateur a dit que**…
- Il garde le ton de l'orginal, on n'exprime pas ses propres réactions au contenu.
- Il n'y a pas de citations, de dialogue.

1. Faites une liste des événements importants de l'histoire que vous venez de lire. Mettez-vous à trois pour comparer vos listes et en faire une seule sur

laquelle vous êtes d'accord. Laissez de la place entre les phrases de votre liste commune.

2. Faites un paragraphe de votre liste en ajoutant des détails, des explications ou des expressions nécessaires pour marquer la transition entre les phrases. Le contenu représente-t-il l'histoire originale ?

3. Votre paragraphe respecte-t-il les caractéristiques d'un résumé ?

4. Enfin, vérifiez la forme dans votre expression : Avez-vous employé les différentes formes du passé (imparfait/passé composé/plus-que-parfait) correctement ? Les terminaisons des verbes correspondent-elles aux sujets ? La forme des adjectifs va-t-elle avec les noms qu'ils accompagnent ?

Une lettre

Vincent Van Gogh (1853–1890)

CD audio pour l'étudiant : piste 1

Van Gogh : Autoportrait

Pré-lecture

1. Qu'est-ce que vous savez sur Vincent Van Gogh ? D'où était-il ? Qu'est-ce qu'il faisait dans le sud de la France ?

2. Connaissez-vous quelques-uns de ses tableaux ? Lesquels ? Comment est son style ?

Le Musée d'Orsay détient pratiquement toute la collection de Van Gogh en France. Il n'y a aucun tableau de Van Gogh en Provence, malgré le temps qu'il a passé à Arles de 1888 en 1889. Mais depuis 1989 il y a le Centre d'Art Présence

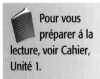
Pour vous préparer á la lecture, voir Cahier, Unité 1.

auparavant : plus tôt

Van Gogh à Saint-Rémy-de-Provence où il a peint de nombreux chefs-d'œuvre pendant son séjour, cent ans auparavant°. Pour rendre hommage à Van Gogh, ce centre organise chaque année, un certain nombre d'expositions d'art contemporain, et un montage audiovisuel sur un aspect du travail de Van Gogh lui-même. On essaie, avec des reproductions, avec des projections de diapositives°, de montrer ce qu'il y a de fondamental dans l'œuvre picturale de Van Gogh, pourquoi c'est un révolutionnaire, pourquoi il a vraiment changé la manière de voir la peinture, pourquoi il a introduit finalement tout l'art du 20ème siècle (puisque Picasso, lorsqu'il tenait entre ses mains un tableau de Van Gogh, pleurait en disant « vraiment cet homme nous a ouvert la voie ! »). En arrivant en Provence, Van Gogh a découvert que la couleur pouvait provoquer des sentiments et il est arrivé à utiliser des couleurs « arbitraires » en fonction de l'émotion qu'il voulait créer. Pour lui, mélanger du vert et du rouge, c'était la couleur des passions violentes, voire° du crime ; et quand il mettait cette fameuse note jaune, qui était pour lui presque le soleil qui arrivait, c'était la chaleur, la fournaise°, le Japon de son art provençal.

À sa mort en 1890, à l'âge de 37 ans, Van Gogh a laissé 879 peintures, dont il n'avait vendu qu'une seule. En plus de cette œuvre, il a laissé sa correspondance qui nous est parvenue presque intacte. D'août 1872 à sa mort, Vincent a écrit plus de 800 lettres. 668 de celles-ci sont adressées à Théo son frère, son confident, son complice, son double. Voici un extrait d'une de ses lettres, écrite en 1888 et envoyée de Provence.

Lecture dirigée

Lisez les deux premiers paragraphes de la lettre.

1. Décrivez l'état d'esprit de Vincent au commencement de cette lettre. Que venait-il de faire avant de l'écrire ?

2. De quoi parle-t-il surtout dans le deuxième paragraphe ?

3. Comment peint-il ?

Lisez le reste de la lettre en essayant d'imaginer les couleurs et les scènes décrites par Vincent.

Une lettre

Mon cher Théo,

Ce matin de bonne heure je t'ai déjà écrit, puis je suis allé continuer un tableau de jardin ensoleillé. Puis je l'ai rentré—et suis ressorti avec une toile blanche et celle-là aussi est faite. Et maintenant j'ai encore envie de t'écrire encore une fois.

Parce que jamais j'ai eu une telle chance, ici la nature est extraordinairement belle.
5 Tout et partout la coupole du ciel est d'un bleu admirable, le soleil a un rayonnement de soufre pâle et c'est doux et charmant comme la combinaison des bleus célestes et des jaunes dans les Vermeer de Delft[1]. Je ne peux pas peindre aussi beau que cela, mais m'absorbe tant que je me laisse aller sans penser à aucune règle°.

voire : et même
fournaise : feu ardent

règle : rule

---
[1]peintre hollandais (1632-1675)

10 Cela me fait trois tableaux des jardins en face de ma maison. Puis les deux cafés, puis les tournesols°. Puis le portrait de Boch[2] et le mien. Puis le soleil rouge sur l'usine et les déchargeurs de sable, le vieux moulin°. Laissant les autres études de côté, tu vois qu'il y a de la besogne de faite°. Mais ma couleur, ma toile, ma bourse° est épuisée aujourd'hui complètement. Le dernier tableau, fait avec les

15 derniers tubes sur la dernière toile, un jardin naturellement vert, est peint dans (sic) vert proprement dit, rien qu'avec du bleu de Prusse et du jaune de chrome. Je commence à me sentir tout autre chose que ce que j'étais en venant ici, je ne doute plus, je n'hésite plus pour attaquer une chose, et cela pourrait bien encore croître. Mais quelle nature! C'est un jardin public où je suis, tout près de la rue des

20 bonnes petites femmes[3], mais de l'autre côté il y en a trois (jardins). Ce côté-là du jardin est d'ailleurs pour la même raison de chasteté ou de morale, dégarni d'arbustes en fleurs tels que le laurier-rose. C'est des platanes communs°, des sapins en buissons° raides, un arbre pleureur et de l'herbe verte. Mais c'est d'une intimité. Il y a des jardins de Manet comme cela.

25 Tant que tu puisses supporter le poids de toute la couleur, de toile, d'argent que je suis forcé de dépenser, envoie-moi toujours. Car ce que je prépare sera mieux que le dernier envoi, et je crois que nous y gagnerons au lieu de perdre...

tournesols : *sunflowers*
moulin : *windmill*
besogne de faite : travail accompli
bourse : argent

platanes communs : espèce d'arbre ; **buissons** : *hedges*

Village en Provence

---

[2]peintre impressionniste belge
[3]les religieuses qui habitent le couvent près du jardin

Questions de compréhension

1. D'après l'introduction et la lettre, d'où venait l'inspiration pour les tableaux que Van Gogh a peints en Provence ?

2. De quoi Vincent avait-il encore besoin selon cette lettre adressée à son frère ? Qu'est-ce que cela indique sur la vie que Vincent menait et sur son succès ?

3. Comment l'attitude de Vincent avait-elle changé depuis son arrivée en Provence ?

4. Quel sentiment exprime-t-il dans sa dernière phrase ?

Réfléchissez et discutez ensemble

1. Souvent, comme c'était le cas pour Van Gogh, les artistes ne sont ni compris ni appréciés de leur vivant. Imaginez que vous êtes critique d'art en 1889 et que vous trouvez la peinture de Van Gogh étrange. Parlez-en pour expliquer votre point de vue.

2. Imaginez que vous êtes Théo, le frère de Vincent qui s'occupe de la vente de ses tableaux. Répondez à ses critiques en essayant de persuader un amateur d'art qu'il devrait acheter une peinture de votre frère.

À l'écrit

1. Trouvez une reproduction en couleur d'un tableau de Van Gogh. Décrivez-le, puis parlez des émotions que vous éprouvez en le regardant.

2. Imaginez que vous êtes Théo. Vous devez répondre à la lettre de Vincent pour lui dire que vous ne pouvez plus lui envoyer l'argent dont il a besoin. Expliquez-lui la situation.

Jouez les scènes

Vous venez de visiter le centre Van Gogh avec un(e) ami(e). Vous parlez ensemble de ce que vous avez vu, de ce qui vous a impressionné. L'un(e) d'entre vous aime bien Van Gogh, l'autre pas du tout.

Applications grammaticales

A. Les adjectifs

Consultez les pages 54–56 pour une explication de l'usage du verbe **rendre** + adjectif.

1. Trouvez tous les adjectifs dans la lettre de Vincent et expliquez leur forme.

2. La plupart des adjectifs en français sont placés après les noms qu'ils accompagnent mais certains les précèdent. Quels sont les adjectifs placés devant le nom dans cette lettre ?

B. Rendre quelque chose ou quelqu'un + adjectif :

Traduisez en français en employant le verbe **rendre**. Attention à la forme des adjectifs et au temps des verbes !

1. The success of other artists used to make Van Gogh jealous.

2. Van Gogh's paintings made the irises of Provence famous.

3. The light and color of the South of France make those canvasses very bright.

4. Talent will not always make you rich.

Synthèse

Vous avez assisté à l'ouverture du centre Van Gogh à Saint-Rémy en mai 1989. Écrivez au passé une lettre à votre famille pour raconter votre visite et vos impressions. N'oubliez pas les détails pour la forme : la date, l'appel devant le contenu et les salutations à la fin (voir page 24 de *La cathédrale*). Pour l'appel de cette lettre, vous pouvez choisir entre **Ma chère famille** et **Mes chers parents** ou, si vous préférez, vous pouvez écrire à une seule personne : **Chère maman** ou **Cher/Chère** + prénom. Puisqu'il s'agit de votre famille, employez **tu** pour parler à une seule personne. Pour les salutations, vous pouvez choisir entre **je vous/ t'embrasse** ou **grosses bises**. Quant au contenu de la lettre, faites attention à la distinction entre les formes du passé: imparfait/passé composé/plus-que-parfait (voir les pages 52–54 pour l'explication de l'usage de ces formes).

pour faire le portrait d'un oiseau

Jacques Prévert (1900–1977)

CD audio pour l'étudiant : piste 2

Jacques Prévert est un des poètes modernes les plus connus de France. Dans toute son œuvre on remarque une sensibilité extrême à tout ce qui, dans la vie quotidienne, contient un ferment de liberté. À l'aide d'images tendres, ses poèmes disent la générosité, la solidarité envers les faibles et les exclus. Le langage de « tout le monde » fait entrer dans un univers merveilleux, mais issu du réel, celui que vous trouvez dans le poème ci-dessous, tiré de son recueil *Paroles* (1946).

Pour vous préparer á la lecture, voir Cahier, Unité 1.

Pré-lecture

Titre

Regardez le titre du poème. Selon vous, que fait un peintre qui veut faire le portrait d'un oiseau ? De quoi a-t-il besoin ? Où peint-il ? En quoi consiste sa méthode ?

Vocabulaire

Pour bien comprendre un poème, à la différence de la prose, il faut connaître la plupart des mots. Parcourez [*skim*] le poème et soulignez les mots que vous ne connaissez pas. Regardez la forme de ces mots. Connaissez-vous des mots en français ou en anglais qui ressemblent à ces mots inconnus ? Quels sont les mots que vous devez chercher dans un dictionnaire ? Avant de relire le poème plus lentement, regardez les questions de compréhension.

pour faire le portrait d'un oiseau

Peindre d'abord une cage
avec une porte ouverte
peindre ensuite
quelque chose de joli
5   quelque chose de simple
quelque chose de beau
quelque chose d'utile
pour l'oiseau
placer ensuite la toile contre un arbre
10   dans un jardin
dans un bois
ou dans une forêt
se cacher derrière l'arbre
sans rien dire
15   sans bouger...

Parfois l'oiseau arrive vite
mais il peut aussi bien mettre de longues années
avant de se décider
Ne pas se décourager
20   attendre
attendre s'il le faut pendant des années
la vitesse ou la lenteur de l'arrivée de l'oiseau
n'ayant aucun rapport
avec la réussite du tableau

25   Quand l'oiseau arrive
s'il arrive
observer le plus profond silence
attendre que l'oiseau entre dans la cage
et quand il est entré
30   fermer doucement la porte avec le pinceau
puis
effacer un à un tous les barreaux
en ayant soin de ne toucher aucune des plumes de l'oiseau

Faire ensuite le portrait de l'arbre
35 en choisissant la plus belle de ses branches
pour l'oiseau
peindre aussi le vert feuillage et la fraîcheur du vent
la poussière du soleil
et le bruit des bêtes de l'herbe dans la chaleur de l'été
40 et puis attendre que l'oiseau se décide de chanter

Si l'oiseau ne chante pas
c'est mauvais signe
signe que le tableau est mauvais
mais s'il chante c'est bon signe
45 signe que vous pouvez signer
Alors vous arrachez tout doucement
une des plumes de l'oiseau
et vous écrivez votre nom dans un coin du tableau.

Jacques Prévert, *Paroles*, Éditions Gallimard

Questions de compréhension

1. Que faut-il faire pour peindre un oiseau selon le poète ?

2. Comment peut-on savoir si le tableau est bon ou mauvais ?

3. Quelle est la dernière chose faite par l'artiste ? Quand et avec quoi ?

Réfléchissez et discutez ensemble

1. Ce poème ressemble-t-il à une leçon ordinaire sur la peinture ? Quelles sont les différences que vous remarquez ?

2. Les conseils du poète, sont-ils plutôt réalistes ou fantaisistes ? Justifiez votre réponse en faisant référence au texte.

3. Le poète parle-t-il uniquement de peinture dans ce poème ? Y a-t-il des ressemblances entre l'art de peindre et les autres beaux-arts ? De quoi tous les artistes ont-ils besoin en général ?

4. Le sujet de ce tableau est un oiseau. Peut-il symboliser autre chose ? Par exemple ? Pourquoi le poète a-t-il choisi un oiseau au lieu d'un autre animal ou d'un autre objet ?

À l'écrit

1. Vous vous promeniez dans le parc au moment où le peintre du poème faisait son tableau. Vous avez trouvé cet événement si extraordinaire que vous décidez d'envoyer un message par courrier électronique à un(e) ami(e) pour lui raconter ce que vous avez vu. Référez-vous aux expressions aux pages 25–26 pour situer l'action dans le temps, marquer une transition, etc.

2. Écrivez un résumé de l'essentiel du poème, expliquant ce qu'il faut faire pour peindre le portrait d'un oiseau, mais employez la forme impérative (**tu**) au lieu de l'infinitif pour les ordres.

3. Écrivez un paragraphe pour expliquer comment faire quelque chose, par exemple écrire une rédaction pour un cours de français, chercher un livre à la bibliothèque, préparer un repas pour des amis, etc. Employez l'impératif, **avant de** + *infinitif*, **après** + *infinitif passé* pour parler de chaque chose qu'il faut faire dans l'ordre nécessaire. Employez le participe présent pour les choses faites en même temps ou pour expliquer comment une chose doit être faite.

Jouez les scènes

1. Deux peintres dont les idées sont très différentes sur la manière de peindre parlent de leur art. Le premier suit les conseils du poème, le deuxième préfère travailler dans son atelier pour peindre des natures mortes.

2. À quatre, choisissez un tableau. Deux d'entre vous le trouvent formidable, les deux autres ne l'aiment pas du tout. Présentez votre critique à la classe.

3. Vous êtes parent d'un enfant très curieux qui pose constamment des questions. Il vous demande comment faire quelque chose, et vous le lui expliquez. Mais il vous interrompt tout le temps parce qu'il veut des précisions.

Consultez les pages 56–57 pour une explication de la formation et de l'usage du participe présent et de l'infinitif.

Applications grammaticales

Participe présent/infinitif

Traduisez en anglais ces phrases tirées des textes que vous avez déjà lus.

1. En arrivant en Provence, Van Gogh a découvert que la couleur pouvait provoquer des sentiments.

2. L'oiseau peut mettre des années avant de se décider.

3. Effacer les barreaux en ayant soin de ne toucher aucune des plumes.

Traduisez en français ces phrases en utilisant l'impératif pour les ordres.

1. Paint a cage before placing the canvas against a tree.

2. Hide behind a tree without moving, without saying anything.

3. After closing the door of the cage, erase the bars.

4. Do the tree's portrait by choosing the most beautiful branches.

« *La peinture est une poésie qui se voit au lieu de se sentir et la poésie est une peinture qui se sent au lieu de se voir.* »

— LÉONARD DE VINCI

Synthèse

> 1. **Imitation :** En suivant le modèle du poème que vous venez de lire, écrivez votre propre poème fantaisiste pour expliquer comment faire quelque chose.
>
> Exemples : un dessert que vous aimez bien : Acheter d'abord du chocolat...
> un sport que vous pratiquez : Chercher d'abord un ballon...
> écrire un poème : Prendre d'abord un crayon, etc.
>
> 2. **Création :** Écrivez un petit poème sur un art, la musique, la danse, la poésie, le cinéma, le théâtre, etc., en suivant le modèle :
>
> premier vers : un nom (votre sujet)
> deuxième vers : deux adjectifs (qui décrivent votre sujet)
> troisième vers : trois infinitifs (associés à votre sujet)
> quatrième vers : une phrase (une réaction à votre sujet)
> cinquième vers : un mot (qui résume votre sujet)
>
> Exemple : la musique
> mélodieuse et harmonieuse
> chanter, jouer, écouter
> qu'elle est ravissante
> la paix
> — Toby Osofsky (UNC-CH 1999)

Calligrammes

Guillaume Apollinaire (1880–1918)

Guillaume Apollinaire, poète du monde moderne, a participé à tous les mouvements d'avant-garde de sa génération . Ami des peintres tels que Picasso, Vlaminck, Le Douanier Rousseau, il assiste avec eux à la naissance du cubisme. Ses deux principaux recueils poétiques, *Alcools* (1913) et *Calligrammes* (1918), témoignent de son audace, mais aussi de sa ferveur lyrique. Dans *Calligrammes* il explore les possibilités picturales de la poésie — « Et moi aussi je suis peintre, » déclare-t-il.

Qu'est-ce qu'un calligramme ? Un poème qui suggère par une disposition typographique originale, l'objet ou le thème qui l'inspire. Le mot a été créé par Apollinaire, mais d'autres poètes s'étaient servis de cette technique avant lui.

Pré-lecture

Sans regarder les textes qui suivent, dessinez la pluie, une cravate, et une montre. Comparez vos dessins avec ceux de deux autres camarades de classe, en les décrivant. Puis comparez vos dessins à ceux du poète.

Pour vous préparer á la lecture, voir Cahier, Unité 1.

Lecture dirigée

À trois, lisez les calligrammes et essayez de déchiffrer les mots.

Il Pleut

Il pleut des voix de femmes comme si elles étaient mortes même dans le souvenir

c'est vous aussi qu'il pleut merveilleuses rencontres de ma vie ô gouttelettes°

et ces nuages cabrés° se prennent à hennir° tout un univers de villes auriculaires°

écoute s'il pleut tandis que le regret et le dédain pleurent une ancienne musique

écoute tomber les liens qui te retiennent° en haut et en bas

cabrés : *rearing (like a horse)*

hennir : *to whinny*
retenir : *hold back*

gouttelettes : *droplets*

auriculaire : ce qu'on entend

La cravate et la montre

```
                              L
                               A   C
                                    R A V A T E
                              DOU
                              LOU
                              REUSE°                    douloureuse : ce qui fait mal
                              QUE TU                              (n. douleur)
                              PORTES
                              ET QUI T'
                              ORNE Ô CI
                              VILISÉ
        COMME L'ON       ÔTE-°    TU VEUX          ôte : enlève
      S'AMUSE             LA      BIEN
          BI            SI        RESPI
          EN                      RER°             respirer : breathe
          les                la
          heures
et le                     beau
vers                 Mon
dantesque            Coeur      té
luisant et
cadavérique                         de

                                      la
le bel                         les
inconnu            Il    Et    yeux  vie
                   est   tout
                   —     se              pas
les Muses          s     ra
aux portes de      en    fi              se
ton corps          fin   ni
                                l'enfant la

                                    dou
l'infini
redressé                            leur
    par un fou            Agla°     de          Agla : une des trois Grâces,
    de philosophe                                    déesses de beauté
                                    mou
                                   rir
   semaine           la main

      Tircis°                                    Tircis : nom d'un berger
```

Réfléchissez et discutez ensemble

1. Il pleut

   a. Quelles sont les images dont se sert Apollinaire pour évoquer la pluie ?

   b. Quel aspect de la pluie Apollinaire choisit-il d'accentuer ?

2. La cravate et la montre

   a. Qu'est-ce qu'une cravate semble représenter dans ce poème ?

   b. Trouvez des images qui évoquent le temps, dans la partie qui représente la montre.

   c. Quelle heure est-il, selon vous ?

   d. Voyez-vous un rapport entre ces deux parties du même calligramme ? Expliquez.

3. Quel calligramme préférez-vous ? Expliquez votre choix. Si vous ne les aimez pas du tout, dites pourquoi.

À l'écrit

Créez maintenant votre propre calligramme. Choisissez d'abord une idée ou une image que vous voulez dépeindre, puis cherchez des mots pour la représenter. Finalement, arrangez-les sur la page pour créer votre tableau.

« *Tout portrait se situe au confluent
d'un rêve et d'une réalité.* »

— GEORGES PEREC

Le portrait

Yves Thériault (1915–1983)

Yves Thériault a écrit une œuvre considérable et variée. Né à Québec, issu d'un milieu modeste, il se voit contraint d'abandonner ses études à l'âge de quinze ans. Il exerce d'abord divers métiers : trappeur, camionneur, vendeur, annonceur pour différents postes de radio du Québec. Très tôt, il choisit de vivre pour écrire et d'écrire pour vivre. De 1944 à sa mort, il produit près d'une quarantaine de romans et récits et de nombreux recueils de contes. Pendant les années soixante et soixante-dix, il était un des auteurs les plus lus au Québec. L'histoire que vous allez lire a été publiée en 1968 dans un recueil de contes intitulé *L'île introuvable*.

Une ferme en automne

Pré-lecture

Titre

Tout le corps du sujet est-il représenté dans un portrait ? Sinon, sur quelles parties du corps insiste-t-on d'habitude ?

Retour en arrière essentiel

Il se passe des choses assez étranges dans la nouvelle que vous allez lire et l'auteur se réfère à certains événements qui se sont passés bien avant la découverte du portrait au début. Il faut que le lecteur devine certains faits pour bien comprendre ; d'autres faits resteront inconnus. Réfléchissez aux questions suivantes avant et pendant votre lecture :

1. L'oncle dont il s'agit dans l'histoire avait écrit un testament, mais il n'avait pas de fortune. Qu'est-ce qu'on met dans un testament si on ne possède rien ? Pourquoi en écrit-on un si on n'a rien à laisser après sa mort ?

2. Normalement, essaie-t-on de respecter les vœux [désirs] de la personne qui a écrit un testament ? Qu'est-ce qui peut arriver si on ne les respecte pas ?

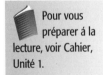
Pour vous préparer á la lecture, voir Cahier, Unité 1.

Lecture dirigée

Lisez jusqu'à la ligne 49 pour trouver des réponses aux questions suivantes. Puis continuez votre lecture jusqu'à la fin.

1. Comment était le portrait qu'Hélène a trouvé dans le grenier ? Et le sujet du portrait ?

2. Comment la mère a-t-elle réagi quand elle a vu le portrait ?

3. Qu'est-ce qu'Hélène ne savait pas ?

4. Quels conseils la mère a-t-elle donné à Hélène ?

5. Selon vous, pour quelles raisons mettrait-on un portrait dans un grenier ?

Le portrait

J'ai trouvé le portrait dans le grenier, un matin de juin. J'y étais à chercher des pots pour les confitures de fraises, puisque nous étions au temps de l'année pour ces choses.

bahut : *chest;* **dorure** : *d'or;*
Fanée : *tarnished*

Le portrait était derrière un bahut°. J'ai vu la dorure° du cadre. Fanée° noircie. J'ai
5 tiré à moi, et voilà que c'était le portrait.

Celui d'un homme jeune, aux cheveux bruns, à la bouche agréable, et des yeux qui me regardaient. De grands yeux noirs, vivants…

J'ai descendu le portrait dans la cuisine.

— Voilà, mère, c'était au grenier.

10 Elle regarda le portrait d'un air surpris.

— Nous avions donc ça ici, ma fille ? Tiens, tiens…

J'ai demandé :

vêtu : *habillé*
gaillard : *homme robuste*

— Qui est l'homme ? Parce que c'est un bel homme. Il est vêtu° à la mode ancienne, mais c'est un magnifique gaillard °.

15 — Ton oncle, dit-elle, le frère de ton père. Le portrait a été peint alors qu'il était jeune.

— Quel oncle ?

dolente : *triste*
s'évanouir : *faint*

Je ne connaissais qu'une vague tante, pâle, anémique, dolente° qui vivait à la ville et venait s'évanouir° chez nous une fois l'an. Elle arrivait, portait un mouchoir à son
20 nez, murmurait quelques mots au sujet des odeurs de la campagne, puis s'évanouissait. Au bout de la troisième fois, elle repartait pour la ville. C'était, à ma connaissance, la seule parente de mon père.

Je l'ai dit à ma mère.

— Je ne connais point d'oncle…

25 — C'était le plus jeune frère de ton père. Ils étaient quatre. Trois garçons, une fille. Il ne reste que ton père et ta tante Valérienne.

— Les autres sont morts ?

Elle fit oui de la tête.

— Même celui-là ? dis-je, même ce bel oncle-là ?

30 Cela n'était pas honnête°, d'être si beau et d'être mort. Il me venait des bouffées de colère. On ne fait pas mourir du beau monde comme ça, on attend un peu.

— N'empêche que° j'avais un bel oncle… Dommage qu'il soit mort.

Ma mère me regardait curieusement.

— Hélène, tu dis de drôles de choses…

35 Mais je n'écoutais pas ma mère. Je regardais le portrait. Maintenant, à la lumière plus crue° de la cuisine, le portrait me paraissait encore plus beau, encore mieux fait… Et j'aimais bien les couleurs.

— Je le pends dans ma chambre, dis-je…

— Comme tu voudras, dit ma mère, aujourd'hui, ça n'a plus d'importance.

40 La remarque n'était pas bien claire, et j'ai voulu savoir.

— Vous ne trouvez pas que c'est d'en dire beaucoup, et bien peu, mère ?

— Peut-être. De celui-là, mieux vaut en dire le moins possible.

— Comment s'appelait-il ?

— Tout simplement, Jean…

45 — Et qu'est-ce qu'il faisait, demandai-je, qu'est-ce qu'il faisait dans la vie ?

Mais ma mère secoua la tête.

— Pends, dit-elle, ce portrait où tu voudras… Ça n'a plus d'importance, mais si tu veux un bon conseil, ne dis rien, ne cherche à rien savoir. Et surtout, ne parle de rien à ton père.

50 Au fond, ça m'importait peu. J'aimais sa façon de tracer, de poser la couleur, j'aimais les teintes chaudes… Je trouvais l'oncle bien beau, et bien jeune… Mais ça n'était pas si important que je doive encourir° d'inutiles colères. Et quelque chose me disait, quelque chose dans le ton de la voix de ma mère, dans la détermination de son visage, que mon père n'aimerait pas du tout que j'aborde le
55 sujet° de son frère, Jean.

J'ai pendu le portrait au mur de ma chambre.

Je l'ai regardé chaque matin en me réveillant et chaque soir avant de souffler° la lampe.

Et puis, au bout de deux semaines, une nuit, j'ai senti que quelqu'un me touchait
60 l'épaule.

Je me suis réveillée en sursaut, j'ai allumé ma lampe de chevet. J'avais des sueurs° froides le long du corps… Mais il n'y avait personne dans ma chambre.

Machinalement, j'ai regardé le portrait, et en le voyant j'ai crié, je crois, pas fort, mais assez tout de même, et je me suis enfoui la tête sous l'oreiller.

65 Dans le portrait, l'oncle Jean, très habilement rendu, regardait droit devant lui… Mais lorsque je me suis réveillée, j'ai vu qu'à cette heure-là de la nuit, il se permettait de regarder ailleurs. En fait il regardait vers la fenêtre. Il regardait dehors…

Le matin, je n'ai rien dit. Rien dit non plus les jours suivants, même si, chaque nuit,
70 quelqu'un… ou quelque chose me réveillait en me touchant l'épaule. Et même si chaque nuit, l'oncle Jean regardait par la fenêtre. . .

honnête : juste

N'empêche que : *it's still the case that*

crue : brillante

encourir : ici, m'exposer à

j'aborde le sujet : je parle

souffler : éteindre

sueurs : *sweats*

Naturellement, je me demandais bien ce que ça voulait dire. Plusieurs fois je me suis pincée, très fort, pour être bien sûre que je ne dormais pas.

Chose certaine, j'étais bien réveillée.

75 Et quelque chose se passait… Mais quoi ?

Au sixième matin… vous voyez comme je suis patiente… j'ai voulu tout savoir de maman.

— L'oncle Jean, qui est-il ? Qu'est-ce qu'il faisait ? Pourquoi ne faut-il pas en parler devant papa, de cet oncle ?

80 — Tu as toujours le portrait dans ta chambre ? dit ma mère.

— Oui.

vaquer à : s'appliquer à

Elle continua à vaquer à° ses occupations pendant quelques minutes, puis elle vint s'asseoir devant moi, à la table.

— Ma fille, me dit-elle, il y a des choses qui sont difficiles à dire. Moi, ton oncle

dans tous les états : en colère

85 Jean, je l'aimais bien, je le trouvais charmant. Et ça mettait ton père dans tous les états° quand j'osais dire de telles choses.

Je lui ai demandé :

— Mais pourquoi, mère ?

— Parce que ton oncle Jean, c'était une sorte de mouton noir dans la famille… Il

je t'épargne les détails : je ne te dis pas les détails; **bougeotte :** l'envie de voyager continuellement; **dépouille :** corps mort

90 a eu des aventures, je t'épargne les détails°. Surtout, il avait la bougeotte°. Il s'est enfui jeune de la maison, on ne l'a revu que plus tard… Puis il est reparti. Un jour, ton père a reçu une lettre. Ton oncle s'était fait tuer, stupidement, dans un accident aux États-Unis. On a fait transporter sa dépouille° ici, pour être enterrée dans le lot familial au cimetière. Il n'aurait pas dû… mais …

95 — Pourquoi ? ai-je demandé, pourquoi n'aurait-il pas dû ?

— Parce que, dans un testament déniché par la suite dans les effets de Jean, celui-ci exigeait d'être enterré n'importe où, mais pas dans le lot familial… Il disait dans cet écrit qu'il n'avait aucunement le désir de reposer aux côtes de la paisible et sédentaire famille. Il avait un autre mot pour eux… pas très gentil.

100 Moi, je croyais comprendre, maintenant.

— Est-ce que papa l'a fait transporter ailleurs ?

— Euh… non… question des dépenses que ça signifiait . . Jean n'a rien laissé, il est mort pauvre.

Ce soir-là, j'ai mieux dormi. J'ai été réveillée vers quatre heures, et toute la scène

105 d'habitude s'est répétée.

— Soit, ai-je déclaré au portrait de l'oncle Jean… Demain, je vais y voir.

Et le lendemain matin, j'ai pris le portrait, et je l'ai porté dehors, derrière la

remise : *shed*

remise°. Je l'ai appuyé là, face au soleil levant.

Plusieurs fois dans la journée, je suis allée voir. L'oncle Jean regardait en face,

lueur : lumière faible

110 mais j'ai cru voir comme une lueur° amusée dans ses yeux. Je me suis dit que je n'avais pas remarqué ce sourire auparavant…

Au crépuscule, le portrait était encore là…

Durant la nuit, je fus réveillée de nouveau. Seulement, au lieu d'une main discrète sur mon épaule, ce fut un très gentil baiser sur la joue qui me réveilla.

115 Et je vous jure que pendant les quatre ou cinq secondes entre le sommeil profond et l'éveil complet, durant cette espèce de douce transition j'ai fort bien senti des lèvres tièdes sur ma joue.

N'allez pas croire surtout qu'une jeune fille va se méprendre° là-dessus. À force d'en rêver aux lèvres tièdes, on vient tout de même à en reconnaître le toucher !

méprendre : se tromper

120 Je me suis rendormie paisiblement. J'avais comme une sensation de bien-être.

Au matin, le portrait n'était plus à sa place.

J'ai demandé à papa s'il l'avait pris, et il m'a dit que non. Maman n'y avait pas touché. Mes petits frères non plus.

Le portrait avait disparu. Et moi j'étais convaincue que sa disparition coïncidait
125 avec le baiser de reconnaissance° si bien donné au cours de la nuit.

reconnaissance : *gratitude*

Vous voulez une explication ? Je n'en ai pas. La chose est arrivée. Elle s'est passée comme ça. Ça peut être une suite de rêves. Freud aurait une explication, je suppose… N'empêche que les faits sont là. Un portrait est disparu, et l'oncle Jean regardait. Pour un homme qui avait toujours eu la bougeotte, c'était tout de
130 même assez significatif…

Yves Thériault, *L'île introuvable* ©1996 Succession Yves Thériault et Bibliothèque québécoise (édition de poche). Reproduit avec la permission de la Succession Yves Thériault

Questions de compréhension

1. Après avoir trouvé le portrait d'un homme, Hélène a posé des questions sur la vie de celui-ci. Quels étaient les seuls faits que sa mère voulait révéler ?

2. Quand Hélène a pendu le portrait dans sa chambre, qu'est-ce qui s'est passé ? Quelle a été la réaction d'Hélène ? Qu'est-ce qu'elle a enfin fait ?

3. La mère d'Hélène lui a donné plus de détails sur la vie de son oncle. Lesquels ? Selon la mère, que pensait la famille de Jean ? Jean aimait-il sa famille ? Qu'est-ce qui reste mystérieux ? Où Jean était-il enterré ? Citez le texte pour justifier votre réponse.

4. Qu'est-ce que la fille a fait du portrait après avoir appris ces choses sur son oncle ? Qu'est-ce qu'elle a cru voir dans le portrait après ?

5. Qu'est-ce qui s'est passé dans la chambre d'Hélène cette nuit-là ?

6. Qu'est-ce qui est arrivé au portrait le lendemain ?

Réfléchissez et discutez ensemble

1. Pourquoi le portrait de l'oncle Jean était-il dans le grenier au début de l'histoire ? (Pourquoi n'était-il pas accroché au mur dans la maison ?)

2. Qu'est-ce que la mère d'Hélène pensait de son beau-frère Jean ?

3. Pourquoi la mère a-t-elle dit à Hélène de ne pas parler de Jean à son père ?

4. Le portrait de Jean était-il un tableau ordinaire ou plutôt extraordinaire ? Expliquez.

5. Les événements dans la chambre d'Hélène sont-ils vraiment arrivés ou les a-t-elle imaginés/rêvés ? Justifiez votre réponse.

6. À deux ou trois, cherchez tous les aspects mystérieux dans cette histoire. Chaque personne propose une explication pour ce qui se passe. Ensuite, vous les comparez. Choisissez l'explication qui vous semble la plus intéressante, et révisez-la ensemble pour la présenter à la classe.

À l'écrit

1. Racontez cette histoire au passé du point de vue de la mère d'Hélène, donnant quelques détails qu'elle n'avait pas osé révéler à sa fille.

2. Expliquez ce qui est arrivé au portrait à la fin en vous servant des faits de l'histoire qu'Hélène a racontée.

3. Deux ans après, Hélène apprend que l'Oncle Jean avait eu une fille aux États-Unis. Alors elle lui écrit pour lui raconter ce qui s'est passé quand elle a trouvé le portrait de son père.

   Commencez votre lettre : **Ma chère cousine inconnue**

   À la fin : **Je t'embrasse, ta cousine Hélène**

Jouez les scènes

1. Jean, quand il est encore jeune, décide de quitter sa famille. Son frère et ses parents ne veulent pas accepter cette décision.

2. Un amour impossible : La mère d'Hélène et l'oncle Jean s'aimaient pendant leur jeunesse et c'est la raison pour laquelle Jean a décidé de partir. Leur scène d'adieu est très triste.

3. Un(e) ami(e) canadien(ne) rend visite à Jean aux États-Unis. Ils parlent de la famille de Jean au Canada et de sa nouvelle vie.

Applications grammaticales

A. La voix passive

> Consultez les pages 57–58 pour une explication de la formation et de l'usage de la voix passive.

Traduisez ces phrases sans agent en employant la voix passive en français.

1. The portrait was painted when he was young.

2. Her mother told her that Jean had been killed in an accident.

3. Jean didn't want to be buried with his family.

4. Hélène was awakened at four in the morning.

Récrivez ces phrases à la voix active en employant **on** comme sujet.

1. Le portrait avait été caché dans le grenier.

2. La plupart du temps les vœux d'un mort sont respectés.

3. Le corps de Jean a été transporté au Canada.

4. Il a été enterré dans le lot familial.

5. Cette histoire sera souvent racontée.

B. devoir

Révisez les phrases suivantes en substituant une forme du verbe **devoir** au temps convenable pour l'expression verbale donnée. Faites tous les changements nécessaires.

> Modèle : **C'était une mauvaise idée** de quitter sa famille = Il **n'aurait pas dû** quitter sa famille.

1. Il ne fallait pas qu'Hélène parle de Jean à son père.

2. On avait tort d'enterrer Jean avec sa famille.

3. Hélène a été obligée de mettre le portrait dehors.

4. Il est probable que quelqu'un a pris le tableau.

Consultez les pages 58–59 pour une explication du verbe **devoir**.

Synthèse

1. Écrivez un résumé de cette histoire au passé (voir la page 26 pour les caractéristiques d'un résumé) . N'incorporez pas tous les détails mais n'oubliez pas ceux qui sont importants. Ne citez pas directement du texte. Référez-vous aux pages 25-26 pour les expressions qui jouent un rôle important pour raconter et décrire au passé. Attention aux formes du passé : passé composé, imparfait, plus-que-parfait.

2. Imaginez que vous aviez connu Jean aux États-Unis avant sa mort. Expliquez pourquoi il avait quitté la maison de sa famille au Canada. Pourquoi n'aimait-il pas sa famille ? Qu'est-ce qui était arrivé entre lui et son frère ? Parlez aussi des circonstances de sa mort. Écrivez votre histoire au passé.

Camille Claudel

(1864-1943)

Camille Claudel a connu, en tant que femme et en tant qu'artiste, un destin hors du commun. À la fin du dix-neuvième siècle, une jeune fille de dix-sept ans qui veut être sculpteur, c'est inconcevable, voire° scandaleux. Or, Camille se lance dans l'aventure à corps perdu, avec l'enthousiasme et la farouche volonté qui la caractérisent. Jusqu'au jour où elle rencontre Auguste Rodin en 1883. Le Maître accepte de la prendre comme élève ; bientôt il deviendra son amant. Suivent quinze années d'une liaison passionnée et orageuse d'où Camille sortira épuisée, vaincue. Après avoir quitté définitivement Rodin en 1898, elle deviendra de plus en plus recluse, s'enfermant dans son studio à Paris. En 1913, son frère autorisera l'internement de Camille à l'asile de Montdevergues, près d'Avignon, où elle mourra trente ans plus tard, laissant au jugement de la postérité une œuvre considérable, d'une rare puissance et d'une originalité visionnaire.

voire° : et même

I. L'art de Camille Claudel

Pré-lecture

Pour vous préparer á la lecture, voir Cahier, Unité 1.

Dans cet extrait d'un article paru dans *le Mercure de France* en mars 1898, le critique Mathias Morhardt parle d'abord de la façon dont Camille Claudel aborde la sculpture. La description est souvent plus difficile à lire que la narration. Pour vous aider à comprendre le sujet de cet extrait, parcourez cette première partie et cherchez des mots qui suggèrent le mouvement et d'autres qui suggèrent l'immobilité.

Lecture dirigée

Lisez le premier paragraphe pour en dégager l'originalité de l'œuvre de Camille Claudel déjà citée, en réfléchissant au paradoxe suivant : pour peindre un portrait ou modeler une sculpture réaliste, on demande souvent au modèle de garder une pose peu naturelle pendant des heures. Garder une telle pose exige beaucoup de concentration, d'autant plus que le corps est constamment en mouvement en réalité, pour maintenir l'équilibre.

L'art de Camille Claudel

…Or, selon la pensée de Mademoiselle Camille Claudel, que je voudrais pouvoir suivre et plus fidèlement interpréter, le mouvement est, en art, ce qu'il importe surtout de préciser. Mais c'est aussi ce qu'il est le plus difficile d'expliquer. Dans tous les cas, il est certain que, depuis la Renaissance, c'est à peu près le moindre
5 souci de tous les maîtres. Ce qu'ils s'efforcent de fixer, ce qui est l'objet de leurs préoccupations les plus constantes, c'est le morceau, c'est la belle main, bien posée, bien analysée, bien étudiée dans ses contrastes d'ombre et de lumière ; c'est la belle bête fortement charpentée°, qui se détache immobile sur le clair-obscur du fond ; c'est le nu° patiemment, et parfois minutieusement observé dans
10 la tranquillité de la pose obligée. Mais qui donc, parmi eux, s'occupe du mouvement ? Qui donc s'efforce de suivre les modifications de l'être humain

charpentée : *well-built*
nu : *nude*

soumis à une action énergique ? …Car si une jambe qui est au repos et une jambe qui marche sont deux choses différentes, combien cette dernière est plus vivante et plus vraie !...

Questions de compréhension

1. Selon Morhardt, qu'est-ce qui distingue Camille Claudel des autres artistes, y compris Rodin, depuis la Renaissance ?

2. L'art de Camille Claudel est-il moins réaliste que celui des autres ? Expliquez.

Lisez le paragraphe suivant dans lequel on explique au moyen d'un objet ordinaire la façon dont Camille représente le corps humain.

15   Sans doute le mouvement déforme. Pour employer une comparaison qui est de Mademoiselle Camille Claudel elle-même, il y a entre la roue° qui tourne rapidement et la roue qui est immobile une différence essentielle : la roue immobile est ronde et ses rayons sont également distants les uns des autres ; la roue qui tourne rapidement n'est plus ronde et n'a plus de rayons du tout. Le

20   mouvement a, en quelque sorte, mangé l'anatomie, le squelette même de la roue. Et il en est ainsi du corps humain qu'il allonge ou qu'il rétrécit°, dont il change les proportions, et dont il bouleverse l'équilibre. Dès lors, considérer l'anatomie d'un corps en marche comme s'il était en repos est une grossière erreur d'observation. Il y a dans le mouvement, en effet, un état de devenir. L'artiste ne peut s'arrêter

25   entre ce qui a été et ce qui va être.

roue : *wheel*
rétrécit : rendre plus court

Questions de compréhension

1. De quelle image se sert Camille Claudel pour expliquer la différence entre sa vision du corps humain et celle des autres artistes ?

2. Qu'est-ce qui est représenté par le pronom sujet **il** des verbes **allonge, rétrécit, change** et **bouleverse**? Recherchez ce mot dans la phrase précédente.

3. Selon le texte, quelle est l'erreur d'observation commise par d'autres artistes ?

Lisez la fin de cet extrait pour apprendre quels autres artistes se souciaient de la mobilité de leurs sujets.

Les Grecs, qui ne se gênaient pas pour modifier leurs proportions, savaient les soumettre à cette impérieuse exigence. Les Chinois et les Japonais ont porté à un invraisemblable degré d'habileté° l'art d'indiquer la mobilité des êtres et des choses…. Les bas-reliefs et les ciselures° les plus rudimentaires des peuples

30   primitifs prouvent ce même souci de la vérité, et attestent que seule notre civilisation moderne a dédaigné la plus haute, la plus pure expression possible de l'art, c'est-à-dire son expression dramatique…. C'est là, c'est là seulement— Mademoiselle Camille Claudel en est bien persuadée—, qu'il faut chercher l'explication de notre décadence. L'observation même respectueuse, même

35   scrupuleuse de la nature ne suffit donc pas pour réaliser des chefs-d'œuvre. Il y faut une passion particulière. Il y faut un don° spécial qui permette de tirer de l'observation même de la vie ce qui constitue le premier élément du chef-d'œuvre et qui est en quelque sorte le témoignage° de la vérité : le sens de la Beauté.

habileté : *(nf) skill ;* **ciselures** : *carvings*

don : *gift*

témoignage : *testimony, witness*

Questions de compréhension

1. Selon Morhardt, quels artistes Camille rappelle-t-elle par son style ?

2. Selon Camille, qu'est-ce qui manque dans l'art de la civilisation moderne à son époque ?

Réfléchissez et discutez ensemble

D'après le ton de tout cet extrait sur l'art de Camille Claudel, que pense Morhardt de l'artiste ? Citez des expressions du texte pour justifiez votre réponse.

II.
Les Causeuses

Introduction

Examinez la photo de cette sculpture par Camille Claudel et lisez sa présentation faite par Morhardt.

Les Causeuses

Quatre femmes assises les unes en face des autres dans l'étroit compartiment d'une voiture de chemin de fer et qui semblaient se confier on ne sait quel précieux secret devaient lui suggérer ce prodigieux chef-d'œuvre : *Les Causeuses*. C'est au Salon du Champ-de-Mars de 1895 que *Les Causeuses* parurent pour la première fois. Je n'ai pas besoin de rappeler que ce fut un événement. Encore qu'° aucun titre et qu'aucune signature ne l'eussent désigné à la curiosité des passants, on comprit que, quel qu'il fût° l'auteur était désormais célèbre. Il existe des *Causeuses* plusieurs exemplaires en marbre, en plâtre ou en onyx.

encore que : *even though*

quelqu'il fût : *whoever it might be*

Réfléchissez et discutez ensemble

À plusieurs, regardez la photo de la sculpture et décrivez-la avec autant de détails que possible.

Pré-lecture

1. Parcourez la description de la sculpture écrite par Morhardt. Soulignez tous les verbes et leurs sujets dans les phrases. Combien de fois emploie-t-il le verbe **être** ? De quels autres verbes se sert-il ?

2. Encerclez tous les mots apparentés que vous trouvez dans le texte. Parmi les mots qui restent, lesquels ne connaissez-vous pas ? Essayez de deviner le sens de ces mots inconnus en examinant le contexte et la photo de la sculpture.

La description de Morhardt

Un coin intime, inexpliqué, indéterminé. Arbitrairement deux planchettes de plâtre placées en angle droit en constituent les parois délabrées°. Au fond dans l'angle, une femme annonce, par le geste plein de menace et de précaution de sa main droite levée près de sa bouche, qu'elle va parler. Et, autour d'elle et devant elle,
5 les trois commères° exaspérées de curiosité, tendent vers la bouche entrouverte déjà et vers le geste révélateur leur visage gourmand de savoir, impatient de connaître et d'entendre. Toutes les têtes convergent vers le but unique, qui est le visage, qui est les lèvres elles-mêmes de celle qui va parler. Le dos, les épaules, le cou de chacune d'elles obéissent au même mouvement. Une même volonté les
10 incline. Une même force les soumet. Un même frémissement°, une même anxiété les pénètrent et les montrent rangées parallèlement sur deux bancs, identiques comme des sœurs. Cependant elles sont toutes dissemblables les unes des autres....

parois délabrées : murs en ruine
commères : *gossips*

frémissement : *shiver,* v = frémir

Réfléchissez et discutez ensemble

À l'exception du choix de verbes différents, comment Morhardt évite-t-il autrement d'employer le verbe **être** ? Quel est l'effet créé par ce type de description ?

À l'écrit

Votre œuvre préférée. Pensez à une peinture, une sculpture, un poème ou un morceau de musique que vous aimez beaucoup. Écrivez un paragraphe pour décrire l'œuvre brièvement et pour expliquer pourquoi vous l'aimez tant. Essayez de convaincre vos lecteurs de la qualité de cette œuvre.

expositions

Les expositions temporaires du Centre Pompidou de la Cité des Sciences, de l'Institut du Monde Arabe, du Palais de la Découverte et les expositions-dossiers du Musée d'Orsay et du Louvre figurent dans la rubrique Musées.

EXPOSITIONS ARTISTIQUES

Batéké. – Peintres et sculpteurs d'Afrique Céntrale. **Musée des arts d'Afrique et d'Oceanie,** 293, av Daumesnil, M° Porte-Dorée, 01 43 46 51 61. Tlj (sf mar) de 10h à 17h30, sam et dim de 10h à 18h. Ent. 38F, TR. et dim : 28F. *Jusqu'au 4 Janvier 99.*

Boucliers tribaux. – Collections d'Afrique, d'Asie du Sud-Est et d'Océanie du musée Barbier-Mueller. **Fondation Mona Bismarck,** 34. av de New York, M° Alma-Marceau, 01 47 23 38 88. Tlj (sf dim, lun et fêtes) de 10h30 à 18h30. Ent. libre. *Jusqu'au 28 Novembre.*

Bourdelle et ses élèves. – Sculptures et dessins de Bourdelle, Giacometti, Richier et Gutfreund. **Musée Bourdelle,** 16, rue Antoine-Bourdelle, M° Montparnasse, 01 49 54 73 73. Tlj (sf lun et fêtes) de 10h à 17h40. Ent. 27F, TR. 19F. *Jusqu'au 7 Février 99.*

Cachemires parisiens à l'école de l'Asie 1810-1880. – **Musée Galliera,** 10, av Pierre 1er de Serbie, M° Iéna, 01 47 20 85 23. Tlj (sf lun et fêtes) de 10h à 18h. Ent. 45F, TR. 32F. *Jusqu'au 28 Février 99.*

La collection du centre Georges Pompidou : un choix. - 200 peintures des années 20 aux années 90. **Musée d'Art moderne,** 11, av du Président-Wilson, M° Alma-Marceau, 01 53 67 40 00. Du mar au ven de 10h à 17h30, sam et dim de 10h à 18h45. Ent. 30F, TR 20F. *Jusqu'au 19 Septembre 99.*

L'Ecole de Londres. – La peinture figurative anglaise de Bacon à Bevan : peintures et sculptures. **Musée Maillol,** 61, rue de Grenelle, M° Rue du Bac, 01 42 22 59 58. Tlj (sf mar et fêtes) de 11h à 18h (fermeture des caisses 45 mn avant). Ent. 40F, TR 26F, gratuit jusqu'à 18 ans. *Jusqu'au 20 Janvier 99.*

Liban, l'autre rive. – Trésors du musée de Beyrouth et de récentes fouilles archéologiques. **Institut du Monde Arabe,** 1, rue des Fossés-Saint-Bernard, M° Jussieu, 01 40 51 38 38. Tlj (sf lun) de 10h à 18h, sam jusqu'à 20h. Ent. 45F, TR. 35F. *Jusqu'au 30 Avril 99.*

Lorenzo Lotto 1480-1557. - Un génie inquiet de la Renaissance : 46 oeuvres et montage de photos rétro-éclairées présentant 26 panneaux de marqueterie. **Grand Palais,** entrée square Jean-Perrin, M° Champs-Elysées-Clémenceau, 01 44 13 17 17 et 36 15 Offi (réservations). Tlj (sf mar) de 10h à 20h, mer de 10h à 22h (fermeture des caisses 45 mn avant). Ent. 5iF, TR. et lun : 37F (de 10h à 13h sur réservation) et 45F et 31F (après 13h). *Jusqu'au 11 Janvier 99.*

Millet / Van Gogh. – Un regard différent sur ces deux artistes et leur influence respective : peintures, pastels, dessins et gravures. **Musée d'Orsay,** 1, rue de La Légion d'Honneur. M° Solférino, rés. 01 49 87 50 50 et 36 15 Offi. Tlj (sf lun) de 10h à 18h, dim de 9h à 18h, jeu de 10h à 21h45. Ent. 40F, TR. 30F ou 46F et 36F (avec réserv). *Jusqu'au 3 Janvier 99.*

Montmartre, toujours. – Site et personnages. **Musée de Montmartre,** 12, rue Corrot, M° Anvers. 01 46 06 61 11. Tlj (sf lun) de 11h à 18h. Ent. 25F, TR. 20F (groupes). *Jusqu'au 2 Janvier 99.*

Gustave Moreau 1826-1898. – Peintures, aquarelles et dessins. **Grand Palais,** av Winston-Churchill, M° Champs-Elysées-Clémenceau (porte Clémenceau), 01 44 13 17 17 et 3615 Offi (réservations). Tlj (sf mar) de 10h à 20h, mer jusqu'à 22h (fermeture des caisses 45 mn avant). Ent. 56F, TR. et lun : 41F (de 10h à 13h sur réservation) et 50F et 35F (après 13h). *Jusqu'au 4 Janvier 99. Fermé 25 Décembre.*

Peindre La Grande Guerre 1914-1918. – Tableaux et dessins de Scott, Flameng, Desvarreux, Broquet.... **Musée de l'Armée,** Hôtel des Invalides, 129, rue de Grenelle, M° Latour-Maubourg, 01 44 42 37 67, Tlj de 10h à 16h45. Ent. 37F, TR. 27F. *Jusqu'au 7 Mars 99.*

Picasso 1901-1909. – Chefs-d'oeuvre du Metropolitan Museum of Art de New York : peintures, dessins et gouaches. **Musée Picasso,** 5, rue de Thorigny, M° Saint-Paul, 01 42 71 25 21. Tlj (sf mar) de 9h30 à 17h30 (fermeture des caisses 17h. Ent. 38F, TR. 28F. *Jusqu'au 28 Février 99.*

Giambattista Tiepolo 1696-1770. – 83 tableaux, 40 dessins et l'ensemble de l'oeuvre gravé du dernier grand peintre de Venise. **Petit Palais,** av Winston-Churchill, M° Champs-Elysées-Clémenceau 01 42 65 12 73. Tlj (sf lun) de 10h à 17h40, jeu jusqu'à 20h. Ent. 45F, TR. 35F. *Jusqu'au 24 Janvier 99.*

Le Tintoret. – Une leçon de peinture : tableaux et dessins. **Mairie du 5°,** 21, pl du Panthéon, 01 43 25 96 26 (conférences). Tlj de 11h à 17h45, dim et fêtes de 14h à 18h30. Ent. 20F, TR. 10F. Visite-conférence : tlj à 16h. *Jusqu'au 13 Decembre.*

Expositions

Voici un extrait du guide de Paris *l'Officiel des spectacles.* Vous êtes de passage à Paris un lundi et vous désirez voir quelques expositions artistiques.

1. Indiquez les musées, les heures d'ouverture et le prix d'entrée pour des expositions où vous pourriez voir les œuvres suivantes.

	musée	ouvert	prix
a. des aquarelles			
b. des dessins			
c. des sculptures			

2. Pourriez-vous voir l'exposition sur Van Gogh ? Expliquez.

3. Où iriez-vous pour voir une collection des Picasso venant des États-Unis ?

4. Les expositions du Louvre ne se trouvent pas parmi celles de cette liste. Où faut-il les chercher ?

5. À quelle exposition avez-vous envie d'aller ? Pourquoi ?

C'est un autoportrait de mémoire.

Unité 1 Les beaux-arts
Formes et structures utiles

A. Le passé

Dans vos lectures vous retrouvez plusieurs formes du passé que vous connaissez déjà. Une petite révision de ces formes vous aidera à mieux comprendre et à vous exprimer au passé.

Pour travailler davantage ces structures, voir Cahier, Unité 1.

1a. Le passé composé, verbe auxiliaire (**avoir** ou **être**) au présent + participe passé, est utilisé pour exprimer :

• les actions accomplies qui font avancer la narration :

L'amateur d'art a **vu** la peinture ; ensuite, il a **demandé** le prix.
J'**ai trouvé** le portrait dans le grenier ; puis j'en **ai parlé** à ma mère.
Hélène s'**est réveillée** ; alors elle **a allumé** sa lampe.

• les actions précisées d'une durée spécifiée :

Les amies de la maîtresse **sont restées** plusieurs jours à Paris.
Le modèle **a posé** pendant une heure.
J'**ai peint** le même sujet trois fois.

• les actions à un moment spécifié dans le temps :

Après la mort de l'artiste, on **a vendu** ses toiles.
Le lendemain Hélène **a pris** le portrait et elle l'**a porté** dehors.
Ce matin j'**ai continué** un tableau de jardin ensoleillé.

1b. Le passé simple :

Pour les verbes en **-er**, l'infinitif sans **-er** + **-ai, -as, -a, -âmes, -âtes, -èrent** :

exposer :	j'expos**ai**	nous expos**âmes**
	tu expos**as**	vous expos**âtes**
	il/elle expos**a**	ils/elles expos**èrent**

Pour les verbes en **-ir** et **-re**, l'infinitif sans **-ir** ou **-re** + **-is, -is, -it, -îmes, -îtes, -irent** :

vendre :	je vend**is**	nous vend**îmes**
	tu vend**is**	vous vend**îtes**
	il/elle vend**it**	ils/elles vend**irent**

Note : On emploi le passé simple dans la narration littéraire à la place du passé composé. Les écrivains utilisent ce temps surtout à la troisième personne, au singulier ou au pluriel. Il est important de reconnaître ces formes du verbe, mais on ne vous demandera pas d'écrire au passé simple. Consultez l'appendice ou un ouvrage tel que le Bescherelle si vous n'êtes pas sûr de quel verbe il s'agit.

On utilise le passé simple pour exprimer les actions accomplies de la narration dans les textes littéraires, historiques ou anciens (contes de fée, mythes, etc.) :

La lumière et les couleurs du sud de la France **fascinèrent** Van Gogh.

L'étudiant **reçut** une lettre de son oncle.

Un très gentil baiser **réveilla** Hélène.

2. L'imparfait : l'imparfait est formé à partir de la forme **nous** du présent sans **-ons + -ais, -ais, -ait, -ions, -iez, -aient** (exception : **être > ét-**)

On utilise l'imparfait pour :

• la description :

Ces portraits **coûtaient** trop cher.

J'**étais** une sorte de mouton noir dans la famille.

Camille Claudel **savait** représenter le mouvement dans son œuvre.

• les actions/états qui continuent dans le temps, sans fin précisée :

Ce peintre très connu **exposait** son œuvre.

Ton oncle et moi, nous nous **comprenions** bien.

J'**aimais** bien les couleurs.

• les habitudes :

Les impressionnistes **peignaient** en plein air.

Nous n'**avions** jamais assez d'argent pour acheter des toiles.

Tu **admirais** ce chef-d'œuvre inconnu.

Quelques verbes qui sont typiquement à l'imparfait dans un contexte passé : **avoir, devoir, savoir, pouvoir, vouloir.** Ces verbes ont des nuances différentes à l'imparfait/au passé composé :

avoir :   il n'**avait** pas beaucoup d'argent *(he didn't have much money)*

il **a eu** plus d'argent = a reçu *(he got more money)*

devoir :   il **devait** travailler *(he was supposed to work)*

il **a dû** travailler *(he had to work, and did)*

savoir :   il **savait** la vérité *(he knew the truth)*

il **a su** la vérité = a découvert *(he discovered the truth)*

pouvoir :   il **pouvait** vendre son œuvre = la capacité *(he could sell his work)*

il **a pu** vendre son œuvre = la réussite *(he was able to and did)*

vouloir :   elle **voulait** aider son oncle *(she wanted to help her uncle)*

elle **a voulu** tout savoir *(she insisted on knowing everything)*

3. Le plus-que-parfait : verbe auxiliaire (**avoir** ou **être**) à l'imparfait + participe passé

On utilise le plus-que-parfait pour exprimer les actions/états qui précèdent le moment de la narration au passé :

> Le collectionneur a accroché un tableau au mur. Il l'**avait acheté** a un prix très raisonnable. (**acheter** précède **accrocher** dans le temps mais suit dans le texte)

> Un jour ton père a reçu une lettre. Ton oncle **s'était fait** tuer dans un accident. (**se faire tuer** précède **recevoir** dans le temps mais suit dans le texte)

Le plus-que-parfait s'emploie souvent entre deux faits de narration ou dans des propositions relatives (introduites par **qui**, **que**, **où**) pour ajouter des détails descriptifs ou explicatifs qui font partie du passé plus éloigné :

> L'œuvre que les critiques n'**avaient** pas **trouvée** émouvante restait inconnue.

4. Le conditionnel : futur (radical) [*stem*] + terminaisons de l'imparfait

On utilise le conditionnel pour exprimer les actions futures dans un contexte passé :

> Il croyait qu'un jour il **irait** en Provence visiter le Centre Van Gogh.

> On a dit à cet artiste pauvre que la valeur de ses tableaux le **rendrait** célèbre et riche un jour. (On peut aussi employer **aller** à l'imparfait + infinitif pour indiquer que l'action n'était pas encore accomplie à un moment donné de la narration : La valeur de ses tableaux **allait** le rendre célèbre.)

B. Rendre + adjectif

Vous avez déjà vu le verbe **rendre**, verbe régulier en **-re**, avec comme signification, **donner à quelqu'un ce qu'on lui doit** :

> On **rend** ses devoirs au professeur.

Ce verbe peut aussi avoir le sens de **représenter** :

> C'est un sujet admirablement **rendu** sur la toile.

Rendre + adjectif veut dire **faire devenir** *(to make someone or something + adjective)* :

> À la fin de l'histoire, *La cathédrale*, les années **avaient rendu la femme moins belle** mais la toile n'avait pas perdu sa beauté.

> Quand l'écrivain était vieux, **l'idée** qu'il avait aimé cette femme **le rendait malheureux**.

> **Le fait** qu'il ne possédait pas la Cathédrale **le rendait un peu triste**.

Rappel : les adjectifs doivent toujours s'accorder en genre (m./f.) et en nombre (sing./pl.) avec le nom modifié.

1. Formes des adjectifs

La plupart des adjectifs s'écrivent avec **-e** au féminin et **-s** au pluriel.

D'autres distinctions masculin/féminin à faire :

m.	f.	exemples
-eux	-euse	heureux, heureuse
-oux	-ouse	jaloux, jalouse
-eur	-euse	travailleur, travailleuse
-er	-ère	entier, entière
-c	-che	sec, sèche
-f	-ve	actif, active
-eau, el	-elle	nouveau, nouvelle ; cruel, cruelle

certains mots en:

m.	f.	exemples
-n	-nne	bon, bonne ; ancien, ancienne
-l	-lle	gentil, gentille
-s	-sse	bas, basse
-t	-tte	net, nette
-aux	-ausse	faux, fausse

mots masculins sans distinction singulier/pluriel :

-s	il était assis ; ils étaient assis
-x	il était jaloux ; ils étaient jaloux

Attention aux changements dans la forme du masculin singulier de certains adjectifs quand ils sont placés devant un nom qui commence par une voyelle ou un *h* non-aspiré :

Il est vieux./C'est un vieil homme.

Il est nouveau./C'est un nouvel appartement.

Il est beau./C'est un bel arbre.

2. Place des adjectifs

D'habitude, les adjectifs descriptifs en français sont placés après le nom qu'ils accompagnent :

un dessin réaliste   une peinture abstraite   un artiste célèbre

Certains adjectifs sont placés devant le nom habituellement :

beau/joli	C'est un beau jardin.
bon/mauvais/gentil	C'est une mauvaise idée.
jeune/vieux/nouveau	C'est une nouvelle maison.
grand/petit	

Certains adjectifs peuvent être placés devant ou après le nom avec un changement de sens :

Son **ancienne** maîtresse était laide.	*His **former** mistress was ugly.*
Le cadre **ancien** du tableau était fragile.	*The painting's **ancient** frame was fragile.*
L'étudiant **pauvre** ne pouvait pas acheter le tableau.	*The **penniless** student couldn't buy the painting.*
Le **pauvre** étudiant a échoué.	*The **poor** (**to be pitied**) student failed.*

Parfois, on trouve un adjectif descriptif placé devant le nom alors que sa place habituelle est après le nom. On met un tel adjectif devant le nom exceptionnellement pour insister sur cette qualité :

vert feuillage	merveilleuses rencontres
une vague tante	la sédentaire famille

C. Le participe présent

Forme : le participe présent de la plupart des verbes est formé à partir de la forme **nous** du présent sans **ons** + **ant** :

parlons → parlant	sortons → sortant
attendons → attendant	venons → venant
finissons → finissant	mangeons → mangeant
commençons → commençant	

Quelques verbes ont des formes irrégulières :

être → étant	avoir → ayant
savoir → sachant	

Emploi : le participe présent est souvent l'équivalent de la forme verbale en anglais qui se termine en *-ing* et on peut parfois le traduire ainsi :

Quittant son pays natal, Van Gogh s'est installé en France.

***Leaving** his native country, Van Gogh took up residence in France.*

1. Le participe présent sans préposition a toujours la valeur d'un adjectif. Si le participe est employé seul comme un adjectif, il s'accorde avec le nom :

les paysages **enchantants**	les cieux **menaçants**
une peinture **émouvante**	

2. Précédé de la préposition **en**, le participe présent en français indique :

   a. comment quelque chose est fait *(by doing...)*

   Cet artiste n'a pas pu gagner sa vie **en peignant.**
   *This artist couldn't make a living **by painting**.*

b. que deux choses se font **en même temps** *(while, upon doing...)*

En arrivant en Provence, Van Gogh a découvert les effets des couleurs.

Upon arriving in Provence, Van Gogh discovered the effects of colors.

3. La seule préposition possible devant le participe présent en français est **en**. Toutes les autres prépositions doivent être suivies de l'infinitif en français ! Mais, en anglais on les traduit souvent aussi par la forme verbale en *-ing* :

a. En sortant de chez lui *(upon going out)*, l'écrivain rencontre une dame âgée.
(C'est l'écrivain qui sort et l'écrivain qui rencontre une dame.)

b. Le marchand devait attendre huit jours **avant de vendre** *(before selling)* le tableau.
(C'est le marchand qui attend et le marchand qui vend le tableau.)

c. L'étudiant a dépensé son argent **sans penser au** *(without thinking about)* tableau.
(C'est l'étudiant qui a dépensé son argent et l'étudiant qui n'a pas pensé au tableau.)

d. Après avoir payé ses dettes *(after paying his debts)*, l'étudiant n'avait plus d'argent.
(C'est l'étudiant qui a payé et l'étudiant qui n'avait plus d'argent.)

4. Comme vous voyez dans tous les exemples ci-dessus, le sujet des deux actions doit être le même pour pouvoir employer l'infinitif ou le participe présent.

Si le sujet de chaque action est différent, il faut employer une conjonction (quand, avant que*, sans que*, après que) + sujet + verbe conjugué (*subjonctif) :

a. Quelqu'un a acheté le tableau **avant que l'étudiant** puisse le faire.

b. Après qu'il a écrit à son oncle, **sa maîtresse** lui a demandé de sortir.

On peut aussi employer une préposition (avant, sans, après) + un nom :

c. Avant l'arrivée de la réponse de son oncle, l'étudiant s'est endetté.

D. La voix passive

Pour mettre l'accent sur la personne ou la chose qui est l'objet direct d'une action, on utilise la voix passive au lieu de la voix active. Le sujet de la phrase à la voix passive reçoit l'action, le verbe **être** indique le temps ; le participe passé du verbe exprimant l'action fonctionne comme adjectif (et montre l'accord) :

Les champs de Van Gogh **ont été inspirés** par Saint-Rémy-de-Provence.
*Van Gogh's fields **were inspired** by Saint-Rémy-de-Provence.*

Pour indiquer en français **celui qui** ou **ce qui** fait l'action, employez le mot **par** devant cet agent : **par** Saint-Rémy.

Comparez la voix active :

Saint-Rémy **a inspiré** les champs de Van Gogh.
*Saint-Rémy **inspired** Van Gogh's fields.*

Si l'agent est inconnu, vous pouvez utiliser **on** et un verbe actif sans le verbe **être** :

J'ai été réveillée. → On m'**a réveillée.**

Les expositions **avaient été organisées.** → On **avait organisé** les expositions.

 Attention : Quelqu'un ou quelque chose qui est l'objet **indirect** du verbe ne peut jamais être le sujet d'un verbe à la voix passive ! Dans ce cas, il faut toujours employer la construction active avec **on** :

I was asked if I liked Van Gogh.	On m'a demandé si j'aimais Van Gogh.
My mother was given the portrait as a present.	On a donné le portrait à ma mère comme cadeau.
She was told to meet the collector at the museum.	On lui a dit de retrouver le collectionneur au musée.

Comparez l'usage du verbe **être** comme auxiliaire pour les verbes pronominaux à la voix active :

Je me suis réveillée.   *I woke up.*

à l'usage du verbe être dans la construction passive :

J'ai été réveillée par quelque chose.   *I was awakened/Something woke me up.*

E. Devoir + infinitif

Le verbe **devoir** + infinitif indique en général une obligation (ou une probabilité), mais les nuances sont différentes avec les formes différentes du verbe :

présent = *must, has to :*	On **doit** étudier pour réussir.
(probably):	Il n'est pas en classe – il **doit** être malade.
imparfait = *was supposed to:*	Il **devait** peindre mais le sujet ne l'inspirait plus.
used to have to:	Quand elle était jeune, elle **devait** dessiner toujours des natures mortes.

passé composé = *had to (and did):*	Monet **a dû** vendre ses toiles pour manger.
must have:	Il **a dû** être très pauvre alors !
futur = *will have to:*	Ce peintre **devra** exposer ses toiles pour être connu.
conditionnel = *should:*	On ne **devrait** pas toujours écouter les critiques.
passé du conditionnel = *should have:*	On **aurait dû** aller voir cette exposition quand elle était encore ici. Maintenant c'est trop tard !

Unité 2
Héritages collectifs

Les contes

En Afrique occidentale

Introduction

Un héritage peut être matériel, c'est-à-dire, le patrimoine (les biens), que laisse une personne à son décès. Ce sont aussi les traditions transmises par les générations précédentes. Dans le monde actuel, les traditions les plus diverses forment nos idées. Nous héritons notre manière de voir et de penser, à travers des cultures ayant existé bien au-delà de celles de nos ancêtres immédiats. Dans notre monde multiculturel, les héritages deviennent collectifs.

Cette deuxième unité vous offre un petit échantillon de l'héritage européen, français et africain. Vous découvrirez ce qu'il y a d'universel aussi bien que de particulier dans les contes, légendes, poèmes et chansons présentés. Un paysan fait un marché avec le diable. Une belle jeune fille se sacrifie pour son père. La lune répond aux prières d'une femme. Les pouvoirs magiques de la nature aident un homme à réaliser son rêve. Un poète chante la richesse de la tradition.

Et vous ? Quel rôle l'héritage de votre famille, de votre ethnie, de votre communauté, de votre monde, joue-t-il dans votre vie ?

Carcassonne

61

Unité 2 Héritages collectifs
Champ de vocabulaire

Mots apparentés

chagrin (*nm*)
charme (*nm*), charmer (*vt*)
cultiver (*vt*)
dispute (*nf*), se disputer (*vpron*)
    se quereller (*vpron*)
juge (*nm*), juger (*vt*), jugement (*nm*)
mariage (*nm*), se marier (*vpron*)
    (deux personnes se marient ; on se
    marie avec *qqn*)

noble (*adj, n*), noblesse (*nf*)
palais (*nm*)
promesse (*nf*)
    tenir sa promesse, promettre (*vt*)
trésor (*nm*)
vertu (*nf*)

Pour enrichir votre vocabulaire

aîné, ée (*adj, nm/f*)	elder
âme (*nf*)	soul
amoureux, euse (*adj, nm/f*)	in love, lover
tomber/être amoureux (de) (*vi*)	to fall/be in love (with)
argent (*nm*)	silver
bête (*adj, nf*)	stupid; beast
bien (*nm*)	property; good (vs evil)
bonheur (*nm*)	happiness
bonté (*nf*)	goodness
brûler (*vi & vt*)	to burn
cadet, ette (*adj, nm/f*)	younger
campagne (*nf*)	country
champ (*nm*)	field
comportement (*nm*)	behavior
se comporter (*vpron*)	to behave
conte (*nm*)	tale
coupable (*adj*)	guilty
cour (*nf*)	courtyard, royal court
couronne (*nf*), couronner (*vt*)	crown; to crown
diable (*nm*)	devil
(s') embrasser (*vt*)	to kiss
(deux personnes s'embrassent ;	
on embrasse *qqn*)	
empêcher (*vt*)	to prevent
enceinte (*adj*)	pregnant
grossesse (*nf*)	pregnancy
ennuyer (*vt*)	to bother,
s'ennuyer (*vpron*)	to be bored
époux, ouse (*nm/f*)	spouse *syn. mari/femme*
épouser (*vt*)	to marry someone
événement (*nm*)	event
éviter (*vt*)	to avoid
fée (*nf*)	fairy
fidèle (*adj*)	faithful

génie (*nm*)	spirit, genie
griot (*nm*)	African bard
héritage (*nm*)	inheritance
jurer (*vt*)	to swear
mal (*nm*)	evil
malheur (*nm*)	unhappiness, misfortune
malin, maligne (*adj*)	very clever
marchand (*nm*)	merchant
marchandise (*nf*)	merchandise
méchant, e (*adj*)	mean, evil
méchanceté (*nf*)	meanness
mériter (*vt*)	to deserve
moqueur, euse (*adj, nm/f*)	mocking
se moquer de (*vpron*)	to make fun of
mort (*nf, nm, adj*)	death; a dead man; dead
or (*nm*)	gold
orgueil (*nm*)	conceit
orgueilleux, euse (*adj*)	proud
paysan, anne (*nm/f*)	peasant
périr (*vi*)	to perish
s'y prendre (*vpron*)	to handle oneself, to act
procès (*nm*)	trial, lawsuit
puissant, e (*adj*)	powerful
puissance (*nf*)	power
punir (*vt*)	to punish
punition (*nf*)	punishment
récolte (*nf*)	harvest
récolter (*vt*)	to harvest
récompense (*nf*)	reward
redoutable (*adj*)	dreaded
redouter (*vt*)	to dread
règne (*nm*)	reign
régner (*vi*)	to reign, to rule
roi/reine (*nm/nf*)	king/queen
royal, e (*adj*)	royal
royaume (*nm*)	realm
royauté (*nf*)	royalty
seigneur (*nm*)	lord
songe (*nm*)	dream *syn. rêve*
songer (*vi*)	to dream *syn. rêver*; to think *syn. penser*
sorcier, ière (*nm/f*)	witch
sorcellerie (*nf*)	witchcraft
sort (*nm*)	fate, lot
supporter (*vt*)	to put up with, to stand *syn. tolérer*
trahison (*nf*)	treason, betrayal
trahir (*vt*)	to betray
traître (*nm*)	traitor
tromper (*vt*)	to deceive, cheat on
se tromper (*vpron*)	to be mistaken
tromperie (*nf*)	deception
trompeur, euse (*adj*)	deceptive

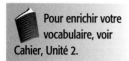
Pour enrichir votre vocabulaire, voir Cahier, Unité 2.

PARLONS UN PEU

A. Comment sont les personnages ?

1. Cherchez les noms de personnages de contes traditionnels et de légendes dans la liste de vocabulaire et décrivez-les.

2. Avec un partenaire, comparez vos listes et choisissez les quatre personnages que vous trouvez les plus intéressants.

3. Quels adjectifs (au moins trois par personnage) associez-vous à vos quatre personnages ? Quels verbes (au moins deux) ? (Vous pouvez commencer par la liste de vocabulaire mais ne vous limitez pas à ce que vous y trouvez.)

4. Avec votre partenaire, présentez vos personnages à la classe. Quels personnages semblent intéresser la plupart des étudiants ? Pourquoi ?

B. Votre passé

Dans un groupe de trois ou quatre personnes, discutez quelques-unes des questions suivantes. Un(e) étudiant(e) prend des notes pour pouvoir résumer la discussion et la présenter à la classe.

1. Aimez-vous regarder les albums de photos de votre famille ? Pourquoi ou pourquoi pas ?

2. Quand vous étiez jeune, vos parents vous lisaient-ils ou vous racontaient-ils des histoires ? Pour quelles raisons le faisaient-ils ou ne le faisaient-ils pas ? Lirez-vous à vos enfants quand vous en aurez ? Pourquoi ou pourquoi pas ?

3. De quels contes et de quelles légendes vous souvenez-vous ?

4. Y a-t-il des traditions dans votre famille, par exemple pour fêter Thanksgiving, Hanouka, Noël, Pâque [*Passover*], Pâques [*Easter*] ou les anniversaires de famille ? Expliquez-en quelques-unes.

5. Quelles anecdotes raconte-t-on dans votre famille sur votre enfance, sur vos parents, sur vos grand-parents, etc. ? Quand est-ce qu'on les raconte ?

C. La tradition vit encore

Prenez quelques minutes pour réfléchir aux questions suivantes, puis parlez-en avec vos camarades de classe.

1. Comment peut-on expliquer la popularité de tant de dessins animés, basés sur des histoires traditionnelles, par exemple *Aladin*, *La Belle et la Bête*, *La Petite Sirène* [*The Little Mermaid*], *Le Roi Lion*, etc. Quels aspects de ces histoires continuent à nous attirer, à nous intéresser ?

2. En Amérique, nous avons adopté les traditions et les coutumes d'ethnies très diverses. Alors, comment peut-on définir ce qui est « américain » ? Si vous deviez expliquer des coutumes « typiquement américaines » à un étranger, que diriez-vous ? Que savez-vous sur l'origine de ces coutumes ?

Le paysan et le diable

Le paysan et le diable est une vieille légende européenne. Des histoires dans lesquelles un homme est confronté par le diable existent dans beaucoup de pays. Guy de Maupassant (1850–1893) s'est inspiré de ce conte pour écrire *La légende du Mont Saint-Michel*.

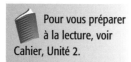

Pour vous préparer
à la lecture, voir
Cahier, Unité 2.

Pré-lecture

Le titre

Comment imaginez-vous les personnages de ce titre ? Pensez à des adjectifs pour les décrire. Que font-ils d'habitude ? Où habitent-ils ? Comparez-les.

Lecture dirigée

Lisez jusqu'à la ligne 21, sans vous arrêter sur les mots que vous ne connaissez pas. Ensuite, avec un partenaire, racontez ce qui s'est passé dans cette partie. Puis continuez à lire jusqu' à la fin.

semer des graines : *to sow seeds*

Le paysan et le diable

Il était une fois un paysan aussi malin que le diable lui-même. Un beau jour de printemps, ce paysan venait de semer des graines° et il avait juste fini lorsque le soleil se coucha. Content de lui, il voulait rentrer et il se retourna encore une fois pour regarder son travail. Il vit au milieu du champ un tas de charbons rouges et
5 brûlants.

— Mais qu'est-ce que c'est ? se demanda-t-il, et il alla y voir d'un peu plus près. Il fut encore bien plus étonné en s'approchant. Au milieu des braises, il y avait le diable en personne ! Le paysan savait comment on s'y prend° avec le diable. Il demanda :

s'y prendre : *agir*

10 — Sais-tu que tu es assis sur un trésor ?

— Parfaitement, répondit le diable. Je suis assis sur un trésor et un trésor plus grand et plus riche que tu ne peux l'imaginer !

Le paysan réfléchit un moment et répliqua :

— Si ce trésor se trouve dans mon champ, il m'appartient. Allez, décampe !

faire un marché : *faire un accord, un échange*
récolte : *produits de la terre*

15 — Oh ! dit le diable, il faut s'y prendre autrement avec moi. Je vais faire un marché° avec toi. Tu auras le trésor, si tu me donnes pendant deux années de suite, la moitié de la récolte° de ton champ.

C'était bien dur pour ce paysan, car il ne possédait que ce seul et unique champ. Il réfléchit encore un moment puis répondit :

pousse : *grow*

20 — C'est d'accord, mais pour qu'il n'y ait pas de dispute entre nous, je te donnerai ce qui pousse° sur le sol et moi je prendrai ce qui est sous la terre.

Cette proposition plut au diable qui pensait à part :

— Ce paysan est bien bête !

Mais en fait, il était bien plus malin que le diable, car ce jour-là il venait de semer
25 des betteraves°.

betteraves : *légumes rouges qui poussent sous la terre*

Lorsque vint le temps de la récolte, le diable vint chercher sa part. Il ne trouva qu'un grand tas de feuilles fanées, et le paysan, lui, chargeait dans sa charrette de grosses et belles betteraves.

trépigna : *stamped his feet*

Le diable trépigna° de rage :

30 — On n'agit pas ainsi avec le diable ! criait-il. Tu m'as roulé ! Cela ne se passera plus comme ça ! L'an prochain je veux ce qui pousse sous la terre, et toi tu auras ce qui pousse dessus !

— D'accord, dit tranquillement le paysan.

35 Au printemps il sema du blé°. Lorsque le diable arriva au champ l'été suivant, le paysan était justement en train de récolter le beau blé mûr. Il ne restait au diable que les racines° sèches sous la terre.

Cette fois le diable resta muet de rage. Il cracha° par terre et trépigna si fort que le sol s'ouvrit et l'engloutit.

40 — C'est ainsi qu'on doit s'y prendre avec le diable, dit le paysan satisfait.

Et il alla déterrer le trésor.

blé : *wheat*

racines : parties de la plante reliées à la terre
cracha : *spit*

Questions de compréhension

1. Au début, à qui appartenait le trésor selon le paysan ? Comment a-t-il justifié son raisonnement ?

2. Quel était le marché que le diable a accepté ?

3. Qu'est-ce qui est arrivé au diable à la fin ?

4. Qui était le plus malin, le paysan ou le diable ? Expliquez.

Réfléchissez et discutez ensemble

1. Imaginez le trésor que le paysan déterre à la fin. En quoi consiste-t-il ? Y a-t-il plusieurs interprétations possibles de ce trésor ? Expliquez.

2. Comment peut-on expliquer le fait qu'un paysan réussisse à tromper le diable ?

3. La plupart du temps, dans les marchés avec le diable, celui-ci gagne, tandis que l'homme perd son âme et est damné à tout jamais. Pourquoi, selon vous, la version que vous venez de lire se termine-t-elle de façon heureuse ?

4. Pour quel public (lecteurs, auditeurs) raconte-t-on cette légende ? Justifiez votre réponse.

Jouez les scènes

1. Le paysan explique à sa femme comment il a eu ce trésor. Celle-ci a du mal à croire ce que son mari lui raconte.

2. Les voisins du paysan, réunis le soir à l'auberge, discutent sa bonne fortune et se demandent ce qu'il aurait fait pour devenir si riche tout d'un coup.

À l'écrit

1. Imaginez la vie du paysan après qu'il aura déterré le trésor. Sera-t-elle tout à fait différente ? Décrivez en détail cette vie future.

2. Le diable décide de se repentir. Il fait une liste de tout ce qu'il ne fera plus et de tout ce qu'il promet de faire à l'avenir. Écrivez votre version de cette liste.

Consultez les pages 102–103 pour une explication des formes comparatives.

Consultez les pages 103–104 pour une explication des formes et de l'usage du futur.

Applications grammaticales

A. Les comparaisons

Comparez le diable et le paysan, en utilisant les catégories indiquées :

Les adjectifs : riche/ intelligent/ travailleur/ menaçant

Les noms : intelligence/ méchanceté/ récoltes

Les verbes : connaître des plantes/ se fâcher/ réfléchir

B. Le futur

Imaginez ce que fera le paysan après avoir gagné son marché avec le diable. Complétez le paragraphe au futur, à l'aide du verbe à l'infinitif entre parenthèses, puis terminez l'histoire comme vous voulez au futur.

Le paysan _____ (aller) voir sa femme et lui _____ (raconter) qu'ils _____ (pouvoir) maintenant travailler moins dur. Mais il ne lui _____ (dire) pas comment il a trouvé ce trésor ! Pour cette raison, sa femme _____ (être) très curieuse et lui _____ (poser) des questions : « Est-ce que la police _____ (venir) te chercher ? _____-nous (partir) d'ici ? » Il la _____ (rassurer) en disant : « Tu _____ (avoir) de nouvelles robes, nous _____ (faire) un beau voyage, et nous _____ (ne plus jamais avoir) faim. » *À vous de continuer. La fin, sera-t-elle heureuse ou triste ?*

Synthèse : À l'écrit ou à l'oral

1. Avez-vous jamais fait un marché ? Racontez au passé, en suivant ces indications :

   a. La situation : Que vouliez-vous obtenir ou qui vouliez-vous être ? Pourquoi ? (Par exemple : votre propre voiture)

   b. Les personnes : Avec qui avez-vous conclu le marché ? Pourquoi ? (Par exemple : votre père)

   c. Les promesses : Qu'est-ce que vous avez promis de faire ? (Par exemple : trouver un boulot pour payer la moitié de la voiture, avoir de meilleures notes à l'école, etc.)

   d. Le résultat : Qu'est-ce qui s'est passé ?

2. La tentation : Un(e) étudiant(e) rencontre le diable, le soir, dans les rayons de la bibliothèque et ils font un marché. Racontez ce marché au futur.

   a. Qu'est-ce que le diable offrira ?

   b. Que promettra l'étudiant(e) ?

   c. Qu'est-ce qui arrivera ?

La Belle et la Bête

Jeanne-Marie Leprince de Beaumont (1711–1780)

Jeanne-Marie Leprince de Beaumont passa une jeunesse studieuse à Rouen. Après un mariage malheureux, elle se sépara de son mari et se rendit en Angleterre en 1745. Elle y passa quinze ans, devenant institutrice des jeunes filles nobles pour gagner sa vie. C'était à Londres qu'elle publia pour la première fois, dans les journaux, des contes pour la jeunesse. En 1757, elle les réunit dans un recueil : *Le Magasin des enfants*. Rentrée en France, elle continua d'écrire un grand nombre d'ouvrages sur des domaines très divers. A sa mort, elle ne laissa pas moins de soixante-dix volumes.

L'œuvre *La Belle et la Bête* figure parmi les contes du *Magasin des enfants*. L'écrivain français, Jean Cocteau, s'en est inspiré pour créer un film très personnel, superbe et poétique, qui restera dans les annales du cinéma français.

Pré-lecture

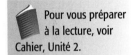

Pour vous préparer
à la lecture, voir
Cahier, Unité 2.

Fond

Selon vous, qu'est-ce que la beauté ? Qu'est-ce qui rend une personne « belle » ?

Titre

Si vous connaissez déjà cette histoire, décrivez l'apparence des personnages du titre. Si vous ne la connaissez pas, comment les imaginez-vous ? Donnez beaucoup de détails. Puis regardez la photo à la page 74. Comparez cette représentation des personnages principaux, faite par Cocteau dans son film, à la description que vous avez imaginée.

Lecture dirigée : Première partie

Lisez les deux premiers paragraphes en cherchant les réponses aux questions ci-dessous :

1. Pourquoi les sœurs aînées étaient-elles jalouses de leur cadette ? Comparez les aînées et la cadette.

2. Quels détails indiquent la bonté de la Belle ?

3. Comment était la vie que menait cette famille ?

Puis lisez le troisième paragraphe.

1. Qu'est-ce qui a changé ?

2. En quoi la vie de cette famille serait-elle différente à partir de ce changement ?

Après avoir répondu à ces questions, continuez la lecture.

La Belle et la Bête

esprit : *intelligence*

Il y avait une fois un marchand qui était extrêmement riche. Il avait six enfants, trois garçons et trois filles, et, comme ce marchand était un homme d'esprit°, il n'épargna rien pour l'éducation de ses enfants, et leur donna toutes sortes de maîtres. Ses filles étaient très belles ; mais la cadette surtout se faisait admirer,
5 et l'on ne l'appelait, quand elle était petite, que la *Belle Enfant* ; en sorte que le nom lui en resta : ce qui donna beaucoup de jalousie à ses sœurs. Cette cadette, qui était plus belle que ses sœurs, était aussi meilleure qu'elles. Les deux aînées avaient beaucoup d'orgueil, parce qu'elles étaient riches ; elles faisaient les dames, et ne voulaient pas recevoir des visites des autres filles de marchands ; il
10 leur fallait des gens de qualité pour leur compagnie. Elles allaient tous les jours au bal, à la comédie, à la promenade, et se moquaient de leur cadette, qui employait la plus grande partie de son temps à lire de bons livres.

Comme on savait que ces filles étaient fort riches, plusieurs gros marchands les demandèrent en mariage ; mais les deux aînées répondirent qu'elles ne se
15 marieraient jamais, à moins qu'elles ne trouvassent un duc, ou tout au moins un comte. La Belle (car je vous ai dit que c'était le nom de la plus jeune), la Belle, dis-je, remercia bien honnêtement ceux qui voulaient l'épouser ; mais elle leur dit qu'elle était trop jeune et qu'elle souhaitait tenir compagnie à son père pendant quelques années.

20　Tout d'un coup, le marchand perdit son bien, et il ne lui resta qu'une petite maison de campagne, bien loin de la ville. Il dit en pleurant à ses enfants qu'il fallait aller demeurer dans cette maison, et qu'en travaillant comme des paysans ils pourraient y vivre. Ses deux filles aînées répondirent qu'elles ne voulaient pas quitter la ville, et qu'elles avaient plusieurs amants qui seraient trop heureux de les
25　épouser, quoiqu'elles n'eussent pas de fortune.

Ces demoiselles se trompaient ; leurs amants ne voulurent plus les regarder quand elles furent pauvres. Comme personne ne les aimait, à cause de leur fierté, on disait :

« Elles ne méritent° pas qu'on les plaigne° ; nous sommes bien aises de voir leur
30　orgueil abaissé ; qu'elles aillent faire les dames en gardant les moutons. »

méritent : deserve; plaigne : montre de la compassion

Mais, en même temps, tout le monde disait :

« Pour la Belle, nous sommes bien fâchés de son malheur : c'est une si bonne fille ! Elle parlait aux pauvres gens avec tant de bonté ; elle était si douce, si honnête ! »

Il y eut même plusieurs gentilshommes qui voulurent l'épouser, quoiqu'elle n'eût
35　pas un sou ; mais elle leur dit qu'elle ne pouvait se résoudre à abandonner son pauvre père dans son malheur et qu'elle le suivrait à la campagne pour le consoler et l'aider à travailler. La pauvre Belle avait été bien affligée d'abord de perdre sa fortune, mais elle s'était dit à elle-même :

« Quand je pleurerai bien fort, cela ne me rendra pas mon bien ; il faut tâcher d'être
40　heureuse sans fortune. »

Quand ils furent arrivés à leur maison de campagne, le marchand et ses trois filles s'occupèrent à labourer la terre. La Belle se levait à quatre heures du matin, et se dépêchait de nettoyer la maison, d'apprêter à dîner pour la famille. Elle eut d'abord beaucoup de peine, car elle n'était pas accoutumée à travailler comme une
45　servante ; mais au bout de deux mois elle devint plus forte, et la fatigue lui donna une santé parfaite. Quand elle avait fait son ouvrage, elle lisait, elle jouait du clavecin, ou bien elle chantait en filant°.

filant : spinning yarn

Ses deux sœurs au contraire s'ennuyaient à la mort ; elles se levaient à dix heures du matin, se promenaient toute la journée et s'amusaient à regretter leurs beaux
50　habits et les compagnies.

« Voyez notre cadette, disaient-elles entre elles ; elle a l'âme basse, et est si stupide qu'elle est contente de sa malheureuse situation. »

Le bon marchand ne pensait pas comme ses filles. Il savait que la Belle était plus propre que ses sœurs à briller dans les compagnies. Il admirait la vertu de cette
55　jeune fille, et surtout sa patience ; car ses sœurs, non contentes de lui laisser faire tout l'ouvrage de la maison, l'insultaient à tout moment.

Il y avait un an que cette famille vivait dans la solitude lorsque le marchand reçut une lettre par laquelle on lui mandait qu'un vaisseau°, sur lequel il avait des marchandises, venait d'arriver. Cette nouvelle tourna la tête aux aînées, qui
60　croyaient qu'à la fin elles pourraient quitter cette campagne, où elles s'ennuyaient tant ; et, quand elles virent leur père prêt à partir, elles le prièrent de leur apporter des robes, des palatines, des coiffures et toutes sortes de bagatelles. La Belle ne lui demandait rien ; car elle pensait en elle-même que tout l'argent des marchandises ne suffirait pas pour acheter ce que ses sœurs souhaitaient.

vaisseau : bateau

65　« Tu ne me pries pas de t'acheter quelque chose, lui dit son père.

— Puisque vous avez la bonté de penser à moi, lui dit-elle, je vous prie de m'apporter une rose, car on n'en trouve point ici. »

Ce n'est pas que la Belle se souciât d'une rose, mais elle ne voulait pas condamner, par son exemple, la conduite de ses sœurs, qui auraient dit que c'était
70 pour se distinguer qu'elle ne demandait rien.

procès : *lawsuit*

Le bonhomme partit. Mais, quand il fut arrivé, on lui fit un procès° pour ses marchandises. Et, après avoir eu beaucoup de peine, il revint aussi pauvre qu'il était auparavant. Il n'avait plus que trente milles à parcourir pour arriver à sa maison et il se réjouissait déjà du plaisir de voir ses enfants. Mais, comme il fallait
75 passer un grand bois avant de trouver sa maison, il se perdit. Il neigeait horriblement ; le vent était si grand, qu'il le jeta deux fois à bas de son cheval. La nuit étant venue, il pensa qu'il mourrait de faim ou de froid, ou qu'il serait mangé par les loups, qu'il entendait hurler autour de lui.

Tout d'un coup, en regardant au bout d'une longue allée d'arbres, il vit une grande
80 lumière, mais qui paraissait bien éloignée. Il marcha de ce côté, et vit que cette lumière venait d'un grand palais, qui était tout illuminé. Le marchand remercia Dieu du secours qu'il lui envoyait et se hâta° d'arriver à ce château ; mais il fut bien

se hâta : se dépêcha

surpris de ne trouver personne dans les cours. Son cheval qui le suivait, voyant une grande écurie ouverte, entra dedans ; ayant trouvé du foin et de l'avoine, le pauvre
85 animal, qui mourait de faim, se jeta dessus avec beaucoup d'avidité. Le marchand l'attacha dans l'écurie et marcha vers la maison, où il ne trouva personne ; mais étant entré dans une grande salle, il y trouva un bon feu, et une table chargée de viandes, où il n'y avait qu'un couvert.

Comme la pluie et la neige l'avaient mouillé jusqu'aux os, il s'approcha du feu pour
90 se sécher, et disait en lui-même : « Le maître de la maison ou ses domestiques me pardonneront la liberté que j'ai prise, et sans doute ils viendront bientôt. » Il attendit pendant un temps considérable ; mais onze heures ayant sonné sans qu'il vît personne, il ne put résister à la faim, et prit un poulet, qu'il mangea en deux bouchées et en tremblant. Il but aussi quelques coups de vin, et, devenu plus
95 hardi, il sortit de la salle et traversa plusieurs grands appartements, magnifiquement meublés. À la fin, il trouva une chambre où il y avait un bon lit, et, comme il était minuit passé et qu'il était las, il prit le parti de fermer la porte et de se coucher.

habit : vêtement

Il était dix heures du matin quand il se leva le lendemain, et il fut bien surpris de
100 trouver un habit° fort propre à la place du sien, qui était tout gâté. « Assurément, pensa-t-il, ce palais appartient à quelque bonne fée, qui a eu pitié de ma situation. »

berceaux : *arbors*

Il regarda par la fenêtre, et ne vit plus de neige, mais des berceaux° de fleurs qui enchantaient la vue. Il rentra dans la grande salle où il avait soupé la veille, et vit une petite table où il y avait du chocolat.

105 « Je vous remercie, madame la fée, dit-il tout haut, d'avoir eu la bonté de penser à mon déjeuner. »

Le bonhomme, après avoir pris son chocolat, sortit pour aller chercher son cheval, et, comme il passait sous un berceau de roses, il se souvint que la Belle lui en avait demandé, et cueillit une branche où il y en avait plusieurs.

110 À cet instant, il entendit un grand bruit, et vit venir à lui une bête si horrible qu'il fut tout près de s'évanouir.

« Vous êtes bien ingrat ! lui dit la bête d'une voix terrible ; je vous ai sauvé la vie en vous recevant dans mon château, et, pour ma peine, vous me volez mes roses,

que j'aime mieux que toute chose au monde ! Il faut mourir pour réparer cette faute ;
115 je ne vous donne qu'un quart d'heure pour demander pardon à Dieu. »

Le marchand se jeta à genoux, et dit à la bête, en joignant les mains :
« Monseigneur, pardonnez-moi, je ne croyais pas vous offenser en cueillant une
rose pour une de mes filles qui m'en avait demandé.

— Je ne m'appelle point *Monseigneur*, répondit le monstre, mais *la Bête.* Je n'aime
120 pas les compliments, moi, je veux qu'on dise ce que l'on pense : ainsi ne croyez
pas me toucher par vos flatteries. Mais vous m'avez dit que vous aviez des filles ;
je veux bien vous pardonner, à condition qu'une de vos filles vienne volontairement
pour mourir à votre place. Ne discutez pas ; partez ! Et si vos filles refusent de
mourir pour vous, jurez° que vous reviendrez dans trois mois. »

jurez : *swear (an oath)*

125 Le bonhomme n'avait pas dessein de sacrifier une de ses filles à ce vilain monstre ;
mais il pensa : « Au moins, j'aurai le plaisir de les embrasser encore une fois. » Il
jura donc de revenir, et la Bête lui dit qu'il pourrait partir quand il voudrait. « Mais,
ajouta-t-elle, je ne veux pas que tu t'en ailles les mains vides. Retourne dans la
chambre où tu as couché, tu y trouveras un grand coffre vide ; tu peux y mettre
130 tout ce qui te plaira, je le ferai porter chez toi. »

En même temps la Bête se retira, et le bonhomme dit en lui-même :

« S'il faut que je meure, j'aurai la consolation de laisser du pain à mes pauvres
enfants. »

Il retourna dans la chambre où il avait couché ; y ayant trouvé une grande quantité
135 de pièces d'or, il remplit le grand coffre dont la Bête lui avait parlé, le ferma, et
ayant repris son cheval qu'il retrouva dans l'écurie, il sortit de ce palais avec une
tristesse égale à la joie qu'il avait lorsqu'il y était entré. Son cheval prit de lui-même
une des routes de la forêt, et en peu d'heures le bonhomme arriva dans sa petite
maison. Ses enfants se rassemblèrent autour de lui ; mais, au lieu d'être sensible°

sensible : *responsive*

140 à leurs caresses, le marchand se mit à pleurer en les regardant. Il tenait à la main la branche de roses qu'il apportait à la Belle ; il la lui donna et lui dit : « La Belle, prenez ces roses ! Elles coûteront bien cher à votre malheureux père. » Et tout de suite, il raconta à sa famille la funeste aventure qui lui était arrivée.

À ce récit, ses deux aînées jetèrent de grands cris et dirent des injures à la Belle,
145 qui ne pleurait point.

« Voyez ce que produit l'orgueil de cette petite créature, disaient-elles. Que ne demandait-elle des robes comme nous ; mais non, mademoiselle voulait se distinguer ! Elle va causer la mort de notre père, et elle ne pleure pas.

— Cela serait fort inutile, reprit la Belle ; pourquoi pleurerais-je la mort de mon
150 père ? Il ne périra° point. Puisque le monstre veut bien accepter une de ses filles, je veux me livrer° à toute sa furie et je me trouve fort heureuse puisqu'en mourant, j'aurai la joie de sauver mon père et de lui prouver ma tendresse.

— Non, ma sœur, lui dirent ses trois frères, vous ne mourrez pas ; nous irons trouver ce monstre, et nous périrons sous ses coups, si nous ne pouvons le tuer.

155 — Ne l'espérez pas, mes enfants, leur dit le marchand. La puissance de la Bête est si grande qu'il ne me reste aucune espérance de la faire périr. Je suis charmé du bon cœur de la Belle ; mais je ne veux pas l'exposer à la mort. Je suis vieux, il ne me reste que peu de temps à vivre ; ainsi, je ne perdrai que quelques années de vie que je ne regrette qu'à cause de vous, mes chers enfants.

périra : mourra
me livrer : *to give myself up*

160 — Je vous assure, mon père, lui dit la Belle, que vous n'irez pas à ce palais sans moi ; vous ne pouvez m'empêcher de vous suivre. Quoique je sois jeune, je ne suis pas fort attachée à la vie, et j'aime mieux être dévorée par ce monstre que de mourir du chagrin que me donnerait votre perte. »

On eut beau dire°, la Belle voulut absolument partir pour le beau palais, et ses
165 sœurs en étaient charmées parce que les vertus de cette cadette leur avaient inspiré beaucoup de jalousie. Le marchand était si occupé de la douleur° de perdre sa fille qu'il ne pensait pas au coffre qu'il avait rempli d'or ; mais, aussitôt qu'il se fut enfermé dans sa chambre pour se coucher, il fut bien étonné de le trouver au pied de son lit. Il résolut de ne point dire à ses enfants qu'il était devenu si riche,
170 parce que ses filles auraient voulu retourner à la ville, et qu'il était résolu de mourir dans cette campagne ; mais il confia ce secret à la Belle qui lui apprit qu'il était venu quelques gentilshommes pendant son absence, et qu'il y en avait deux qui aimaient ses sœurs. Elle pria son père de les marier ; car la Belle était si bonne qu'elle les aimait et leur pardonnait de tout son cœur le mal qu'elles lui avaient
175 fait.

Ces deux méchantes filles se frottèrent les yeux avec un oignon pour pleurer lorsque la Belle partit avec son père ; mais ses frères pleuraient tout de bon aussi bien que le marchand : il n'y avait que la Belle qui ne pleurait point, parce qu'elle ne voulait pas augmenter leur douleur. Le cheval prit la route du palais, et sur le
180 soir, ils l'aperçurent illuminé comme la première fois. Le cheval s'en fut tout seul à l'écurie, et le bonhomme entra avec sa fille dans la grande salle où ils trouvèrent une table magnifiquement servie, avec deux couverts. Le marchand n'avait pas le cœur de manger, mais la Belle s'efforçant de paraître tranquille se mit à table et le servit ; puis elle disait en elle-même : « La Bête veut m'engraisser avant de me
185 manger puisqu'elle me fait si bonne chère°. »

Quand ils eurent soupé, ils entendirent un grand bruit, et le marchand dit adieu à sa pauvre fille en pleurant, car il pensait que c'était la Bête. La Belle ne put s'empêcher de frémir° en voyant cette horrible figure : mais elle se rassura de son mieux, et, le monstre lui ayant demandé si c'était de bon cœur qu'elle était venue,
190 elle lui dit en tremblant que oui.

« Vous êtes bien bonne, dit la Bête, et je vous suis bien obligé. Bonhomme, partez demain matin, et ne vous avisez jamais de revenir ici. Adieu, la Belle !

— Adieu, la Bête » répondit-elle et tout de suite le monstre se retira.

« Ah ! ma fille, dit le marchand en embrassant la Belle, je suis à demi mort de
195 frayeur°. Croyez-moi, laissez-moi ici.

— Non, mon père, lui dit la Belle avec fermeté, vous partirez demain matin, et vous m'abandonnerez au secours° du Ciel ; peut-être aura-t-il pitié de moi. »

Ils allèrent se coucher et croyaient ne pas dormir de toute la nuit ; mais à peine° furent-ils dans leurs lits que leurs yeux se fermèrent. Pendant son sommeil la Belle
200 vit une dame qui lui dit :

« Je suis contente de votre bon cœur, la Belle. La bonne action que vous faites, en donnant votre vie pour sauver celle de votre père, ne demeurera° point sans récompense. »

La Belle, en s'éveillant, raconta ce songe° à son père ; et, quoiqu'elle le consolât
205 un peu, cela ne l'empêcha pas de jeter de grands cris quand il fallut se séparer de sa chère fille.

On eut beau dire : *no matter what they said*

douleur : peine

bonne chère : un bon repas

frémir : trembler

frayeur : peur

secours : *aide*

à peine : *hardly*

demeurera : restera

songe : rêve

Questions de compréhension : Première partie

1. Pour quelles raisons le marchand est-il parti ? Qu'est-ce que ses filles voulaient qu'il leur ramène ?

2. Le marchand a-t-il eu ce qu'il voulait ? Citez le texte pour justifier votre réponse.

3. Qu'est-ce qui s'est passé quand le marchand était en train de rentrer chez lui ?

4. Qu'a-t-il trouvé dans le bois ? Qu'a-t-il fait ? Tout semblait-il normal dans cet endroit ? Expliquez.

5. Qu'a fait le marchand avant de partir le lendemain et quel en était le résultat ?

6. À quelle condition la Bête voulait-elle bien pardonner le marchand ? Qu'est-ce qu'elle lui a donné en plus ?

7. Quelle a été la réaction de ses enfants (des sœurs aînées, des frères, de la Belle) quand le père leur a raconté ce qui était arrivé ?

8. Décrivez le départ de la Belle.

9. Qu'est-ce que la Belle et son père ont fait en arrivant au château ? Quelle était leur attitude ?

10. Qu'est-ce qui s'est passé pendant la nuit avant le départ du marchand ?

Réfléchissez et discutez ensemble

Analysez le caractère du père dans cette histoire. Qu'est-ce qui montre qu'il se sacrifie depuis le début pour ses enfants ? Pour quelles raisons accepte-t-il de retourner chez la Bête ? Trouvez-vous son comportement « normal » pour un père ? Expliquez.

Applications grammaticales

Consultez les pages 104–106 pour une explication du conditionnel et des phrases avec **si**.

Mettez les verbes donnés à la forme qui convient dans ces phrases tirées du texte :

1. La Bête a dit au marchand : « Si une de vos filles_____ (venir) mourir à votre place, je veux bien vous pardonner. »

2. « Si vos filles refusent de mourir pour vous, vous _____ (revenir) dans trois mois. »

3. La Belle ne pleurait pas et elle a dit : « Si je pleurais, ce_____ (être) inutile. » Si le monstre _____ (vouloir) l'accepter, elle irait à la place de son père.

Prédictions : Deuxième partie

1. Quels détails à la fin de la première partie indiquent que cette histoire aura une fin heureuse ?

2. Qu'est-ce qui arrive dans les deux premiers paragraphes de la partie suivante, qui donne du courage à la Belle ?

Lorsqu'il fut parti, la Belle s'assit dans la grande salle et se mit à pleurer aussi. Mais comme elle avait beaucoup de courage, elle se recommanda à Dieu et résolut de ne point se chagriner pour le peu de temps qu'elle avait à vivre, car elle croyait
210 fermement que la Bête la mangerait le soir. Elle résolut de se promener en attendant et de visiter ce beau château. Elle ne pouvait s'empêcher d'en admirer la beauté. Mais elle fut bien surprise de trouver une porte sur laquelle il y avait écrit : *Appartement de la Belle.* Elle ouvrit cette porte avec précipitation et fut éblouie de la magnificence qui y régnait ; mais ce qui frappa le plus sa vue, ce fut une grande
215 bibliothèque, un clavecin, et plusieurs livres de musique.

« On ne veut pas que je m'ennuie » dit-elle tout bas ; elle pensa ensuite : « Si je n'avais qu'un jour à demeurer ici, on ne m'aurait pas fait une telle provision. » Cette pensée ranima son courage. Elle ouvrit la bibliothèque, et vit un livre où il y avait écrit en lettres d'or : *Souhaitez, commandez ; vous êtes ici la reine et la maîtresse.*

220 « Hélas ! dit-elle en soupirant, je ne souhaite rien que de voir mon pauvre père, et de savoir ce qu'il fait à présent. » Elle avait dit cela en elle-même.

Quelle fut sa surprise, en jetant les yeux sur un grand miroir, d'y voir sa maison, où son père arrivait avec un visage extrêmement triste ! Ses sœurs venaient au-devant de lui, et, malgré les grimaces qu'elles faisaient pour paraître affligées, la joie
225 qu'elles avaient de la perte de leur sœur paraissait sur leur visage. Un moment après, tout cela disparut, et la Belle ne put s'empêcher de penser que la Bête était bien complaisante, et qu'elle n'avait rien à craindre d'elle. À midi, elle trouva la table mise, et pendant son dîner elle entendit un excellent concert, quoiqu'elle ne

vît personne. Le soir, comme elle allait se mettre à table, elle entendit le bruit que
230 faisait la Bête, et ne put s'empêcher de frémir.

« La Belle, lui dit ce monstre, voulez-vous bien que je vous regarde souper ?

— Vous êtes le maître, répondit la Belle en tremblant.

— Non, répondit la Bête, il n'y a ici de maîtresse que vous. Vous n'avez qu'à me
dire de m'en aller, si je vous ennuie ; je sortirai tout de suite. Dites-moi, n'est-ce
235 pas que vous me trouvez bien laid ?

— Cela est vrai, dit la Belle, car je ne sais pas mentir ; mais je vois que vous êtes
fort bon.

— Vous avez raison, dit le monstre ; mais outre que je suis laid, je n'ai point
d'esprit : je sais bien que je ne suis qu'une Bête.

sot : personne stupide

240 — On n'est pas bête, reprit la Belle, quand on croit n'avoir point d'esprit : un sot°
n'a jamais su cela.

tâchez : essayez

— Mangez donc, la Belle, lui dit le monstre, et tâchez° de ne vous point ennuyer
dans votre maison car tout ceci est à vous, et j'aurais du chagrin si vous n'étiez
pas contente.

245 — Vous avez bien de la bonté, dit la Belle. Je vous assure que je suis bien contente
de votre cœur. Quand j'y pense, vous ne me paraissez plus si laid.

— Oh ! dame, oui, répondit la Bête, j'ai le cœur bon ; mais je suis un monstre.

— Il y a bien des hommes qui sont plus monstres que vous, dit la Belle, et je vous
aime mieux avec votre figure que ceux qui, avec la figure d'homme, cachent un
250 cœur faux, corrompu, ingrat.

— Si j'avais de l'esprit, dit la Bête, je vous ferais un grand compliment pour vous
remercier ; mais je suis un stupide, et tout ce que je puis vous dire c'est que je
vous suis bien obligé. »

La Belle soupa de bon appétit. Elle n'avait presque plus peur du monstre ; mais

manqua : (here) almost

255 elle manqua° mourir de frayeur lorsqu'il lui dit : « La Belle, voulez-vous être ma
femme ? »

Elle fut quelque temps sans répondre : elle avait peur d'exciter la colère du
monstre en refusant sa proposition. Elle lui dit pourtant en tremblant :

« Non, la Bête. »

260 Dans le moment, ce pauvre monstre voulut soupirer, et il fit un sifflement si
épouvantable que tout le palais en retentit ; mais la Belle fut bientôt rassurée car
la Bête, lui ayant dit tristement : « Adieu donc, la Belle, » sortit de la chambre, en
se retournant de temps en temps pour la regarder encore. La Belle, se voyant
seule, sentit une grande compassion pour cette pauvre Bête : « Hélas ! disait-elle,
265 c'est bien dommage qu'elle soit si laide, elle est si bonne ! »

La Belle passa trois mois dans ce palais avec assez de tranquillité. Tous les soirs
la Bête lui rendait visite, l'entretenait pendant le souper avec assez de bon sens,
mais jamais avec ce qu'on appelle esprit dans le monde. Chaque jour la Belle
découvrait de nouvelles bontés de ce monstre : l'habitude de le voir l'avait
270 accoutumée à sa laideur, et, loin de craindre le moment de sa visite, elle regardait
souvent sa montre pour voir s'il était bientôt neuf heures, car la Bête ne manquait
jamais de venir à cette heure-là.

Il n'y avait qu'une chose qui faisait de la peine à la Belle, c'est que le monstre, avant de se coucher, lui demandait toujours si elle voulait être sa femme, et
275 paraissait pénétré de douleur lorsqu'elle lui disait que non. Elle lui dit un jour :

« Vous me chagrinez, la Bête. Je voudrais pouvoir vous épouser, mais je suis trop sincère pour vous faire croire que cela arrivera jamais : je serai toujours votre amie ; tâchez de vous contenter de cela.

— Il le faut bien, reprit la Bête ; je me rends justice. Je sais que je suis bien
280 horrible, mais je vous aime beaucoup ; cependant je suis trop heureux de ce que vous voulez bien rester ici, promettez-moi que vous ne me quitterez jamais. »

La Belle rougit à ces paroles. Elle avait vu dans son miroir que son père était malade de chagrin de l'avoir perdue, et elle souhaitait le revoir.

« Je pourrais bien vous promettre, dit-elle à la Bête, de ne vous jamais quitter tout
285 à fait ; mais j'ai tant d'envie de revoir mon père que je mourrai de douleur si vous me refusez ce plaisir.

— J'aime mieux mourir moi-même, dit ce monstre, que de vous donner du chagrin. Je vous enverrai chez votre père ; vous y resterez, et votre Bête en mourra de douleur.

290 — Non, lui dit la Belle en pleurant, je vous aime trop pour vouloir causer votre mort. Je vous promets de revenir dans huit jours. Vous m'avez fait voir que mes sœurs sont mariées et que mes frères sont partis pour l'armée. Mon père est tout seul ; acceptez que je reste chez lui une semaine.

— Vous y serez demain au matin, dit la Bête ; mais souvenez-vous de votre
295 promesse. Vous n'aurez qu'à mettre votre bague° sur une table en vous couchant quand vous voudrez revenir. Adieu, la Belle. »

bague : *ring*

La Bête soupira, selon sa coutume, en disant ces mots, et la Belle se coucha toute triste de l'avoir affligée. Quand elle se réveilla le matin, elle se trouva dans la maison de son père ; et, ayant sonné une clochette qui était à côté de son lit, elle
300 vit venir la servante, qui poussa un grand cri en la voyant. Le bonhomme accourut à ce cri, et manqua de mourir de joie en revoyant sa chère fille, et ils se tinrent embrassés plus d'un quart d'heure.

La Belle, après les premiers transports, pensa qu'elle n'avait point d'habits pour se lever ; mais la servante lui dit qu'elle venait de trouver dans la chambre voisine
305 un grand coffre plein de robes toutes d'or, garnies de diamants. La Belle remercia la bonne Bête de ses attentions ; elle prit la moins riche de ces robes, et dit à la servante de serrer les autres, dont elle voulait faire présent à ses sœurs ; mais à peine eut-elle prononcé ces paroles que le coffre disparut. Son père lui dit que la Bête voulait qu'elle gardât tout cela pour elle, et aussitôt les robes et le coffre
310 revinrent à la même place.

La Belle s'habilla et, pendant ce temps, on fut avertir ses sœurs, qui accoururent avec leurs maris. Elles étaient toutes deux fort malheureuses. L'aînée avait épousé un gentilhomme beau comme l'Amour ; mais il était si amoureux de sa propre figure, qu'il n'était occupé que de cela depuis le matin jusqu'au soir, et
315 méprisait la beauté de sa femme. La seconde avait épousé un homme qui avait beaucoup d'esprit ; mais il ne s'en servait que pour faire enrager tout le monde, à commencer par sa femme. Les sœurs de la Belle manquèrent de mourir de douleur quand elles la virent habillée comme une princesse, et plus belle que le jour. Rien ne put étouffer leur jalousie, qui augmenta lorsque la Belle leur eut conté combien
320 elle était heureuse. Ces deux jalouses descendirent dans le jardin, pour y pleurer tout à leur aise, et elles se disaient :

« Pourquoi cette petite créature est-elle plus heureuse que nous ? Ne sommes-nous pas plus aimables qu'elle ?

— Ma sœur, dit l'aînée, il me vient une pensée : tâchons de l'arrêter ici plus de
325 huit jours ; sa sotte Bête se mettra en colère de ce qu'elle lui aura manqué de parole, et peut-être qu'elle la dévorera.

— Vous avez raison, ma sœur, répondit l'autre. Pour cela, il lui faut faire de grandes caresses. »

Et ayant pris cette résolution, elles remontèrent et firent tant d'amitiés à leur sœur,
330 que la Belle en pleura de joie.

Quand les huit jours furent passés, les deux sœurs s'arrachèrent les cheveux et firent tant les affligées de son départ, qu'elle promit de rester encore huit jours.

Cependant la Belle se reprochait le chagrin qu'elle allait donner à sa pauvre Bête, qu'elle aimait de tout son cœur, et elle s'ennuyait de ne plus la voir. La dixième
335 nuit qu'elle passa chez son père, elle rêva qu'elle était dans le jardin du palais, et qu'elle voyait la Bête couchée sur l'herbe et prête à mourir, qui lui reprochait son ingratitude. La Belle se réveilla en sursaut et versa des larmes. « Ne suis-je pas bien méchante, disait-elle, de donner du chagrin à une bête qui a pour moi tant de complaisance° ? Est-ce sa faute si elle est si laide et si elle a si peu d'esprit ? Elle
340 est bonne, cela vaut mieux que tout le reste. Pourquoi n'ai-je pas voulu l'épouser ? Je serais plus heureuse avec elle que mes sœurs avec leurs maris. Ce n'est ni la beauté ni l'esprit d'un mari qui rendent une femme contente : c'est la bonté du caractère, la vertu, la complaisance ; et la Bête a toutes ces bonnes qualités. Je n'ai point d'amour pour elle ; mais j'ai de l'estime, de l'amitié et de la
345 reconnaissance. Allons, il ne faut pas la rendre malheureuse ; je me reprocherais toute ma vie mon ingratitude. »

complaisance : gentillesse

À ces mots la Belle se lève, met sa bague sur la table et revient se coucher. À peine fut-elle dans son lit qu'elle s'endormit.

Quand elle se réveilla le matin, elle vit avec joie qu'elle était dans le palais de la
350 Bête. Elle s'habilla magnifiquement pour lui plaire, et s'ennuya à mourir toute la journée, en attendant neuf heures du soir ; mais l'horloge eut beau sonner, la Bête ne parut point. La Belle, alors, craignit d'avoir causé sa mort. Elle courut tout le palais en jetant de grands cris ; elle était au désespoir. Après avoir cherché partout, elle se souvint de son rêve, et courut dans le jardin vers le canal, où elle
355 l'avait vue en dormant.

Elle trouva la pauvre Bête étendue sans connaissance, et elle crut qu'elle était morte. Elle se jeta sur son corps, sans avoir horreur de sa figure ; et sentant que son cœur battait encore, elle prit de l'eau dans le canal, et lui en jeta sur la tête. La Bête ouvrit les yeux et dit à la Belle :

360 « Vous avez oublié votre promesse ! Le chagrin de vous avoir perdue m'a fait résoudre à me laisser mourir de faim ; mais je meurs content, puisque j'ai le plaisir de vous revoir encore une fois.

— Non, ma chère Bête, vous ne mourrez point, lui dit la Belle ; vous vivrez pour devenir mon époux ; dès ce moment je vous donne ma main, et je jure que je ne
365 serai qu'à vous. Hélas ! je croyais n'avoir que de l'amitié pour vous, mais la douleur que je sens me fait voir que je ne pourrais vivre sans vous voir. »

À peine la Belle eut-elle prononcé ces paroles, qu'elle vit le château brillant de lumières. Les feux d'artifice, la musique, tout lui annonçait une fête ; mais toutes ces beautés n'arrêtèrent point sa vue. Elle se retourna vers sa chère Bête, dont le
370 danger la faisait frémir. Quelle fut sa surprise ! La Bête avait disparu et elle ne vit plus à ses pieds qu'un prince plus beau que l'Amour, qui la remerciait d'avoir rompu son enchantement.

Quoique ce prince méritât toute son attention, elle ne put s'empêcher de lui demander où était la Bête.

375 « Vous la voyez à vos pieds, lui dit le prince. Une méchante fée m'avait condamné à rester sous cette figure jusqu'à ce qu'une belle fille consentît à m'épouser, et elle m'avait défendu de faire paraître mon esprit. Ainsi, il n'y avait que vous dans le monde assez bonne pour vous laisser toucher à la bonté de mon caractère ; et en vous offrant ma couronne, je ne puis m'acquitter des obligations que j'ai pour
380 vous. »

La Belle, agréablement surprise, donna la main à ce beau prince pour le relever. Ils allèrent ensemble au château, et la Belle manqua de mourir de joie en trouvant dans la grande salle son père et toute sa famille, que la belle dame qui lui était apparue en songe, avait transportés au château.

385 « Belle, lui dit cette femme, qui était une grande fée, venez recevoir la récompense de votre bon choix : vous avez préféré la vertu à la beauté et à l'esprit ; vous méritez de trouver toutes ces qualités réunies en une même personne. Vous allez devenir une grande reine : j'espère que le trône ne détruira pas vos vertus. Pour vous, mesdames, dit la fée aux deux sœurs de la Belle, je connais votre cœur et
390 toute la malice qu'il renferme. Devenez deux statues ; mais conservez toute votre raison sous la pierre qui vous enveloppera. Vous demeurerez à la porte du palais de votre sœur, et je ne vous impose point d'autre peine que d'être témoins de son bonheur. Vous ne pourrez revenir dans votre premier état qu'au moment où vous reconnaîtrez vos fautes. Mais j'ai bien peur que vous ne restiez toujours statues.

395 On se corrige de l'orgueil, de la colère, de la gourmandise et de la paresse ; mais c'est une espèce de miracle que la conversion d'un cœur méchant et envieux. »

Dans le moment, la fée donna un coup de baguette, qui transporta tous ceux qui étaient dans cette salle dans le royaume du prince. Ses sujets le revirent avec joie; et il épousa la Belle, qui vécut avec lui fort longtemps et dans un bonheur parfait,
400 parce qu'il était fondé sur la vertu.

Questions de compréhension : Deuxième partie

1. Comment la Belle trouvait-elle la Bête ?

2. Quelle question est-ce que la Bête posait à la Belle chaque soir ? Quelle était toujours la réponse de la Belle ? Et la réaction de la Bête ?

3. Quelle sorte de rapport est-ce que la Belle souhaitait entretenir avec la Bête ? La Bête a-t-elle accepté la situation ?

4. La Belle voulait revoir son père. Qu'a-t-elle promis de faire ? A-t-elle tenu sa promesse ? Expliquez.

5. Qu'avaient fait les sœurs pendant que la Belle était chez la Bête ? Étaient-elles heureuses ? Qu'est-ce que la Belle a réalisé en voyant la situation de ses sœurs ?

6. Où était la Bête et dans quel état était-elle lorsque la Belle est retournée au château ? Pourquoi ?

7. Qu'est-ce que la Belle lui a dit ? Qu'est-ce qui s'est passé quand elle le lui a dit ?

8. Qu'est-ce qui est arrivé aux sœurs de la Belle à la fin ?

Réfléchissez et discutez ensemble

1. Quelles sont les moralités possibles de cette histoire ?

2. À votre avis, est-ce que ces moralités sont bien justifiées dans l'histoire ? Citez quelques exemples. Trouvez-vous ces moralités justes en général ?

3. Selon vous, pour qui (quelle sorte de lecteurs) Madame Leprince de Beaumont a-t-elle écrit ce conte ? Justifiez votre réponse.

4. Raconteriez-vous (liriez-vous) ce conte à des enfants ? Expliquez.

Le genre et l'époque

1. Quels éléments magiques (irréels) trouvez-vous dans ce conte ?

2. Quels éléments anciens trouvez-vous dans le décor ou le contexte ? Par exemple, comment s'appellent les repas que l'on prend ?

3. Peut-être savez-vous que les Studios Disney ont tourné un dessin animé basé sur ce conte, qui a eu un grand succès. Si vous le connaissez, quelles sont les différences entre la version « Disney » et le conte que vous venez de lire ? Comment expliquez-vous le succès de cette histoire dans le monde actuel ?

À l'écrit

1. Mettez-vous à la place de la Belle le soir, après votre première rencontre avec la Bête. Décrivez ce qui s'est passé depuis votre arrivée dans le château dans votre journal intime.

2. La Bête est obsédée par la Belle. Tous les jours le monstre la regarde, il ne pense qu'à elle. Pour se consoler du refus de la Belle, il imagine leur vie ensemble si elle l'acceptait comme mari. Décrivez en détail la vie qu'il imagine.

3. Mettez-vous à la place de la Bête quand la Belle ne tient pas sa promesse de revenir à la fin de huit jours. Écrivez-lui une lettre d'adieu.

4. Vous décidez de « moderniser » cette histoire pour en faire une comédie musicale. Qu'est-ce que vous changeriez ? Qu'est-ce qui resterait inchangé ?

Jouez les scènes

1. Jouez la scène du départ de la Belle et de son père, quand ses sœurs font semblant de pleurer et que ses frères regrettent vraiment son sacrifice.

2. Les sœurs auraient tout fait différemment. Créez une conversation entre les deux sœurs où elles expliquent ce qu'elles auraient fait si elles avaient été la Belle. Bien sûr, elles se disputent.

3. Dix ans après, la Belle raconte son histoire à ses enfants et ceux-ci lui posent beaucoup de questions.

Consultez les pages 105–106 pour une explication des phrases avec **si**.

Applications Grammaticales

A. Mettez les verbes donnés à la forme qui convient :

1. Si la Bête allait tuer la Belle, le monstre ne lui _____ (ne...pas préparer) avant une belle chambre avec tout ce qu'elle préférait.

2. La Bête a dit à la Belle : « Si je vous _____ (ennuyer) la Belle, je sortirai tout de suite. »

3. « J'_____ (avoir) du chagrin si vous n'étiez pas contente. »

4. « Si j'_____ (avoir) de l'esprit, je vous ferais un grand compliment pour vous remercier. »

5. La Belle a expliqué qu'elle _____ (rester) chez la Bête si elle lui permettait de rentrer chez son père une semaine.

6. Si la Belle oubliait sa promesse, la Bête a dit qu'elle _____ (mourir).

7. La sœur aînée a dit à sa cadette que si elles empêchaient la Belle de repartir, la Bête _____ (se mettre) en colère et la _____ (manger).

8. La Belle pensait à la Bête : « Ce n'est pas de sa faute si elle _____ (être) si laide et si elle _____ (avoir) si peu d'esprit. »

9. « Si je _____ (rendre) la Bête malheureuse, je me reprocherai toute ma vie mon ingratitude. »

10. La Belle s'est rendu compte qu'elle _____ (ne pas pouvoir) vivre si elle ne voyait plus la Bête.

11. Si une belle fille _____ (ne pas consentir) à épouser la Bête, le prince _____ (ne jamais sortir) de son enchantement.

12. Les deux sœurs seraient des statues de pierre pour toujours si elles ne _____ (ne pas reconnaître) leurs fautes.

B. Imaginez

Finissez les phrases de façon logique.

1. Les sœurs auraient été heureuses si…

2. Si le marchand n'avait pas perdu son argent…

3. Si la Belle n'était pas allée au château de la Bête…

4. La Bête n'aurait pas toujours posé la même question si…

5. La Belle serait retournée au château dans huit jours si…

6. Si la Belle était revenue plus tôt…

7. Les sœurs n'auraient pas été transformées en statues si…

Synthèse : À l'écrit ou à l'oral

Un débat : « La Belle et la Bête » est un conte sexiste qu'on ne devrait plus lire. Prenez parti « pour » ou « contre » et préparez votre argument.

1. Prenez position et présentez votre opinion.

2. Quelles sont les leçons du conte ?

3. Comment Mme Leprince de Beaumont présente-t-elle « la femme idéale » ? Est-elle passive, active, obéissante, soumise aux hommes, courageuse, etc. ?

4. Résumez votre argument.

Qu'en pense la classe ?

Dis-moi, lune d'argent

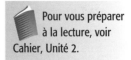

CD audio pour l'étudiant : piste 4

Un groupe espagnol, Mecano, a chanté cette chanson d'abord en espagnol avec le titre *Hijo de la luna* (Fils de la lune) et a sorti ensuite la version française dont vous lirez le texte.

Pré-lecture

Pour vous préparer à la lecture, voir Cahier, Unité 2.

Cette chanson est écrite dans le style d'une légende ancienne pour expliquer les phases de la lune. Dessinez les formes de la lune durant ses différentes phases.

Quand les êtres humains ne se sentent pas capables d'accomplir quelque chose sans aide, ils invoquent parfois un pouvoir divin. Quels sont les pouvoirs qu'on attribue à la lune ? Au début de cette chanson, une femme demandera à la lune de l'aider.

Syntaxe et sens

L'histoire racontée est assez simple. Mais pour obtenir les effets de rythme et de rime désirés, ou pour mettre l'accent sur certains éléments, l'ordre des mots n'est pas habituel.

1. Parfois, des **noms** qui sont **objets**, placés d'habitude après, se trouvent **devant le verbe** (à la position normale du sujet) :

   (15) **Son enfant** immole *(her child/(she) sacrifices)*

   (34) **sa femme** alla trouver *(his wife/(he) went to find)*

   Puisque la forme du verbe ne vous aide pas toujours à distinguer l'objet du sujet, il faut comprendre le sens du verbe et le contexte autour pour trouver le vrai sujet du verbe.

2. Normalement, **la position des expressions** qui expliquent **où**, **comment**, **quand** ou **pourquoi** l'action du verbe se fait, se trouve après le verbe. Mais dans ce poème on place souvent ces expressions **devant le verbe ou en tête de phrase :**

   (42) **De joie aussi** la lune s'arrondit

   (23) **D'un gitan cannelle** naquit l'enfant

3. **L'inversion du verbe-sujet** se fait parfois avec les verbes intransitifs (voir 23 ci-dessus) et toujours avec les verbes comme **dire**, **demander**, **répondre**, etc., entre des segments de dialogue (comme dans des textes narratifs) :

   (10) **répondit la pleine lune**

Lisez les deux premières strophes [*stanzas*] du poème et mettez les éléments de la phrase suivante dans leur ordre habituel :

Sujet + Verbe + Objet + Préposition + Nom

Celle qui pour un homme son enfant immole, bien peu l'aurait aimé.
Celle qui _____
(***celle** = sujet du verbe **aurait aimé** ; **qui** = sujet du verbe **immoler**)
Quel personnage est représenté par le pronom **celle** ?

Des voix différentes

Les paroles adressées directement à quelqu'un sont mêlées à la narration, donc il n'est pas toujours évident qui parle. Il y a trois personnages : la gitane, la lune, et le gitan qui peuvent parler. Il y a aussi le narrateur qui raconte l'histoire. Lisez le poème et indiquez qui prononce les paroles suivantes et à qui :

1. Tu auras ton homme…

2. Lune, tu veux être mère…

3. D'un gitan cannelle naquit l'enfant…

4. Tu m'as trompé…

Dis-moi, lune d'argent

Idiot qui ne comprend pas
La légende qui comme ça
Dit qu'une gitane°
Implora° la lune
5   Jusqu'au lever du jour,
Pleurant, elle demandait
Un gitan qui voudrait
L'épouser par amour

gitane : bohémienne d'Espagne
implora : demanda humblement

« Tu auras ton homme, femme brune,
10   Du ciel répondit la pleine lune,
Mais il faut me donner
Ton enfant le premier
Dès qu'il te sera né. »
Celle qui pour un homme
15   Son enfant immole°,
Bien peu, l'aurait aimé.

immole : sacrifie à une divinité

refrain :
Lune, tu veux être mère,
Tu ne trouves pas l'amour
Qui exauce° ta prière
20   Dis-moi, lune d'argent,
Toi qui n'as pas de bras,
Comment bercer° l'enfant.

exauce une prière : répond à
une prière

bercer : *to rock, as a cradle*

D'un gitan cannelle°
Naquit l'enfant
25   Tout comme l'hermine,
Il était blanc.
Ses prunelles° grises,
Pas couleur olive
Fils albinos° de lune.
30   Maudit° sois-tu, bâtard !
T'es le fils d'un gadjo°,
T'es le fils d'un blafard°.

cannelle : *cinnamon*

prunelles : yeux

albinos : blanc
maudit : *cursed*
gadjo : *gaucho*
blafard : *man of white
complexion*

refrain

Le gitan se croyant déshonoré
Couteau en main sa femme alla trouver,
35   « L'enfant n'est pas de moi,
Tu m'as trompé, je vois »
A mort, il la blessa°.
Et l'enfant dans ses bras,
La colline°, il monta
40   Là-haut l'abandonna.

blessa : *wounded*

colline : *hill*

refrain

Et les soirs où l'enfant joue et sourit,
De joie aussi la lune s'arrondit.
Et lorsque l'enfant pleure,
Elle décroît° pour lui faire
45   Un berceau de lumière.

décroît : *decreases in size*

Aidilai, 1991, Mecano, *Hijo de la luna*, par J.M. Capo

Questions de compréhension

1. Selon cette légende, que voulait la gitane ? Et la lune en échange ?

2. Comment sont les gitans ? De quelle couleur sont leur peau et leurs yeux ? De quelle couleur était l'enfant dans l'histoire ?

3. Pourquoi le gitan pensait-il que sa femme l'avait trompé ? Avait-elle fait cela vraiment ? Comment expliquez-vous la couleur de l'enfant ?

4. Qu'est-ce qui est arrivé à la femme et à l'enfant ?

5. Cette légende explique les phases de la lune. Selon cette histoire, quand la lune est-elle ronde et pourquoi prend-elle la forme d'un croissant ?

Réfléchissez et discutez ensemble

1. La gitane a-t-elle eu ce qu'elle voulait ? (Son mari l'aimait-il vraiment ?) Justifiez votre réponse.

2. Y a-t-il des éléments (des sentiments exprimés ou des actions) dans cette histoire ancienne qu'on peut retrouver dans la vie d'aujourd'hui ? Expliquez.

3. Que pensez-vous du marché que la gitane a accepté avec la lune ? Que pensez-vous de la réaction et des actions du gitan dans l'histoire ?

Jouez les scènes

1. Après la naissance, la gitane essaie d'expliquer au gitan pourquoi l'enfant est blanc mais il ne veut pas accepter ses explications.

2. Après avoir tué sa femme, le gitan parle avec la lune et découvre la vérité. Imaginez leur conversation.

3. Vous êtes berger/bergère [shepherd] et, après avoir trouvé l'enfant abandonné sur la colline, vous l'avez élevé. Devenu adulte, il vous demande maintenant des explications parce qu'il ignore ses origines. Parlez-lui de ses vrais parents.

À l'écrit

1. On a trouvé une lettre que la gitane avait écrite à son mari avant sa mort pour lui expliquer toute la situation. Imaginez ce qu'elle avait mis dans la lettre et écrivez-la.

2. Cette histoire devait expliquer les phases de la lune. Pensez à un autre phénomène qu'on peut observer et écrivez une petite histoire pour l'expliquer.

Applications grammaticales

A. Les phrases de condition

Complétez les phrases suivantes en faisant attention à la forme des verbes :

1. Si la lune donne un mari à la gitane,

2. Si la gitane aimait son enfant plus que son mari,

3. L'enfant ne serait pas blanc si

4. Le gitan n'aurait pas tué la gitane si

5. Si la lune avait des bras,

6. Si l'enfant pleure,

Consultez les pages 104–106 pour une explication des phrases de condition.

Consultez les pages 52–54 pour une explication de la formation et de l'usage des verbes au passé.

B. Le passé

L'intrigue de cette chanson est présenté au passé simple. Mettez tous ces verbes au passé composé. Puis racontez ce qui s'est passé comme si vous en aviez été témoin, en évitant les inversions de la chanson. N'oubliez pas que la description doit être à l'imparfait.

Synthèse

1. Un crime passionnel. Vous êtes le gitan et un procès a lieu où vous devez défendre votre attitude et vos actions envers votre femme.

Préparez votre défense :

a. D'après vous, qu'est-ce qui s'est passé ?

b. Qu'avez-vous ressenti ?

c. Qu'avez-vous fait par conséquent et comment justifiez-vous vos actions ?

2. Un jugement à rendre. Le gitan est mort après sa femme et les deux se retrouvent devant un juge céleste. Vous êtes ce juge. Ecrivez un dialogue avec :

a. les questions que vous leur posez.

b. les réponses de chacun d'eux.

c. votre avis sur ce qu'ils ont fait, ce qu'ils auraient dû faire.

d. vos conseils.

« *Qui recherche la lune ne voit pas les étoiles.* »

PROVERBE FRANÇAIS

La première nuit

Bernard Dadié (1916–)

En 1977, Bernard B. Dadié est devenu ministre des Affaires Culturelles de la Côte d'Ivoire. Conteur, poète, dramaturge, Dadié décrit toujours avec talent la vie traditionnelle du continent africain. L'histoire suivante est tirée des *Contes de Koutou-As-Samala* (1982).

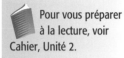

Pour vous préparer à la lecture, voir Cahier, Unité 2.

Pré-lecture

On retrouve dans ce conte l'animisme caractéristique de la religion traditionnelle en Afrique, par laquelle on attribue aux animaux et aux choses inanimées une âme analogue à l'âme humaine. Les êtres humains ont ainsi une certaine complicité avec les êtres de la nature qui communiquent avec eux, les aident et leur apprennent des leçons. Dans l'histoire de la gitane de *Dis-moi, lune d'argent* (p. 87) la lune avait le pouvoir de lui parler et de lui donner un mari. Dans l'histoire qui va suivre, il y a aussi des personnages qui ne sont pas humains mais qui possèdent des qualités humaines et des pouvoirs magiques.

Avant de lire *La première nuit*, pensez à trois choses dans la nature (un arbre, un oiseau, et le soleil, par exemple). Expliquez comment, en se servant d'un pouvoir magique, chacune de ces choses pourrait aider un homme à atteindre un but ou à comprendre quelque chose.

Des femmes au travail devant une case

Lecture dirigée : Première partie

A. Lisez jusqu'à la ligne 13 pour répondre aux questions suivantes :

1. Dans la première partie de ce conte, on découvre que le personnage principal, Kotoko, avait un grand désir. Lequel ?

2. Qu'est-ce qui montrait que ce désir lui était très important ? (donnez deux exemples).

3. Avec quel personnage Kotoko a-t-il parlé ? Qu'est-ce que ce personnage lui a dit à propos des enfants ?

4. Kotoko était-il découragé par ces propos ? Expliquez.

La première nuit

— Suis-moi, ordonna la Route. Et Kotoko suivit la Route. Ils partirent ensemble, tels de vieux amis. Et Kotoko racontait son histoire, l'envie ardente qu'il avait d'avoir des enfants, d'entendre des enfants courir, pleurer, chanter, danser, se quereller dans sa cour. Il en rêvait nuit et jour. Plus de vingt fois, il avait changé
5 d'épouses ! Ah ! La joie d'être père, il aurait voulu la connaître, la savourer.

Et la Route lui parlait des soucis que créent les enfants, des difficultés qu'on éprouve à les élever, à les former, car elle aussi en avait, des enfants, ruelles°, sentes, sentiers°, venelles°, pistes°… Elle lui parlait des insomnies, des transes continuelles, des conseils dits et redits cent fois par jour.

> **ruelles** : *alleys*
> **sentiers** : *paths;* **venelles** : *alleys;*
> **pistes** : *trails*

10 Kotoko écoutait, plus décidé que jamais à avoir des enfants pour dire et redire cent fois par jour les mêmes conseils, les redire encore, même s'il devait lui arriver de manquer de salive à force de parler, même si sa voix devait s'éteindre. Aphone°, il tenterait encore de dire et redire cent fois les mêmes propos°.

> **aphone** : sans voix
> **propos** : mots

B. Lisez jusqu'à la fin de cette partie pour répondre aux questions suivantes :

1. Quel personnage Kotoko a-t-il rencontré sur la Route et comment était-il ?

2. Kotoko allait quitter la Route parce qu'il était fatigué. De quelle manière ce deuxième personnage a-t-il aidé Kotoko ?

3. Comment était la Route avant et après l'arrivée de ce personnage ? Expliquez cette différence.

Il suivait la Route, et la Route, toute droite, poursuivait son chemin. Fatigué de
15 marcher, Kotoko allait quitter la Route, lorsqu'il vit la Grosse Mouche° Verte.

— Où vas-tu, homme, le premier qui soit venu dans cette région ?

— Je vais me chercher un enfant.

> **mouche** : *fly*

— Mon ami, les enfants ne se cherchent pas sur la route, du moins chez nous.

— Il en est de même chez nous, mais mon cas est si étrange que…

20 Et l'homme conta toute sa vie, à la Grosse Mouche Verte. La Grosse Mouche
Verte, émue, tout en larmes, bourdonnante°, gémissante de pitié, lui dit :
« Emporte-moi ! » Et Kotoko, prenant la Grosse Mouche Verte, la posa sur son
épaule. Comme elle pesait, la Grosse Mouche Verte ! L'homme allait à pas
comptés, tant elle pesait.

bourdonnante : *buzzing*

25 La Route, comme si elle sentait elle aussi le poids de la Grosse Mouche Verte,
maintenant descendait, remontait, tournait, revenait sur ses pas, repartait, se
tortillait, devenait glissante°, caillouteuse°. Sans se décourager, l'homme la suivait,
imperturbable, ployait° sous le poids de sa charge.

glissante : *slippery;* **caillouteuse :**
rocky (caillou = *stone*);
ployait : *bending*

La Route descendait dans des ravins, grimpait des montagnes, contournait des
30 fleuves, des rivières, des marais°, des « poto poto », courait dans le sable,
s'insinuait dans les forêts de bambou, bousculait° les champs de canne à sucre,
éventrait° les citadelles de palmeraies°…

marais : *marshes*
bousculait : *upset*
éventrait : *cut through;*
    palmeraies : *palm groves*

C. Lisez jusqu'à la fin de cette partie pour répondre aux questions suivantes :

1. Quel est le troisième personnage que Kotoko a rencontré ? Quel est l'effet de la présence de ce personnage sur la Route et sur l'attitude de Kotoko.

2. Dans beaucoup de contes, on explique l'origine de certains phénomènes naturels. Quelles sont les deux choses expliquées à la fin de cette première partie du conte ?

Un matin, à un tournant de la route, Kotoko rencontra l'Aurore°.

— Où vas-tu, homme ?

35 — Je vais me chercher un enfant.

Et l'Aurore, toute rose, frileuse, radieuse, prête à entreprendre son voyage,
curieuse de savoir comment on se cherche un enfant, lui dit : « Emporte-moi ! »

Aurore : *dawn*

Et l'homme prit l'Aurore et la posa sur son autre épaule. Une Aurore d'une pureté
merveilleuse, une Aurore palpitante de vie, une Aurore joyeuse qui lui fit monter la
40 chanson aux lèvres. Pétillante de joie, de bonheur, d'allégresse et qui l'emplissait
de force, de confiance, d'ivresse, l'Aurore !

La Route redevint rectiligne, fleurie, embaumée°. Des oiseaux multicolores, dans
le ciel, voletaient. Mais dans le cœur de Kotoko bruissait° l'ardent désir d'avoir des
enfants pour dire et redire mille fois les mêmes conseils, les voir jouer et les
45 entendre crier, chanter, courir, voire se quereller.

embaumée : *parfumée*
bruissait : *murmurait*

— Papa, tu as vu ?

— C'est lui qui a commencé.

— Non, non, ce n'est pas vrai.

— Si tu recommences, tu vas voir.

50 Kotoko et ses amis atteignirent un fleuve tout blanc que leur fit traverser la Grosse
Mouche Verte. Le fleuve était si large que la Mouche Verte, parvenue sur l'autre
rive°, d'épuisement° tomba morte, donnant à l'eau la teinte° verte qu'elle prend
souvent encore de nos jours. Et la grosse Mouche Verte, en mourant, libéra toutes
les mouches du monde.

rive : *riverbank;* **épuisement :**
    fatigue; **teinte :** *couleur*

Lecture dirigée : Deuxième partie

Lisez le premier paragraphe de la deuxième partie.

1. Quel est le ton dans ce paragraphe et quels sont les mots qui créent ce ton ?

2. Qu'est-ce qui est représenté par le pronom sujet **elles** dans la quatrième phrase ? (regardez la phrase précédente). Quel effet se produit en les représentant comme sujet plutôt qu'objet ici ?

3. Quels autres « compagnons » suivaient la Route avec Kotoko et pourquoi ?

55 Kotoko, suivant la Route, dépassa une houe° en or à laquelle il ne prêta aucune attention. Transporté, l'homme allait d'un pas allègre°, l'Aurore sur l'épaule. Et il chantait toutes les vieilles chansons de chez lui. Elles se suivaient sur ses lèvres, pressées de revivre, d'être rechantées, réanimées, de s'en aller au gré du vent réveiller les chansons, toutes les chansons qui sommeillent dans le cœur des
60 hommes, qui hésitent sur les lèvres des femmes et des enfants... Une voix pure, mélodieuse ! Et les arbres, les montagnes, les sources, les collines, les insectes, tous charmés suivaient Kotoko. Qui ne peut-on charmer quand on a l'Aurore sur l'épaule, la joie dans le cœur, et qu'on rayonne de bonheur ? Quel génie° ne peut-on conquérir, lorsqu'on part à la recherche d'un enfant en compagnie de l'Aurore,
65 d'une Aurore quiète, apaisante, amoureuse de vie ? Et tous les génies suivirent Kotoko. Et la houe d'or suivit Kotoko.

houe : *hoe;* allègre : *heureux*

génie : *spirit*

Tous arrivèrent à la source de la Route, dans une grande plaine que dominait une montagne dont la tête se perdait dans les nuages.

Kotoko, dans la plaine, se construisit une case°. Un jour, il cultivait son champ
70 lorsque la houe d'or déterra un tubercule° si beau que l'homme le prit dans ses mains, longtemps le contempla. Il était si beau, le tubercule, que Kotoko, le pressant sur son cœur débordant° du désir d'avoir des enfants, lui dit :

case : *hut*
tubercule : *root vegetable*

débordant : *running over*

— Joli tubercule, quel est ton nom ?

— Igname° ! Igname !

igname : *yam*

75 — Quel beau nom ! Igname ! Belle Igname, peux-tu devenir femme et me donner des enfants ?

— Devenir femme et te donner des enfants ?

— Oui, des enfants, belle Igname.

— Et pourquoi devenir femme ? Par quel pouvoir ?

80 — Oh ! Je le sais, vous, animaux et plantes de la forêt, avez des pouvoirs étranges !

— Et vous aussi, hommes.

— Belle Igname, écoute-moi, écoute mon histoire touchante.

Igname écouta la pathétique° histoire de Kotoko, réfléchit un moment et dit : « Te donner des enfants ? »

pathétique : *full of pathos*

85 Et Kotoko raconta à nouveau son histoire et sa folle envie d'avoir des enfants.

— Oui, c'est ça, devenir ta femme, te donner des enfants, pour demain être traitée d'igname° !

traiter d'igname : *treat as though stupid*

— Par qui ?

— Toi et tes femmes.

90 — Lesquelles ? Je suis seul ici. O belle Igname, deviens femme et sois mon épouse ! dit l'homme en pressant amoureusement le tubercule sur son cœur.

sur-le-champ : immédiatement
sort : destin

Igname devint sur-le-champ° une superbe femme et vécut avec Kotoko. Mais au village, le sort° continuait à affirmer que Kotoko vivait. Ses femmes se mirent donc à sa recherche.

95 Igname donna plusieurs enfants à Kotoko. Ils vivaient heureux, car jamais dispute ne vint troubler l'harmonie du ménage. Et ce bonheur aurait duré, duré, si un jour, les deux anciennes épouses de l'homme, par la Route indiscrète, n'étaient arrivées au village. Et de ce jour aussi vint le malheur. Elles le portaient dans leurs bagages, leur cœur, leur regard, ces femmes qui n'eurent pas l'Aurore pour
100 compagne de voyage.

Des paniers d'ignames
au marché

Questions de compréhension

1. Kotoko n'a pas trouvé d'enfants sur la route, mais il en a eu d'une manière inhabituelle. Expliquez. En quoi la houe d'or était-elle extraordinaire et quel rôle a-t-elle joué ?

2. Pourquoi Igname a-t-elle trouvé la proposition de Kotoko bizarre au début ?

3. Après avoir entendu l'histoire de Kotoko deux fois, de quoi avait-elle peur ? Pourquoi est-ce considéré comme une insulte d'appeler quelqu'un « igname » ?

4. Comment Igname, un tubercule, a-t-elle pu avoir des enfants ?

5. Le narrateur nous avertit que tout ne finira pas bien. Comment le malheur allait-il arriver ?

Lecture dirigée : Troisième partie

1. Lisez le premier paragraphe de cette troisième partie de l'histoire pour découvrir ce qui s'est passé après l'arrivée des anciennes épouses de Kotoko. Comment le narrateur nous prévient-il encore du malheur qui arrivera au ménage de Kotoko et Igname ?

2. Pour bien suivre cette troisième partie, il faut comprendre qui parle dans les différents dialogues. Lisez la première conversation qui suit le premier paragraphe et identifiez les personnages qui participent au dialogue.

3. Lisez la conversation après et identifiez les personnages qui parlent.

4. Lisez le reste de l'histoire avec la même attention aux dialogues.

Redevenues favorites, elles ne manquaient aucune occasion pour tourner Igname en ridicule. Igname ne répondait à aucune des provocations. Elle en laissait le soin à Kotoko, mais Kotoko se taisait. Et Igname, en excellente épouse, jouait la sourde-muette°. Son mutisme finit par exaspérer Kotoko qui laissa échapper un
105 jour, devant les autres femmes, la phrase qui allait allumer l'incendie° dans le foyer.

sourde-muette : *deaf mute*
incendie : feu

— Ah, cette Igname, elle restera toujours igname ! murmura Kotoko.

— Que dis-tu ? demanda Igname.

— Rien !

110 — J'ai cru avoir entendu parler d'igname.

— Tu m'as certainement mal compris.

— Que Dieu nous départage°, conclut Igname en se retirant dans sa case au milieu de ses enfants qui joyeusement s'ébattaient, ignorant le drame qui s'annonçait.

départage : sépare

— Qu'as-tu dit ? demandèrent les autres femmes à Kotoko.

115 — Qu'ai-je dit ?

— Nous avons cru entendre parler d'Igname.

— Certainement une erreur.

méprisant : *scornful*

— Oui, c'est ça, toujours une erreur lorsqu'on te pose une question ; le silence méprisant° ! Eh bien, aujourd'hui, il faut que tu nous répondes.

pagnes : *skirts*

120 Les femmes entrèrent dans leur case, plièrent leurs pagnes°, sortirent les bagages.

— Nous sommes décidées à nous en aller si…tu ne nous dis pas qui est cette personne que tu as épousée.

Des enfants, Kotoko n'en avait-il pas ? Des enfants qui emplissaient sa cour de 125 bruits joyeux, qui rendaient sa maison vivante. Igname, petit tubercule, pouvait s'en aller. Les enfants lui resteraient. S'approchant donc des femmes, il murmura :

— Ma femme, une igname.

— Quoi ? Nous n'avons pas compris.

— La mère de mes enfants est une igname.

130 — L'oreille droite a compris, il reste l'oreille gauche.

inconscience : *carelessness*

Et l'homme, dans l'oreille des rivales, avec une inconscience° étrange, souffla :

— Ma femme est une igname.

frissonne : *shiver*

— Ah ! Nous comprenons pourquoi elle frissonne° lorsque passe le vent et pleure lorsque la fumée lui picote les yeux.

135 — N'en parlez à personne.

Le Vent, ayant saisi la conversation, la rapporta à Igname qui se fit plus sourde et plus muette que jamais. Mais la plus grande des patiences a des limites. Un soir, revenant de brousse°, Kotoko trouva ses femmes aux prises°. Les deux favorites, coalisées°, essayaient de battre Igname. Il courut à son secours°.

brousse : **the bush**; aux prises : se battant; **coalisées** : unies; **secours** : aide
glapirent : crièrent

140 — Oui ! Oui ! Secours-la, ta belle Igname, glapirent° les femmes.

— Taisez-vous ! Taisez-vous !

— Pour que ta belle Igname ait la parole pour nous insulter, dirent-elles en éclatant de rire, d'un rire insolent, ironique, d'un rire qui contenait tout ce qu'il y a de moqueur, de fielleux° dans le cœur d'une rivale, un rire qui vous brûle la peau, 145 telles des braises, vous salit à jamais, vous affole.

fielleux : *venomous*

— Igname ! Igname de brousse !

— Comment dis-tu cela ?

— I-gna-me ! Petit tubercule devenu femme !

— Elle ne supporte même plus qu'on l'appelle Igname.

150 — Que veut-elle donc ?

— Allons, qu'elle le veuille ou non, on l'appellera Igname.

— Et toujours Igname.

— Igname-ho ! Igname ! hurlent-elles en se tapant sur les cuisses et en sautillant de joie.

155 Igname sortit de la case, poussa ses enfants devant elle, prit le chemin de la brousse.

Kotoko la suivit, essayant de la retenir. Igname, pressée de s'en aller, marchait très vite. L'homme avait des difficultés à la suivre. Devant elle, les herbes° s'écartaient pour aussitôt obstruer le chemin.

herbes : *grasses*

160 L'homme suivait toujours, mais difficilement ; les enfants partaient en jouant ; il les appelait, aucun ne répondait.

À un détour du sentier tortueux, Kotoko trouva, enroulée une belle tige° d'igname qui remuait la tête. Ses feuilles semblaient retenir les derniers rayons du soleil ; dans les arbres chantonnaient les oiseaux. Un vers° se traînait sur le sol ; des
165 mille-pattes° se croisaient ; les singes° jouaient ; des hirondelles° allaient et venaient de leur vol rapide.

tige : *stem*

vers : *worm*
mille-pattes : *centipedes;* singes : *monkeys;* hirondelles : *swallows*

Kotoko contemplait la belle tige d'igname. Mais voilà, voilà que le soleil, après s'être arrêté sur la plus haute montagne dominant la plaine, au lieu de s'y installer comme d'habitude pour la nuit, poursuivait sa course. Quel étrange événement !
170 Les oiseaux avaient cessé de voleter, les singes de jouer, l'eau de couler, le vent de souffler ! Quel étrange événement ! Le soleil les abandonnait. Le soleil allait au-delà de son logis habituel. Le soleil était tombé dans un gouffre°, et aussitôt la nuit se fit, une nuit noire, dense, opaque, une nuit contre laquelle on butait°, une nuit pesante sous le poids de laquelle des toitures°, dit-on, s'effondrèrent°.

gouffre : *abyss*
butait : *stumbled*
toitures : *toits;* s'effondrèrent : *collapsed*

175 Ce fut la première nuit. Car avant cette nuit, le soleil, au coucher, restait à l'horizon, pour revenir sur ses pas le lendemain. Il se reposait sur la montagne dominant la plaine, la montagne d'où la Route prenait sa source. Et la nuit vint parce que l'homme n'avait pu tenir sa langue, parce que l'homme avait rompu° le pacte qui le liait° à tous les êtres…

rompu : *broken*
liait : *tied, connected*

180 C'est depuis ce jour-là que le soleil poursuit sa course sans s'arrêter nulle part.

Bernard B. Dadié, *Les contes de Koutou-As-Samala*, ©Présence Africaine, 1982

Questions de compréhension

1. Quelle était la réaction d'Igname quand les autres femmes de Kotoko se moquaient d'elle ? Pourquoi réagissait-elle ainsi ? Kotoko défendait-il Igname ?

2. Que Kotoko a-t-il révélé à ses autres femmes ? Pourquoi ? Comprenait-il le risque ? Expliquez.

3. Comment Igname a-t-elle appris ce qu'avait fait Kotoko ?

4. Qu'est-ce que les anciennes épouses de Kotoko faisaient pour tourmenter Igname ? Pourquoi ?

5. Qu'est-ce qu'Igname a fini par faire ?

6. Que faisait le soleil d'habitude, avant la première nuit ? Qu'est-ce qui a changé dans le comportement du soleil après le départ d'Igname et ses enfants ?

Réfléchissez et discutez ensemble

1. Si les trois personnages qui accompagnaient Kotoko à la recherche des enfants étaient symboliques, qu'est-ce qu'ils pourraient représenter ?

2. Dans l'histoire de la Belle et la Bête, quelques objets associés au château (la rose, le coffre, le miroir, la bague) avaient des qualités magiques et jouaient un rôle important. Quels éléments possèdent des pouvoirs magiques dans l'histoire *La première nuit* ? Quels autres détails suggèrent le contexte ouest-africain ?

3. Pourquoi a-t-on choisi une igname plutôt qu'autre chose dans la nature pour en faire la femme de Kotoko ? Que pourrait-elle symboliser ?

4. Décrivez le rôle et le comportement respectif d'un mari et d'une épouse selon cette histoire. Si Igname se comportait « en excellente épouse », pourquoi Kotoko était-il exaspéré ?

5. Comparez les deux anciennes épouses de Kotoko à Igname. Selon ce conte, quel serait le comportement de l'épouse « idéale » ?

À l'écrit

1. Le titre : Quel rapport y a-t-il entre ce qui est arrivé à Kotoko et le soleil ? Comment était la première nuit et quel en était l'effet sur tous les êtres ?

2. Les enfants, joie ou malheur ? Comparez les idées de Kotoko en ce qui concerne les enfants, à celles de la Route. Comment sont les enfants qu'il a avec Igname ? Qu'est-ce qui leur arrive à la fin ?

3. La morale : Quelles sont les leçons de ce conte ? Trouvez-en au moins deux et expliquez comment le conte les présente. Ces leçons s'appliquent-elles seulement au contexte du conte ou ont-elles une valeur universelle ?

Jouez les scènes

1. La plus grande des patiences a ses limites et Igname n'en peut plus ! Imaginez la conversation entre Igname et ses enfants avant leur départ. Elle leur explique qu'ils vont quitter le village et ils lui posent des questions.

2. Après le départ d'Igname, Kotoko se rend compte de sa bêtise et il est en colère contre ses deux anciennes épouses. Imaginez leur conversation.

Applications grammaticales

Consultez les pages 106–107 pour une explication des formes interrogatives.

A. On vous a raconté l'histoire de *La première nuit* mais vous n'êtes pas sûr(e) d'avoir bien compris certains détails. Écrivez une question appropriée en français pour recevoir chaque réponse suivante :

1. Kotoko rêvait nuit et jour d'**avoir des enfants**.

2. Il a demandé à **Igname** d'être sa femme.

3. **Les anciennes femmes de Kotoko** sont parties à la recherche de Kotoko.

4. Elles tourmentaient **Igname**.

5. Kotoko a révélé **l'identité de sa femme**.

B. Traduisez les questions suivantes en français :

1. What does « **igname** » mean ?

2. Why didn't Kotoko defend his wife ?

3. How did Igname discover what Kotoko had said ?

4. What was Igname's reaction ?

5. What happened after Igname left ?

Synthèse

1. « Le pacte qui liait l'homme à tous les êtres » : Comment les rapports entre l'homme et la nature sont-ils représentés dans ce conte ? Explorez ce sujet en analysant *La première nuit* et en organisant vos idées selon les indications suivantes :

    a. Décrivez les rapports entre l'homme et la nature au début.

    b. Quels sont les éléments de la nature dans ce conte et comment sont-ils représentés ?

    c. Comment l'homme est-il représenté ?

    d. Comment Kotoko rompt-il le pacte ? Qu'est-ce qui en résulte ?

2. À qui la faute ? Le narrateur a dit que le bonheur d'Igname et Kotoko aurait duré si ses anciennes épouses n'étaient pas arrivées par la Route indiscrète. Comment les anciennes épouses et la Route ont-elles contribué au malheur du couple ? Quelle est la part de responsabilité de Kotoko dans ce qui s'est passé ?

Justifiez votre point de vue en organisant vos idées selon les indications suivantes :

    a. introduction : une responsabilité partagée

    b. la part de responsabilité de la Route

    c. ce qu'ont fait les anciennes épouses

    d. la part de responsabilité de Kotoko

    e. conclusion

Raconte-moi

Véronique Tadjo (1955–)

CD audio
pour
l'étudiant : piste 7

Née à Paris, Véronique Tadjo a fait ses études secondaires en Côte d'Ivoire, avant d'achever sa formation supérieure dans le domaine anglo-américain à la Sorbonne. Son premier recueil poétique, *Latérite*, dont est tiré le poème ci-dessous, a remporté le prix littéraire de l'Agence de Coopération Culturelle et Technique en 1983. Écrit comme un long poème récitatif, *Latérite* est une invitation au voyage dans l'espace des savanes herbeuses, brûlées par les feux de la brousse, et dans les temps fabuleux de la mémoire ancestrale.

Un prêtre

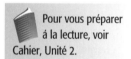
Pour vous préparer á la lecture, voir Cahier, Unité 2.

Pré-lecture

Dans ce poème, on parle d'un griot, personnage important de l'Afrique, à la fois poète, musicien et sorcier. Le griot est aussi en quelque sorte la mémoire d'une tribu ou d'un peuple à une époque où on n'avait pas d'histoire écrite. Avant de lire le poème, parcourez-le pour trouver tous les mots qui évoquent le passé.

cimes : *peak, height*

chevilles : *ankles*

brisés : *broken*

RACONTE-MOI

LA PAROLE DU GRIOT
QUI CHANTE L'AFRIQUE
DES TEMPS IMMÉMORIAUX
IL DIT
5 CES ROIS PATIENTS
SUR LES CIMES° DU SILENCE
ET LA BEAUTÉ DES VIEUX
AUX SOURIRES FANÉS
MON PASSÉ REVENU
10 DU FOND DE MA MÉMOIRE
COMME UN SERPENT TOTEM
A MES CHEVILLES° LIÉ
MA SOLITUDE
ET MES ESPOIRS BRISÉS°
15 QU'APPORTERAIS-JE
A MES ENFANTS
SI J'AI PERDU LEUR ÂME ?

Questions de compréhension

1. Sur quel sujet le griot chante-t-il ?

2. À quoi le poète compare-t-il son passé ? Selon vous, que veulent dire ces expressions ?

3. Sans passé, comment est le poète ?

4. En quoi consiste l'âme des enfants dans le poème ?

Réfléchissez et discutez ensemble

1. Dans votre famille, parle-t-on du passé ? Qui en parle le plus souvent ? Quand et comment s'en souvient-on chez vous ?

2. Quel rôle le passé joue-t-il dans votre vie ? Quels aspects de votre « histoire » voudriez-vous transmettre à vos descendants ?

3. Peut-on vivre sans passé ? Sans mémoire ?

À l'écrit

1. Décrivez une tradition qui vous est chère et que vous aimeriez transmettre à vos enfants.

2. Notre passé. Quelles questions aimeriez-vous poser à un(e) de vos ancêtres sur le passé de votre famille ? Trouvez-en au moins cinq et utilisez des expressions interrogatives variées.

Consultez les pages 106–107 pour une révision des questions et les pages 52–54 pour les formes du passé.

Synthèse

Écrivez un poème (la rime n'est pas essentielle) qui évoque le passé de votre famille ou de votre ethnie.

Modèle :   Mexique
Famille, maison, soleil
Raconte-moi, grand-père
Les enfants qui jouaient, les mères qui chantaient
Partir mais ne jamais oublier
Je suis ceux qui sont restés

Leur passé, mon présent, notre avenir

Unité 2 Héritages collectifs
Formes et structures utiles

📖 Pour travailler davantage ces structures, voir Cahier, Unité 2.

A. La comparaison

1. La comparaison des adjectifs et adverbes :

		adjectif/adverbe	
(*more*)	**+ plus**		
(*as*)	**= aussi**	sévère/sévèrement	**que** (*than/as*)
(*less*)	**– moins**		

La reine était **plus sévère que** son mari, il avait puni les nobles coupables de trahison **moins sévèrement qu'**elle.

La Belle était **plus sage que** ses sœurs ; elle répondait **plus sagement** aux questions de son père.

NOTE : Il faut faire l'accord de l'adjectif avec le nom :

Le diable était **plus malin que** la bonne fée, mais la sorcière était **aussi maligne que** lui.

Les sœurs de la Belle étaient **plus jalouses qu'**elle, mais leurs maris étaient **moins gentils que** la Bête.

❗ **Attention** à distinguer entre l'adjectif **bon** et l'adverbe **bien** :

C'était un **bon roi** ; il **régnait bien**.

Le paysan était un **bon fermier** ; il **cultivait bien** ses champs.

Et attention aux formes irrégulières dans la comparaison avec **bon/bien** :

adjectif	adverbe
+ bon → meilleur (e)(s)	+ bien → mieux
= bon → aussi bon(ne)(s)	= bien → aussi bien
- bon → moins bon(ne)(s)	- bien → moins bien

La Belle était **meilleure que** ses sœurs ; elle s'adaptait **mieux** à leur nouvelle vie.

Le paysan était **meilleur** fermier **que** le diable ; il connaissait **mieux** ses plantes.

---

2. La comparaison des noms :

(*more*)	**+ plus**		
(*as much*)	**= autant**	**de** + nom	**que** (*than/as*)
(*less*)	**– moins**		

Cette fille avait **plus de** vertu **que** ses sœurs.

La Bête avait **autant de** bonté **que** la Belle.

Le cadet a reçu **moins de** biens **que** son frère aîné.

Rappel : Un adjectif accompagne un nom ou suit le verbe **être** tandis qu'un adverbe accompagne d'autres verbes : C'est un **roi sévère**, et la reine **est sévère** aussi. Ils **punissent sévèrement** leurs sujets.

3. La comparaison des verbes peut se faire avec **plus/aussi/moins + que** comme indiqué plus haut, mais on peut employer **plus/autant/moins** seul après le verbe :

> Ce paysan travaillait **moins que** son voisin, mais il plantait **autant** et il récoltait **plus que** lui.
>
> Ses anciennes femmes parlaient **plus** ; Igname parlait **moins**.

NOTE : En français, on n'utilise aucun article, à la différence de l'anglais :

> **Plus** ils perdaient les batailles, **moins** ils espéraient une victoire.
> *The more battles they lost, the less they hoped for a victory.*
>
> **Plus** elle restait avec la Bête, **plus** elle l'aimait.
> *The longer she stayed with the Beast, the more she loved him.*

4. Le superlatif des adjectifs et des adverbes :

Si l'adjectif suit le nom :

article défini + nom + **article défini** + **plus/moins** + adjectif (**de** + article-nom)

> **le** paysan **le plus** malin **du** pays
> **la** punition **la plus** redoutable **du** monde

Si l'adjectif précède :

article défini + **plus/moins** + adjectif + nom

> Ce sont **les meilleures** solutions.
> C'est **la plus** belle fille **du** royaume.

Pour les adverbes :

verbe + **le** + **plus/moins** + adverbe (**de** + article-nom)

> Elle travaillait **le plus** courageusement **de** tous ; elle regrettait **le moins** leur vie passée.
> La Belle jouait **le mieux des** filles. Elle chantait **le plus** souvent.

B. Le futur

1. Il y a plusieurs façons d'exprimer l'idée du futur en français (comme en anglais). Certains verbes accompagnés d'un infinitif ont une valeur future :

a. Futur proche : **aller** au présent + **l'infinitif** du verbe qui exprime l'action ou l'état pour indiquer que cette action/cet état va avoir lieu ou va être le cas dans un proche avenir :

> On **va arrêter** le coupable bientôt.
> Nous **allons être** contents.
> Je **vais me marier** avec la princesse.

b. D'autres expressions verbales au **présent** + **infinitif** ont une valeur future aussi :

avoir l'intention de	Le marchand **a l'intention de récupérer** ses biens au procès.
compter	Le seigneur **compte défendre** la ville contre l'ennemi.
espérer	Le roi **espère laisser** le palais à son fils aîné.
vouloir	Le sorcier **veut punir** le prince orgueilleux.
devoir	Les paysans **doivent faire** la récolte cette semaine.

2. Le futur simple

a. Forme : infinitif des verbes réguliers (et certains verbes irréguliers) + les terminaisons

-ai	-ons	finir →	je finirai	nous finirons
-as	-ez		tu finiras	vous finirez
-a	-ont		il finira	ils finiront

(Voir l'appendice, un dictionnaire, le Bescherelle ou une autre œuvre de référence pour les verbes avec un radical irrégulier au futur.)

b. Usage

On emploie le futur en français comme en anglais :

Les paysans **feront** la récolte dans six mois.

Vous y **serez** demain au matin.

Vous **vivrez** pour devenir mon époux.

Il **promettra** de ne rien dire à ses femmes.

Mais, dans une phrase complexe en français avec un verbe au futur et une des conjonctions suivantes, le second verbe doit être au futur aussi :

quand (*when*)   **dès que** (*as soon as*)   **tant que** (*as long as*)
lorsque   **aussitôt que**

Nous **saurons** la vérité **quand** les témoins **parleront** des événements.
*We **will know** the truth **when** the witnesses **talk** about the events.*
(Notez le premier verbe au futur et le second au présent en anglais.)

Dès que la Belle **retournera**, la Bête **sera** guérie.
*As soon as Beauty **returns**, the Beast **will be** cured.*

Tant qu'elle **refusera** son offre, il **restera** bête.
*As long as she **refuses** his offer, he **will remain** a beast.*

C. Le conditionnel

1. Forme : radical du futur + terminaisons de l'imparfait

-ais	-ions	aller →	j'irais	nous irions
-ais	-iez		tu irais	vous iriez
-ait	-aient		il irait	ils iraient

2. Usage

a. les actions futures dans un contexte passé

Les nobles fidèles ont dit qu'ils ne **tromperaient** jamais leur roi.

La Bête lui a expliqué qu'il **mourrait** sans elle.

Le père a juré qu'il **reviendrait**.

Il pensa qu'il **serait** mangé par les loups.

b. l'expression de politesse

Le messager a dit : « Le baron **voudrait** parler à votre majesté au palais. **Pourriez**-vous le recevoir ? »

« **Auriez**-vous la gentillesse de souper avec moi ? » demanda la Bête.

c. les hypothèses qui sont contraires à la réalité présente mais qui seraient encore possibles si certaines conditions changeaient

si + verbe à l'imparfait + verbe au conditionnel

Si le paysan avait les moyens, il **habiterait** un château. (Mais il est pauvre et il ne possède qu'un seul bien, son champ.)

Il **serait** content **s'**il n'avait pas besoin de travailler dur. **S'**il trouvait un trésor, un coffre d'or, il **aurait** une fortune et **pourrait** se reposer.

D. Les phrases de condition

Les phrases de condition indiquent une action (ou un état) qui est/sera/serait/aurait été la conséquence de certaines conditions.

Vous devez mettre les verbes aux formes suivantes selon le contexte donné :

1. Si + verbe au présent + verbe au présent *ou*

à l'impératif *ou*

au futur

a. l'autre verbe au présent = habitude

En général, **si** je **suis** fatigué, je me **repose**.

On **a** des soucis **si** on **a** des enfants.

Si le bébé **pleure**, la lune la **berce**.

b. l'autre verbe à l'impératif = suggestion, ordre

Si tu **es** fatigué, **repose**-toi.

Reviens vite **si** tu m'**aimes**.

Si tu **veux** que je reste avec toi, ne **révèle** pas notre secret.

c. l'autre verbe au futur = intention

Si je **suis** fatigué demain, je me **reposerai**.

Nous **serons** riches **si** je **gagne** mon procès.

Si Igname **devient** femme, ils **auront** de beaux enfants.

2. Si + verbe à l'imparfait + verbe au conditionnel présent

= un état ou un événement contraire à la réalité présente mais encore possible

> **Si** j'**étais** riche, je **pourrais** acheter un château. (Je ne suis pas riche et je ne peux pas acheter un château maintenant... peut-être un jour)
>
> Il **deviendrait** roi **s'**il **avait** plus de courage. (Il n'a pas assez de courage pour devenir roi maintenant... mais c'est encore possible)
>
> **Si** l'armée **était** assez forte, on **pourrait** chasser l'ennemi.
> (L'armée n'est pas assez forte maintenant pour chasser l'ennemi, mais un jour...)

3. Si + verbe au plus-que-parfait + verbe au passé du conditionnel (verbe auxiliaire au conditionnel + participe passé)
= un état ou un événement contraire à la réalité passée et trop tard pour être réalisé

> **Si** Hélène n'**avait** pas **trouvé** le portrait de son oncle, elle n'**aurait** pas **découvert** ce secret. (Mais elle l'a trouvé et elle a découvert le secret.)
>
> **Si** le diable **avait été** plus malin que le paysan, il **aurait eu** le trésor.
> (Mais il n'a pas été plus malin et il n'a pas eu le trésor)
>
> La nuit ne **serait** pas **venue si** Kotoko n'**avait** pas **révélé** le secret d'Igname.
> (Mais Kotoko a révélé le secret et la nuit est venue.)

Attention au contexte qui peut changer la forme du conditionnel employé.

Il est possible d'avoir un verbe au passé du conditionnel avec **si** + verbe à l'imparfait :

> **Si** j'**étais** riche, j'**aurais pu aller** en France le week-end passé.
>
> **Si** je n'**avais** qu'un jour à demeurer ici, on ne m'**aurait** pas **fait** une telle provision.

Il est également possible d'avoir un verbe au conditionnel présent avec **si** + verbe au plus-que-parfait :

> **Si** j'**avais gagné** une fortune au loto, je **pourrais** m'**acheter** un château maintenant.

Mais vous devez respecter la règle suivante : JAMAIS de futur ou de conditionnel tout de suite après **si** dans les phrases de condition !

E. Les questions

1. Pour former une question en français, on peut employer **est-ce que** + sujet + verbe ou inversion après une expression interrogative qui n'est pas le sujet du verbe :

> Comment **est-ce que vous imaginez** ces personnages ? ou
>
> Comment **imaginez-vous** ces personnages ?

À l'écrit, on préfère l'inversion, ce qui se fait en général avec un pronom sujet :

> Pourquoi **a-t-il accepté** ce marché ?

Si le sujet du verbe est un nom, il faut faire suivre ce nom par l'inversion du verbe et le pronom sujet correspondant :

> Pour quelles raisons **le marchand est-il parti** ?

On peut employer l'inversion avec un nom sujet, surtout si le verbe a une forme simple et n'a pas de compléments :

> Que **fait le marchand** ? Où se **cachait la Bête** ?

Si l'expression interrogative est le sujet du verbe, ni **est-ce que**, ni l'inversion ne sont jamais nécessaires :

> **Qui** était le plus malin ?

NOTE : Dans la langue parlée informelle, on peut poser une question en mettant l'expression interrogative en tête de phrase : Où il est ? Pourquoi tu fais ça ?

2. Les expressions en français pour *Who?/What?*

La forme de l'expression employée en français change selon la fonction grammaticale du terme dans la question :

	Who?	**What?**
sujet du verbe	Qui, Qui est-ce qui	Qu'est-ce qui
objet direct	Qui est-ce que Qui + inversion (verbe-sujet)	Qu'est-ce que Que + inversion (verbe-sujet)
objet d'une préposition	Préposition + qui + est-ce que + sujet + verbe ou + verbe-sujet	Préposition + quoi + est-ce que + sujet + verbe ou + verbe-sujet
adjectif		Quel(le)(s) + nom ou + être + nom

> **Qui** voulait tuer la Bête ? (*who*, sujet de **vouloir**)
> *Who wanted to kill the Beast?*

> **Qu'est-ce qui** a donné du courage à la Belle ? (*what*, sujet de **donner**)
> *What gave Belle courage?*

> **Qui est-ce que** la Belle a vu dans le miroir ? ou **Qui** a-t-elle vu ? (*who*, objet direct de **voir**)
> *Whom did Belle see in the mirror?*

> **Qu'est-ce que** la Bête demandait sans cesse à la Belle ? ou **Que** lui demandait la Bête ? (*what*, objet direct de **demander**)
> *What did the Beast keep asking Belle?*

> **Avec qui** voulait-elle passer une semaine ? (*who*, objet de la préposition **avec**)
> *With whom did she want to spend a week?*

> **De quoi** est-ce que les sœurs étaient jalouses ? (*what*, objet de la préposition **de**)
> *What were the sisters jealous of?*

> **Quel rêve** a troublé la Belle ? (*what*, adjectif avec le nom **rêve**)
> *What dream troubled Belle?*

> **Quelle** était **la punition** réservée aux sœurs méchantes ? (*what*, adjectif + être + **punition**)
> *What was **the punishment** reserved for the mean sisters?*

Unité 3
Amitiés et amours

Introduction

L'amitié et l'amour nous accompagnent tout au long de notre vie. De la petite enfance jusqu'à la vieillesse, ceux que nous aimons aussi bien que ceux qui nous aiment marquent notre caractère. L'amour, cette attirance affective ou physique qu'un être éprouve pour un autre, peut nous rendre heureux ou nous faire souffrir, mais ne nous laisse guère indifférents. Comme dit le poète Florian : « Plaisir d'amour ne dure qu'un moment ; chagrin d'amour dure toute la vie. » Moins passionnée, l'amitié, elle aussi, lie deux personnes mais là il s'agit d'une affection mutuelle ou réciproque qui ne se fonde ni sur les liens du sang ni sur l'attrait sexuel. On tombe amoureux, mais on choisit ses amis.

Des textes les plus variés dans cette troisième unité traitent de ces thèmes affectifs. Un écrivain contemporain passe en revue les amitiés de sa jeunesse. Une femme se souvient de l'admiration qu'elle éprouvait pour sa grand-mère. Un poète peint un portrait mélancolique de deux anciens amants. Une artiste s'amuse en évoquant un couple moderne, tandis qu'un chanteur discute des problèmes sentimentaux de jeunes immigrés. Finalement, un poème sénégalais présente l'amour immuable d'une mère pour son fils.

Et vous ? Quelle est votre définition de l'amitié et de l'amour ? Quel rôle jouent-ils dans votre vie ?

Unité 3 Amitiés et amours
Champ de vocabulaire

Mots apparentés

adultère (*nm*)

affection (*nf*), affectueux, euse (*adj*)

compagnon/compagne (*nm/f*)

compatible (*adj*)

dévotion (*nf*), dévoué, ée (*adj*)

divorce (*nm*)

   divorcer (d'avec *qqn*) (*vi*)

fiancé, ée (*n & adj*)

intéresser (*vt*) (*qqch* intéresse *qqn*)

   s'intéresser à *qqn, qqch* (*vpron*)

inviter (*vt*)

passion (*nf*)

personnalité (*nf*)

plaisir (*nm*)

   faire ~ à (*qqch/qqn* fait plaisir à *qqn*)

   plaire à (*vi*) (*qqn/qqch* plaît à *qqn*)

réaction (*nf*), réagir (*vi*)

reproche (*nf*), reprocher *qqch* à *qqn*

faire des reproches à *qqn*

séduction (*nf*)

   séducteur, trice (*n &adj*)

   séduire (*vt*)

Pour enrichir votre vocabulaire

grand amour (*nm*)	true love
femme/homme de sa vie	love of his/her life
appartenir à (*vi*)	to belong to
faire partie de	to be part of
s'attendre à + *nom*, +	
ce que *sujet verbe* (*vpron*)	to expect
(Il s'attend à ce qu'elle tombe	(He expects her to fall in love with him.)
amoureuse de lui)	
attente (*nf*)	expectation
attentionné, ée (*adj*)	attentive to another's needs
avouer (*vt*)	to confess, admit
conjugal, ale, aux (*adj*)	matrimonial
vie ~	married life
copain/copine (*nm/f*)	friend, boyfriend/girlfriend
coup de foudre (*nm*)	love at first sight
déçu, ue (*adj*)	disappointed
déception (*nf*)	disappointment
décevoir (*vt*)	to disappoint
dorloter, choyer (*vt*)	to fuss over, to spoil
draguer (*vt*)	(*fam*) to hit on
dragueur (*nm*) = *la personne qui drague*	
s'énerver (*vpron*)	to get upset, angry
s'entendre (avec)	to get along (with)
(*deux personnes s'entendent bien ensemble; on s'entend bien* avec *qqn*)	
entendu, ue (*adj*)	agreed upon, understood
bien entendu	of course
éprouver (*vt*)	to feel (emotions)
~ des sentiments (pour *qqn*)	to have feelings for someone
s'expliquer (*vpron*)	to talk things out; to justify one's point of view
exprès (*adv*)	on purpose
faire ~ de + *infinitif*	to do on purpose

facile/difficile à vivre (*adj*)	easy/difficult to live with, get along with
les fiançailles (*nfpl*)	engagement to be married
se fiancer (*vpron*)	to get engaged
foyer (*nm*)	home
femme/homme au foyer	housewife/house husband
fréquenter *qqn* (*vt*)	to hang out with, be seeing someone
humeur (*nf*)	mood
être de bonne/mauvaise ~	to be in a good/bad mood
s'installer (*vpron*)	to get settled, move in (together)
lune de miel (*nf*)	honeymoon
voyage (*nm*) **de noces**	honeymoon trip
noces (*nfpl*)	marriage ceremony
manquer à *qqn* (*vi*)	to miss (emotionally) someone or something (*Elle me manque* = I miss her)
ménage (*nm*)	home, couple
faire le ~	to clean house
s'occuper de (*vpron*)	to take care of
partager (*vt*)	to share
se plaindre (*de*) (*vpron*)	to complain (about)
rapport (*nm*), **relation** (*nf*)	relationship
se rencontrer (*vpron*)	to meet one another
rencontre (*nf*)	meeting
se rendre compte de *qqch*, **que + *sujet* + *verbe*** (*vpron*)	to realize (*Je me rends compte qu'il m'aime.*)
rompre (**avec** *qqn*) (*vi*)	to break up, off (with)
se sentir + *adj* (*vpron*)	to feel + *adj* (*Je me sens triste.*)
sentiment (*nm*)	feeling
sentir que + *sujet* + *verbe*	to sense that (*Je sens que cela ne va pas marcher entre nous.*)
sentir + *nom*	to feel + *nom* (*Je sentais son cœur qui battait.*)
servir à *qqch*	to be useful
ne servir à rien	to be futile, useless
souci (*nm*)	worry
se faire du souci, se soucier de (*vpron*)	to worry about
soucieux, euse (*adj*)	worried
vie (*nf*) **affective, vie sentimentale**	emotional life, relationships

---

Expressions avec *cœur*

petit cœur	sweetheart
le courrier du cœur	advice/column for the lovelorn (*comme* Dear Abby)
un bourreau des cœurs *ou* **un Don Juan** = *qqn* **qui brise les cœurs**	heartbreaker
le cœur brisé	a broken heart
avoir le cœur gros, lourd = *être triste*	to have a heavy heart, to be very sad
de tout son cœur	with all one's heart
son cœur y est/n'y est pas	to have one's heart in something, to be enthusiastic about
faire *qqch* **de bon/tout cœur**	to do something gladly, willingly, sincerely
faire *qqch* **à contrecœur**	to do something reluctantly, against one's will

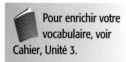

Pour enrichir votre vocabulaire, voir Cahier, Unité 3.

PARLONS UN PEU

A. Que savez-vous déjà ?

Avec un(e) partenaire, suivez les indications pour enrichir votre lexique :

1. Sans regarder le champ de vocabulaire, faites une liste d'au moins dix mots français que vous associez à l'amitié et à l'amour.

2. Cherchez ces mots dans le champ de vocabulaire.

3. Mettez-vous d'accord sur trois nouveaux mots (nouvelles expressions) du champ de vocabulaire qui vous semblent utiles ou intéressants à apprendre.

4. Créez des définitions en français de ces mots-là, et présentez-les à vos camarades de classe pour qu'ils puissent deviner de quel mot (de quelles expressions) vous parlez.

B. Exagérons

Dans des groupes de trois ou quatre, créez un portrait extravagant, basé sur une des expressions ci-dessous. Présentez votre portrait à vos camarades de classe. Qui a la description la plus amusante ? la plus triste ? la plus ridicule ?

Modèle : dragueur.

Mon ami Jacques se croit séducteur et pense que toutes les femmes le trouvent irrésistible. Quand il sort le soir, il essaie de draguer chaque fille qu'il rencontre. Il les invite à prendre un verre avec lui, et essaie de leur plaire en les flattant. La réalité ? Il n'a jamais séduit personne, les filles s'énervent et refusent même de lui parler. C'est triste.

1. la femme/l'homme de votre vie

2. le grand amour

3. le coup de foudre

4. la lune de miel

5. l'ami parfait

6. le divorce

C. L'amitié et l'amour

Prenez quelques minutes pour réfléchir aux questions suivantes, puis parlez-en avec vos camarades de classe :

1. Quelles différences voyez-vous entre l'amour et l'amitié ?

2. L'amour d'un enfant pour un parent et d'un parent pour un enfant change-t-il au cours de la vie ? Expliquez.

3. Le mariage a-t-il encore un rôle dans la vie actuelle ? Si oui, décrivez ce rôle. Sinon, expliquez pourquoi le mariage semble démodé.

Éloge de l'amitié

Tahar Ben Jelloun (1944–)

Tahar Ben Jelloun est né à Fès[1] (Maroc). De dix à dix-huit ans il vit à Tanger, où ses parents avaient émigré, et il y va au lycée. Après des études de philosophie à l'Université de Rabat, il enseigne à Tétouan et puis à Casablanca. Il écrit son premier poème en 1965. En 1971, il émigre à Paris où il fait des études en psychiatrie sociale, puis collabore au journal *Le Monde*. Les œuvres de Tahar Ben Jelloun (poésie et romans) s'imposent comme des cris et des appels en faveur des hommes dépossédés de leurs racines, de leur être, de leur identité. Dans *L'Éloge de l'amitié* (1996), une œuvre autobiographique, il réfléchit au rôle que l'amitié et certains de ses amis ont joué dans sa vie.

Pré-lecture

1. Pour vous, qu'est-ce qu'un(e) ami(e) ? Sur quels éléments se fonde l'amitié ?

2. Pour quelles raisons devient-on ami avec quelqu'un ?

3. Qu'est-ce qu'on fait avec un(e) ami(e) ?

4. Quand on est jeune, pour quelles raisons cesse-t-on d'être ami(e) avec quelqu'un ?

Pour vous préparer à la lecture, voir Cahier, Unité 3.

Première partie

Ben Jelloun parle de son premier ami. Lisez la description de leur amitié pour découvrir pourquoi l'auteur s'en souvient.

Mon premier ami avait un an de plus que moi. Nous n'étions pas au même collège. Nous nous étions rencontrés en été, à Ifrane[2] où ma tante avait sa résidence secondaire (l'été à Fès est insupportable). Il avait les cheveux blonds, il était mince et élégant. Je ne me souviens plus dans quelles circonstances nous nous étions
5   connus. Nous nous retrouvions tous les après-midi près de la cascade d'eau de source. Sérieux, nous parlions des études, de la famille et même de notre pays qui venait de recouvrer son indépendance[3]. Nous étions trop sérieux et nous nous comportions comme de grandes personnes.

A l'époque, j'étais amoureux d'une cousine aux yeux bleus. Nous en parlions avec
10 détachement. Il me disait : il n'y a d'amour que dans le mariage, sinon, ce n'est que cinéma et décadence. Or ma passion pour le cinéma date précisément de cette époque.

Si je me souviens aujourd'hui de cette amitié, c'est qu'elle fut construite sur un mensonge. D'un an plus âgé, il paraissait plus jeune que moi. Je venais d'entrer
15 en sixième°. Quand je lui demandai en quelle classe il était, il me répondit « en cinquième° » avec l'air de dire « évidemment ». Et moi, sans réfléchir, je répondis « moi aussi ». J'ai entretenu ce mensonge toute une année. Nous nous écrivions des lettres. Il me parlait des auteurs qu'il lisait en classe et je me précipitais à la bibliothèque française pour emprunter leurs livres, essayant de les lire à mon tour

sixième : sixième année d'école
cinquième : septième année d'école

---
[1] ancienne capitale du Maroc
[2] ville au sud de Fès, dans les montagnes du Moyen Atlas au Maroc
[3] 1956

20 pour soutenir la discussion. Deux étés plus tard, je lui écrivis une longue lettre où j'avouais la vérité. Je n'arrivais plus à supporter les effets de mon mensonge. Je préférais m'en débarrasser.

Ce fut la fin de cette amitié. Je ne reçus plus aucune lettre de lui. Je compris que l'amitié ne souffrait aucune dérogation°, même pas un petit mensonge d'orgueil.
25 La leçon se résumait ainsi : j'ai perdu un ami parce que je lui ai menti.

Ce petit mensonge d'un enfant de treize ans allait me poursuivre longtemps, au point que la vérité deviendrait pour moi une véritable religion aux conséquences graves. Pourtant, dire systématiquement la vérité n'est pas toujours souhaitable : toutes les vérités ne sont pas bonnes à dire.

dérogation : *indignity*

Deuxième partie

L'auteur était très différent de son deuxième ami, Nourredine, et une de leurs différences a fini par les séparer.

30 Mon deuxième ami était mon contraire : joueur, aventurier, séducteur, il faisait merveilleusement danser les filles. Nourredine était ce qu'on appelle un beau gosse, agréable et léger. Au lycée, il était classé dans les derniers. Il aimait me fréquenter parce qu'il voulait « casser » mon air sérieux et grave et me pousser dans le monde de la frivolité et la fête. Nous aimions tous les deux le cinéma. Lui
35 ne parlait que des acteurs (il aimait s'identifier à James Dean et à Errol Flyn [sic !]), moi, je m'intéressais aux réalisateurs et aux producteurs. Lui disait : « J'ai vu un film de John Wayne », moi : « J'ai vu un film de John Ford ou de Howard Hawkes. »

Chez nous, il n'y avait pas de cigarettes, encore moins d'alcool. Pas de sortie non plus au-delà d'une certaine heure. Et, au lycée, je prenais les cours très au sérieux.

40 Nourredine aimait raconter ses soirées en se vantant° de ses conquêtes féminines. Il prétendait° avoir séduit Irène Papas[4] et Dalida[5] qui étaient de passage à Tanger. Je l'écoutais avec envie. Ma timidité m'empêchait de le suivre dans ses sorties. Pendant que je rêvais des filles, lui découvrait leur corps et collectionnait les lettres d'amour. Le jour où je tombai amoureux, il se moqua de moi. Blessé, je

45 découvris que Nourredine n'écoutait jamais les autres ; qu'il n'avait besoin d'un auditoire° que pour l'exercice de sa vanité. Sans me disputer avec lui, je pris mes distances, persuadé que l'amitié ne pouvait exister sans écoute réciproque. Pendant longtemps, j'avais écouté Nourredine me raconter ses histoires, tandis que lui était incapable de donner un peu de son temps à celui qu'il considérait

50 comme son ami.

Aujourd'hui, Nourredine est un autre homme. Un séducteur fatigué, vieilli avant l'âge. Nous nous voyons, par hasard, une fois tous les trois ou quatre ans. On se dit des banalités. A chaque fois, il me rappelle l'époque où il m'enviait parce que j'avais les cheveux longs et que je lisais deux romans par semaine.

Troisième partie

Ben Jelloun parle ensuite d'un autre garçon qu'il connaissait et explique pourquoi ils n'étaient pas vraiment amis.

55 A la même époque, j'allais au cinéma avec Boubker, un garçon petit de taille, méticuleux et possessif. Son comportement me paraissait étrange. Il me faisait un peu peur. Il me parlait de sa mère que son père enfermait à la maison. Je me souviens qu'il ne m'invitait jamais chez lui alors qu'il venait souvent chez mes parents.

60 Un jour j'appris que sa mère était devenue folle et qu'il ne s'en était pas remis°. Il était tyrannique. Il lui arrivait d'être cruel avec les chats. Je ne me sentais pas à l'aise avec lui. Il me terrorisait. Ce n'était pas une relation d'amitié.

Je compris alors que l'amitié ne peut se fonder sur la peur ou la tyrannie. Je m'éloignai sans rompre tout à fait avec lui.

65 Je ne m'étais pas trompé.

Trente ans plus tard, cet homme est devenu un pilier de mosquée, un intégriste[6] pur et dur°. Il s'est laissé pousser la barbe. Chaque fois qu'il voit une jolie fille habillée à l'européenne, il invoque les foudres de Dieu.

Si j'évoque aujourd'hui son souvenir, c'est parce qu'il ne manquait pas

70 d'intelligence, ni même d'humour. Ses manies, ses angoisses, son malaise me l'avait rendu sympathique. Il faut dire que je n'ai rien fait pour l'aider à sortir de ce long tunnel où les problèmes familiaux l'avaient jeté.

---

[4] actrice grecque célèbre
[5] chanteuse égyptienne qui chantait en français
[6] *Muslim fundamentalist*

se vantant : *boasting*
prétendait : affirmait

auditoire : personnes qui écoutent

ne s'en était pas remis : *had not gotten over it*

pur et dur : *hard-line*

Quatrième partie

L'auteur s'est lié avec Lotfi avec qui il se sentait compatible malgré leurs différences.

Avec Lotfi, rien ne me prédisposait à devenir ami. Nous n'étions pas dans le même lycée ; nous n'habitions pas le même quartier et nos familles ne se connaissaient
75 pas. Lui appartenait à une vieille famille de Tanger. Moi je venais de Fès, et mon père ne nourrissait pas beaucoup de sympathie pour les gens de Tanger. Il les trouvait paresseux et peu sociables.

frayer : fréquenter
canulars : farces, blagues

désargenté : sans argent

Lotfi aimait le jazz et moi le cinéma. Lui proclamait partout sa passion pour les libres penseurs, comme Voltaire ou Anatole France, tandis que je demandais
80 pardon à Dieu de frayer° avec cet individu. Lui aimait monter des gags et des canulars° ; moi, je trouvais cela de mauvais goût. Lui disait tout haut ce qu'il pensait ; moi, j'enrobais mes idées dans de jolies phrases. Il était souvent désargenté° ; je l'étais un peu moins que lui. Il ne prenait pas au sérieux le cinéma américain ; moi, je faisais des dissertations sur Orson Welles et j'animais le ciné-
85 club de Tanger, au cinéma Roxy. Lui était marxiste (une tradition de frère en frère) et moi je me réfugiais dans le romantisme. Il avait – et il a toujours – de l'humour. Je n'en avais aucun. Il était audacieux ; j'étais précautionneux. Il faisait rire les filles ; je les ennuyais avec mes petits poèmes ridicules.

Malgré toutes ces différences, je ne ressentais pas Lotfi comme mon contraire.
90 Nous étions différents mais « compatibles ». Nous étions à l'écoute l'un de l'autre. Notre amitié a commencé sur un ton léger. Rien n'était grave. On pouvait rire de tout. Lui ne mettait pas de limite à la dérision. Tout subissait son ironie. J'aimais bien cette liberté.

Cinquième partie

Après avoir passé en revue ses amitiés depuis l'école coranique[7] jusqu'en 1993, Ben Jelloun pense à la fin de son essai à l'avenir et aux amis encore inconnus.

Des personnes peu connues peuvent nourrir à votre égard un sentiment qui
95 ressemble à l'amitié. On le découvre par hasard, ou dans des moments difficiles. On s'en réjouit, on se sent flatté et rassuré.

Heureusement, il me reste des amis à découvrir ; qu'ils fassent partie de mon passé ou qu'ils occupent mon avenir. C'est beau de penser à l'ami encore inconnu. Quand j'arrive pour la première fois dans un pays, je pense à celui ou à celle qui
100 se comportera en ami pendant mon séjour. En général, on est angoissé quand aucun ami ne vous attend. On devient comme un mendiant° qui n'ose tendre la main. Mais l'amitié ne se mendie° pas. Elle arrive ou n'arrive pas. Je pense parfois à des amis avec qui j'ai vécu des moments de qualité mais qui, aujourd'hui, se trouvent éloignés. L'amitié, alors, se refroidit, puis s'éteint° d'elle-même, sans
105 rancune, sans mauvaise pensée.

mendiant : *beggar*
mendie : *beg for*

s'éteint : cesse

L'avenir est ouvert.

puisons : *dip into*
vivier : *fishpond*

Je ne sais pas si l'âge apporte de nouvelles amitiés, ou si nous puisons° toujours dans le même vivier°.

Je sais que sans amitié la vieillesse sera pénible et hideuse.

Tahar Ben Jelloun, Arléa, 1996

---

[7] école où les enfants apprennent le Coran, souvent par cœur

Questions de compréhension

1. Quelles étaient les différences entre l'auteur et son premier ami ? Comment se ressemblaient-ils ?

2. Qu'est-ce qui a mis fin à cette première amitié ?

3. Comparez Nourredine et l'auteur. Que faisaient-ils ensemble ?

4. Pourquoi l'auteur s'est-il éloigné de Nourredine ?

5. Quelle opinion avait Nourredine sur l'auteur pendant leur jeunesse ?

6. En quoi Boubker était-il étrange ? Pourquoi l'auteur le trouvait-il sympathique quand même ? Comment est-il maintenant ?

7. Quelles étaient les différences entre Lotfi et Ben Jelloun ? Sur quoi leur amitié était-elle fondée ?

Réfléchissez et discutez ensemble

1. Faites le portrait de l'auteur pendant sa jeunesse d'après les détails qu'il présente sur lui-même dans le texte et les comparaisons qu'il fait.

2. Énumérez les qualités des amis de l'auteur. Y a-t-il des différences entre la première amitié et les autres ? Lesquelles ? Voyez-vous aussi des ressemblances ou un trait commun entre ses différentes amitiés ?

3. Comment les amitiés se terminent-elles ? Relevez les passages dans lesquels Ben Jelloun explique les raisons pour lesquelles il s'éloigne de ses amis.

4. Quel rôle joue le cinéma dans la vie de l'auteur ? Qu'est-ce qui lui plaît ? Qu'est-ce qu'il fait avec le cinéma quand il est au lycée ?

5. Avez-vous vécu des expériences avec l'amitié qui ressemblent à celle de l'auteur ? Décrivez-les.

À l'écrit

1. Écrivez la lettre dans laquelle l'auteur avoue son « mensonge » à son premier ami. (Rappel : ce sont des jeunes. Ils se diront **tu**.)

2. Imaginez une soirée passée avec Nourredine, décrite du point de vue de l'auteur dans son journal intime.

3. Décrivez une de vos amitiés d'enfance ou d'adolescence. Comment a-t-elle commencé ? Qu'est-ce que vous faisiez avec cet(te) ami(e) ? Essayez d'expliquer pourquoi vous étiez amis. Voyez-vous encore cette personne ? Pourquoi ou pourquoi pas ?

Jouez les scènes

1. Les parents de l'auteur désapprouvent son amitié avec Nourredine et veulent qu'il ne le fréquente plus. L'adolescent le défend.

2. Le narrateur veut sortir au cinéma mais son ami Lotfi préfère passer la soirée dans un club de jazz. Jouez leur conversation et montrez de quelle façon ils se mettent d'accord.

3. Les amis, Nourredine, Boubker et Lotfi, maintenant adultes, se retrouvent et parlent de leur jeunesse. Puisqu'ils ont un ami en commun, ils comparent leurs souvenirs à son propos.

Consultez les pages 146–149 pour une explication des pronoms.

Applications grammaticales

A. De quoi parle-t-on ?

Voici quelques phrases, avec des pronoms objets, tirées du texte que vous venez de lire. Quels noms ou quelles expressions ces pronoms remplacent-ils ou à quoi se réfèrent-ils ? Les lignes du texte vous aideront à les retrouver.

1. Nous **en** parlions avec détachement. (l. 9)

2. Deux étés plus tard, je **lui** écrivis une longue lettre. (l. 20)

3. ...il ne s'**en** était pas remis. (l. 60)

4. Je n'ai rien fait pour l'aider. (l. 71)

5. Il **les** trouvait paresseux... (l. 76-77)

6. ...je l'étais un peu moins que **lui**. (l. 83)

7. Je n'**en** avais aucun. (l. 87)

8. ...je **les** ennuyais... (l. 88)

B. Une soirée

Nourredine et Tahar parlent de leur journée et font des projets. Répondez aux questions de Tahar comme si vous étiez Nourredine, en utilisant des pronoms quand c'est possible. Faites les changements nécessaires.

Modèle :

Tahar : Tu prends le déjeuner avec moi ?

Nourredine : Bien sûr, je **le** prends avec **toi**.

Tahar : Tu as trouvé l'interrogation de chimie difficile ?

Nourredine : Naturellement, je _____ difficile, mais toi, tu auras de bons résultats, comme d'habitude.

Tahar : Je ne sais pas si je _____.

Nourredine : Dis, tu as vu la nouvelle élève à l'école des filles ?

Tahar : Oui, je_____ hier.

Nourredine : Tu as déjà écrit des poèmes pour cette nouvelle élève ?

Tahar : Oui, je _____ mais je ne les lui ai pas donnés.

Nourredine : Moi, je connais son frère. Alors allons demander au frère et à la sœur s'ils veulent nous accompagner au cinéma ce soir ?

Tahar : Non, ne _____.

Nourredine : On va voir le nouveau film américain avec James Dean ?

Tahar : Bien sûr, on _____.

Nourredine : Tu as assez d'argent pour m'inviter ?

Tahar : Je crois que je_____.

Nourredine : Tu sais, hier soir, Dalida m'a embrassé après son concert.

Tahar : Ça alors ! Je ne crois pas qu'elle _____.

Nourredine : Non, en effet, je plaisante. Rentrons chez nous. À tout à l'heure.

Synthèse

Qu'est-ce que l'amitié ? Comparez vos idées sur l'amitié à celles de Tahar Ben Jelloun.

1. Premier paragraphe : Quelle est votre propre définition de l'amitié ? Donnez des exemples précis.

2. Deuxième paragraphe : Relevez les généralisations sur l'amitié qui précèdent ou suivent chaque description dans le texte de Ben Jelloun et résumez-les avec vos propres mots. Quelle est la définition de l'amitié qui se dégage de ce texte ?

3. Conclusion : Cette définition ressemble-t-elle à la vôtre ? Expliquez les ressemblances et les différences.

Ma grand-mère toute-puissante

Gabrielle Roy (1909–1983)

Gabrielle Roy est née au Manitoba et devient institutrice, ce qui inspire son premier roman, *Bonheur d'occasion*. En 1937, elle part pour l'Europe étudier l'art dramatique. De retour au Canada en 1939, elle se consacre au journalisme et à la littérature. En 1966 elle publie *La route d'Altamont*, d'où est tiré la nouvelle « Ma grand-mère toute-puissante ». Dans ce livre, Christine, la narratrice, raconte quatre épisodes d'une enfance et puis d'une jeunesse canadienne à travers lesquels elle prend conscience de la sympathie qui se noue entre les très agés et les très jeunes.

Pré-lecture

Entre générations

Quels bienfaits les enfants ressentent-ils quand ils voient souvent leurs grands-parents ? Et quels sont les bienfaits pour les grands-parents ? Qu'est-ce qu'on perd quand il y a peu de contact entre les générations ? Pourquoi les enfants hésitent-ils parfois à rendre visite à leurs grands-parents ?

Titre

Comment une personne peut-elle être « toute-puissante » ? D'habitude, à qui s'applique cette expression ? Qu'est-ce que le titre nous suggère sur la narratrice et ses rapports avec sa grand-mère ?

 Pour vous préparer à la lecture, voir Cahier, Unité 3.

Lecture dirigée

On comprend plus facilement un texte quand on sait où l'action a lieu et quels en sont les personnages principaux. En lisant les trois premiers paragraphes, cherchez des réponses aux questions suivantes.

1. Où se trouve le Manitoba ? Que savez-vous sur cette province ?

2. Comment Christine, la narratrice, voit-elle sa grand-mère avant d'aller chez elle ?

3. Quelle sorte de mots la narratrice met-elle entre guillemets ? Qu'est-ce que cela suggère ?

4. Pourquoi, selon la narratrice, sa grand-mère l'invite-t-elle ?

Ma grand-mère toute-puissante

J'avais six ans lorsque ma mère m'envoya passer une partie de l'été chez ma grand-mère dans son village au Manitoba.

Je n'y allai pas sans regimber° un peu. Cette grande vieille me faisait peur. Elle passait pour tant aimer l'ordre, la propreté et la discipline qu'il devenait impossible
5 dans sa maison de laisser traîner° la moindre petite chose. Chez elle, à ce qu'il paraissait, c'était toujours : « Ramasse ceci, serre° tes affaires, il faut se former jeune », et autres histoires de ce genre. De plus, rien ne la mettait hors d'elle-même comme des pleurs d'enfants qu'elle appelait des « chignages » ou des « lires° ». Autre chose encore justement que ce langage à elle, en partie inventé,
10 et qui était loin d'être toujours facile à déchiffrer. Plus tard, dans mon vieux Littré[1], j'ai pourtant retrouvé plusieurs expressions de ma grand-mère, qui devait remonter aux temps où arrivèrent au Canada les premiers colons de France.

Malgré tout, elle devait souffrir d'ennui, puisque c'était d'elle que venait l'idée de m'inviter. « Tu m'enverras la petite chétive° », avait-elle écrit dans une lettre que ma
15 mère me montra pour me bien convaincre que je serais chez grand-mère la bienvenue.

Cette « petite chétive » déjà ne me disposait pas si bien que cela envers grand-mère ; aussi est-ce dans une attitude d'esprit plus ou moins hostile que je débarquai chez elle un jour de juillet. Je le lui dis du reste dès que je mis le pied dans sa maison.

20 — Je vais m'ennuyer ici, c'est certain, c'est écrit dans le ciel.

Je ne savais pas que je parlais ainsi le langage propre à l'amuser, à la séduire. Rien ne l'irritait autant que l'hypocrisie naturelle à tant d'enfants et qu'elle appelait : des chatteries° ou des entortillages°.

À ma noire prédiction, je la vis donc – ce qui était déjà assez extraordinaire –
25 sourire légèrement.

— Tu vas voir, tu ne t'ennuieras pas tant que cela, dit-elle. Quand je le veux, quand je me mets en frais, j'ai cent manières de distraire un enfant.

Pauvre chère vieille ! C'était elle, malgré sa superbe°, qui s'ennuyait. Presque personne ne venait plus jamais la voir. Elle avait des nuées° de petits-enfants, mais
30 elle les voyait si peu souvent que sa mémoire, faiblissant malgré tout, ne les distinguait plus guère les uns des autres.

Parfois une auto pleine de « jeunesses » ralentissait à la porte, stoppait peut-être un instant ; une volée° de jeunes filles agitaient la main en criant :

— Allô, mémère° ! Tu vas bien ?

35 Grand-mère n'avait que le temps d'accourir sur son seuil°, la troupe de jeunes filles dans un tourbillon° de fine poussière déjà disparaissait.

---
[1] dictionnaire monumental de la langue française

regimber : résister

laisser traîner : *leave lying around*; serre : range

chignages...lires : plaintes, larmes (vieux langage québécois)

chétive : personne faible

chatteries : cajoleries, caresses ; entortillages : *cajoling, wheedling*

superbe : vanité
nuées : très grand nombre

volée : *flock*

mémère : *granny*

seuil : *threshold, doorway*
tourbillon : *whirlwind*

— Qui est-ce qui est venu ? me demandait-elle. Les filles de Cléophas ? Ou celles de Nicolas ? Si j'avais eu mes lunettes, je les aurais reconnues.

Je la renseignais :

40 — C'était Berthe, Alice, Graziella et Anne-Marie.

— Ah ! disait-elle, cherchant dans sa tête si ces filles-là étaient de Nicolas, de Cléophas ou d'Albéric.

Puis elle se mettait à se disputer elle-même :

— Mais non, à quoi est-ce que je pense ! Nicolas a surtout des garçons.

berceuse : *rocking chair*
tirer la chose au clair : arriver à comprendre
laines embrouillées : *tangled wool*

45 Elle allait s'asseoir un moment dans sa berceuse° près de la fenêtre pour tirer la chose au clair° et établir un recensement complet de sa descendance. C'est ainsi que j'aimais le mieux la voir occupée, avec tout l'air d'en être à démêler des laines embrouillées°.

— Chez Cléophas, commençait-elle, il y a Gertrude d'abord ; ensuite vient l'aîné
50 des fils. Comment s'appelle-t-il donc, ce grand brun-là ? Est-ce Rémi ?

— Bien non, voyons donc, l'aidais-je, en perdant un peu patience. Rémi, il appartient à mon oncle Nicolas.

— Ah, tu m'en diras tant ! faisait-elle d'un air vexé.

ouïe : *hearing*

Peu à peu, je comprenais qu'elle craignait moins de me laisser voir ses infirmités :
55 une vue affaiblie, l'ouïe° défectueuse et, ce qui l'irritait encore plus, la défaillance de sa mémoire.

boghey : *buggy*

Le jour suivant s'abattait dans la maison, « mais pour cinq minutes seulement », un autre groupe de « jeunesses » venu cette fois en boghey°.

je t'en fiche : ce n'est pas la peine

Grand-mère se dépêchait de mettre la table, pensant peut-être ainsi retenir la
60 bande, mais je t'en fiche° ! pendant qu'elle descendait à la cave chercher un pot de cornichons, les filles endimanchées criaient : « On ne peut pas attendre ; on s'en va à Rathwell... Bye bye, mémère ! »

Elle remontait, clignait un peu des yeux, me demandait :

— Elles sont parties ?

65 Dehors, on entendait un grand charivari de départ.

— Ah ! Cette jeunesse d'aujourd'hui ! s'écriait grand-mère.

trêve : cesse

Nous restions seules dans la petite maison à écouter se plaindre le vent de la plaine, qui se tordait sans trêve° au soleil, en nouant et renouant de petits anneaux de poussière.

70 Grand-mère commençait alors de se parler seule, ne pensant peut-être pas que je l'écoutais. Un jour, à la fenêtre, je l'entendis soupirer :

— On est puni par où on a désiré, toujours. J'ai sans doute trop souhaité mes aises, un bon ordre établi et de n'avoir plus constamment des enfants dans mes
jérémiades : *lamentations*
jupes avec leurs jérémiades°. Oui, j'ai souhaité une minute à moi. À présent j'ai
75 tout un siècle !

s'en prendre : s'attaquer

Elle soupira de nouveau, et finit par s'en prendre° à Dieu :

— Pourquoi aussi nous écoute-t-il quand on lui demande des choses qui plus tard ne feront plus notre affaire ? Il devrait avoir le bon sens de ne pas nous écouter !

Puis elle se souvenait que j'étais dans sa maison, m'appelait d'un petit geste de
80 la main :

— Toi, au moins, je connais ton nom.

Puis elle me demandait :

— Comment c'est-y² déjà que tu t'appelles ?

Je lui disais, avec un peu d'humeur :

85 — Christine.

— Oui, c'est bien cela, je le savais : Christine.

Et elle me demandait, perdue dans ses songes :

— Quel âge a-t-elle cette petite fille-là ?

Il y avait une heure où malgré tout je m'ennuyais. C'était au moment où le soleil,
90 sur le point de disparaître, jette sur la plaine une grande clarté rouge, lointaine et
étrange, qui semble encore la prolonger, et aussi la vider comme de toute présence
humaine, la rendre peut-être aux songes sauvages du temps où elle vivait dans sa
solitude complète. On aurait dit alors que la plaine ne voulait pas sur elle de gens,
de maisons, de villages, que, d'un coup, elle eût cherché à se défaire de tout cela,
95 à se retrouver comme autrefois, fière et solitaire.

Du reste, pas moyen chez grand-mère d'éviter ce spectacle déroutant. Le village
était petit, et la maison de grand-mère se tenait tout au bout ; comme la mer, de
tous côtés la plaine nous cernait°, sauf à l'est où on apercevait quelques autres
petites maisons de planches qui nous tenaient lieu de compagnes dans ce qui
100 m'apparaissait un voyage effarant°. Car, dans cette immobilité de la plaine, on peut
avoir l'impression d'être entraîné en une sorte de traversée d'un infini pays
monotone, toujours pareil à lui-même.

cernait : entourait

effarant : effrayant

Tout à coup, un jour, ne comprenant rien à ma peine, ne sachant surtout pas d'où
elle me venait, je me mis à pousser de grandes plaintes :

105 — Oh ! que je m'ennuie, que je m'ennuie, que je m'ennuie !

— Veux-tu te taire, fit grand-mère, énervée. On dirait un coyote qui hurle.

Je tâchai de me taire, mais bientôt ma peine étrange, sans nom, sans cause que
je pouvais définir, me reprit et je hurlais de plus belle° :

de plus belle : de nouveau et
encore plus fort

— Que je m'ennuie, que je m'ennuie !

110 — Ah ! les pauvres innocents ! dit grand-mère.

Les jeunes enfants affligés, elle les appelait ainsi, surtout lorsqu'ils étaient dans
l'excès de leur incompréhensif chagrin. Faisait-elle allusion au massacre des
Saints-Innocents³ – je ne sais – mais chaque fois qu'elle vit pleurer profondément
un enfant, chaque fois elle ne s'y trompa pas et s'écria, indignée : « Oh ! les
115 pauvres innocents ! »

---

² forme populaire (vieillie) : c'est-il? (est-ce)
³ massacre des petits enfants par Hérode après la naissance de Jésus

Ne sachant plus que tenter pour me distraire, me consoler, m'ayant vainement offert à manger tout ce qu'elle pouvait avoir de si bon à la maison, elle finit par dire :

— Si tu cesses de lirer, je vais te faire une « catin° ».

Du coup mes pleurs cessèrent.

120 Sceptique, je regardai ma grand-mère assise en sa haute chaise berceuse.

— Une « catin », dis-je, ça se trouve dans les magasins, ça ne se fait pas.

— Ah ! tu penses ! dit-elle, puis elle s'en prit comme toujours aux magasins, à la dépense, à cette mode d'aujourd'hui d'acheter tout fait.

Ayant épanché sa bile°, il lui vint dans les yeux une petite lueur que je n'y avais 125 jamais vue, tout à fait extraordinaire, comme une belle petite clarté s'allumant en un endroit qu'on avait pu croire désaffecté, désert et reculé. Ce qu'elle allait accomplir ce jour-là commença pourtant le plus simplement du monde.

Questions de compréhension : Première partie

1. Quelle est l'attitude de l'enfant quand elle arrive chez sa grand-mère ? Comment réagit sa grand-mère quand elle le lui dit ? Pourquoi ?

2. Pourquoi la grand-mère a-t-elle du mal à se souvenir des noms de ses petits-enfants ? Comment sont ses rapports avec ses petits-enfants ? Donnez quelques exemples.

3. De quelles infirmités a-t-elle honte ?

4. Pourquoi et comment est-ce qu'elle critique Dieu ?

5. Qu'est-ce qui arrive à Christine au coucher du soleil ? Comprend-elle les raisons de sa réaction ?

6. Que propose la grand-mère pour distraire Christine ? Pourquoi la petite-fille ne croit-elle pas qu'elle puisse le faire ?

Deuxième partie

— Va, dit-elle, me chercher au grenier mon grand sac de retailles°. Ne te trompe pas. Prends celui qui est lié dans le haut par une cordelette. Apporte-le-moi, et tu

130 vas voir si je ne suis pas capable de faire ce que j'ai envie de faire.

Incrédule encore, mais curieuse aussi et peut-être secrètement désireuse de prendre grand-mère en défaut°, je m'en fus quérir° le grand sac de retailles.

Grand-mère y puisa° des bouts d'étoffes multicolores, mais très propres – toutes les guenilles° de grand-mère avant d'être serrées° étaient soigneusement lavées et

135 ne sentaient pas mauvais – des morceaux d'indienne, de gingham, de basin° ; je reconnaissais, comme en ses couvre-pieds, des restants d'une robe d'une de mes sœurs, d'un corsage° de maman, d'une de mes robes et d'un tablier dont je ne me rappelais plus à qui il appartenait. C'était plaisant de pouvoir rattacher tant de souvenirs à ces retailles. Grand-mère finit par trouver un morceau de blanc. Elle le

140 coupa en diverses pièces, dont elle fit des espèces de petits sacs d'allure différente, un pour le tronc, d'autres pour les bras et les jambes.

— Il va me falloir maintenant de la paille°, du sel ou de l'avoine° pour combler° tout ça. C'est selon ce que tu aimerais le mieux. Que veux-tu, me demanda-t-elle, une « catin » molle, de paille, ou... ?

145 — Oh, d'avoine ! ai-je dit.

— Elle va être pesante°, m'avertit grand-maman.

— Ça ne fait rien.

— Eh bien, dans ce cas, va dans la grange°. J'y ai conservé un sac plein d'avoine du temps où je pensais garder quelques poules. Apporte-m'en un petit plat plein.

150 Quand je revins, tous les membres de la « catin » étaient prêts à être remplis de l'avoine que mémère avait gardée dans le cas où elle aurait des poules. Comment ces conjonctures bizarres accouraient toutes aujourd'hui pour servir mon bonheur ne m'échappait pas tout à fait. Bientôt ma grand-mère eut cousu° ensemble les membres pleins d'avoine, et j'eus sous les yeux une petite forme humaine assez

155 bien faite, avec des pieds, des mains et une petite tête un peu plate au sommet.

Je commençai à prendre un vif intérêt à la fabrication.

— Oui, mais tu vas être bien attrapée, fis-je, pour les cheveux !

— Les cheveux ! Penses-tu ! fit grand-mère qui s'animait à retrouver du moins intactes les infinies ressources ingénieuses de son imagination. Ah, c'était bien là

160 notre don de famille, nul doute !

— Retourne au grenier, fit-elle ; ouvre le tiroir à droite de la vieille commode que j'ai fait monter là-haut. Ne fouille° pas. Prends un écheveau° de laine... A propos, veux-tu une « catin » blonde à la mode d'aujourd'hui ? ou une brune ? ou bien une vieille à cheveux blancs comme moi ?

165 J'hésitai cruellement. Je penchais fortement pour une vieille « catin » à lunettes et à cheveux blancs, pensant combien cela serait original. Mais j'avais bien envie aussi d'une « catin » jeune.

— Peux-tu m'en faire une aux cheveux blonds frisés ?

— Rien de plus facile, dit grand-mère. Apporte la laine qui te plaira et, en revenant,

170 prends dans ma chambre mon fer à friser°. Apporte du même coup la lampe à pétrole. Ou plutôt, pour ne rien casser, apporte tout cela en deux voyages.

retailles : *fabric remnants*

prendre...en défaut : *prove wrong;* **quérir** : *chercher*

puisa : *a pris*

guenilles : *rags;* **serrées** : *rangées ;* **indienne...basin** : *types d'étoffe de coton*

corsage : *blouse*

paille : *straw;* **avoine** : *oats;* **combler** : *remplir*

pesante : *lourde*

grange : *barn*

eut cousu : *had sewn*

fouille : *rummage through;* **écheveau** : *skein*

fer à friser : *curling iron*

Ainsi fut fait. Grand-mère, après avoir confectionné une belle perruque° de cheveux jaunes, la frisa en ondulations à son fer chauffé au-dessus de la lampe et ensuite en couvrit la tête de ma « catin ».

175 Je ne pouvais plus cacher mon émerveillement.

— Tu sais donc tout faire ? demandais-je.

— Presque tout, dit-elle rêveusement. Les jeunes d'aujourd'hui ne connaissent pas le bonheur et la fierté de se tirer d'affaire avec ce qu'on peut avoir sous la main. Ils jettent tout.

180 Elle poursuivit après un temps :

— Moi, jeune, je devais me passer d'acheter dans les magasins. J'ai appris, dit-elle, regardant au loin dans sa vie... Mais maintenant, à ta « catin » il faut un visage. Monte sur la table, essai de grimper et d'attraper sur la corniche ma plume et ma bouteille d'encre.

185 Ces choses apportées près d'elle, elle trempa sa plume et dessina sur la face encore muette de ma poupée l'arc des sourcils d'abord, ensuite les yeux, puis la bouche et un petit nez droit, bien fait.

trépigner : *to stamp my feet*

Je commençai à battre des mains, à trépigner° d'une joie impossible à contenir. Sans doute était-ce le talent créateur de ma grand-mère qui me ravissait tant.
190 Partout, en effet, où j'ai vu à l'œuvre ce don de Dieu, fût-ce chez la plus humble créature – et il se rencontre en d'étonnants endroits – toujours il m'a remplie des plus vives délices.

— Oui, mais il faudrait une bouche rouge, dis-je.

— C'est juste, fit grand-mère. Cette bouche bleue lui donne un air malade. Et cela, 195 ça va être un peu plus difficile. Mais nous y arriverons...

J'observai qu'elle commençait à m'associer à son œuvre créatrice, et je fus encore plus fière de ses talents.

bâton : *stick*

— Va donc voir, me dit-elle sous le coup de l'inspiration, s'il ne se trouve pas sur ma commode, dans ma chambre, un bâton° de ce qu'ils appellent du rouge à 200 lèvres – une horreur, de la vraie peinture pour les sauvages, mais pour une fois ça va nous être utile. Il me semble que Gertrude – non, Anne-Marie plutôt – en a oublié un ici la dernière fois qu'elle est allée dans ma chambre se pomponner°.

se pomponner : *dress up*

Je trouvai effectivement, à l'endroit exact qu'elle m'avait indiqué, la peinture pour les sauvages.

205 Oh, la belle petite bouche rouge, un peu pincée comme en un vague sourire, que dessina alors grand-mère !

Frisée, une blonde aux yeux bleus, avec son sourire un peu moqueur, ma poupée me paraissait fort belle déjà, quoique encore toute nue.

— Pour l'habiller, dit grand-mère, j'ai de la belle dentelle de rideau dans la chambre 210 d'amis, dans le tiroir du bas de la commode. Va la chercher et en même temps cherche dans le tiroir du haut. Je pense que j'ai là du ruban bleu.

Une demi-heure plus tard, ma poupée portait une jolie robe blanche ornée de volants et d'un ceinturon bleu ciel. Sur le devant de la robe, grand-mère était en train de coudre toute une rangée de minuscules boutons dorés.

215 — Mais elle est pieds nus, fis-je tout à coup avec consternation. Pour les chaussures, ça va être plus difficile, hein, mémère ?

Je devenais humble, très humble devant elle, devant la majesté de son cerveau, l'ingéniosité de ses mains, cette espèce de solitude hautaine et indéchiffrable de qui est occupé à créer.

220 — Les chaussures, dit-elle simplement, les veux-tu de cuir°, de satin ou de peluche° ?

— Oh, de cuir !

— Oui, c'est plus résistant. Eh bien, va donc chercher de vieux gants de cuir jaune qui appartenaient autrefois à ton oncle Nicolas. Tu les trouveras...

225 Cette fois encore, sur son indication, je mis sans peine la main sur les gants de cuir jaune.

— C'est du cuir de magasin, fit-elle, les examinant, les retournant sous les yeux. Les magasins vendent surtout de la camelote°, mal cousue, mal finie. Pour une fois, il en est sorti quelque chose de bon et de beau. Ton oncle Nicolas avait des
230 goûts extravagants en sa jeunesse, me confia-t-elle. Mais il est vrai que c'est pour son mariage qu'il s'est acheté ces gants. Et tu vois comme tout sert plus d'une fois, fit-elle : hier au mariage, aujourd'hui à des souliers de « catin » ! Ils disent que je garde tout, que je m'encombre, que je suis une vieille démodée. N'empêche qu'un jour arrive où on peut tirer un bon usage de ce qu'on aurait pu jeter par la
235 fenêtre.

Tout en causant, elle tailla puis confectionna les plus mignons petits souliers de poupée que j'aie jamais vus.

— Pendant que j'y suis, fit-elle, autant lui faire aussi des gants.

La nuit venait. Grand-mère me fit allumer la lampe et l'apporter tout près d'elle. Ni
240 l'une ni l'autre ne songions au repas du soir. Le strict horaire de la journée auquel ma grand-mère tenait tant, pour une fois n'existait plus. Quand quelque chose de plus grand que l'horaire se présentait, elle pouvait donc l'ignorer. Elle continuait à travailler, ses lunettes aux yeux, heureuse je pense bien, la chère vieille femme, comme au temps où des tâches urgentes la réclamait du matin au soir et ne lui
245 laissaient pas de répit pour examiner les vastes profondeurs mystérieuses du destin. Ou plutôt heureuse comme elle ne l'était pleinement, sans doute, que lorsque sa tâche dépassait les seules exigences du moment présent.

— Lui as-tu trouvé un nom ? me demanda-t-elle me regardant sous ses lunettes.

C'étaient d'anciennes lunettes cerclées de fer.

250 — Oui. Anastasie.

— Ah ! fit-elle, et je sus que le nom lui plaisait. Il y en avait une, Anastasie, dans mon village du Québec, autrefois. C'est un nom qui frappe. Ce n'est pas comme ces petits noms courts d'aujourd'hui qu'on oublie tout aussitôt : Jean, Jeanne, Robert, Roberte... Autrefois, les gens avaient des noms dont on se souvenait :
255 Phidime, Viateur, Zoé, Sosthène, Zacharie...

Tout ce temps, ma poupée avançait. Elle n'avait pour ainsi dire plus besoin de rien, mais, trop bien lancée, grand-mère ne pouvait sans doute plus s'arrêter. Dans du drap noir, elle tailla une pèlerine° de voyage, puis – une chose appelant l'autre – avec de la colle et du carton se mit en frais pour lui faire une petite valise à laquelle
260 elle cousit une minuscule poignée que je glissai à la main d'Anastasie.

Ce n'était pas encore assez.

cuir : leather
peluche : plush

camelote : marchandise de mauvaise qualité

pèlerine : cape

dévergondé : *shamelessness*

tambour : *revolving door*

détricota : *unravel*

alène : *awl*

bougonna : *grumbled*

épanchements : *outpourings*

sanglotai : *sobbed*

rides : *wrinkles*

mis...dans les roues : *put things in the way*

foyer : *maison*

infranchissable : *insurmountable*

— Il lui faudrait un chapeau, proposa grand-mère. On ne part pas en voyage sans chapeau, même dans le dévergondé° d'aujourd'hui.

Elle m'envoya chercher, derrière la porte du tambour°, un vieux chapeau de paille.
265 Elle le détricota°, puis lentement, de ses doigts raidis par le rhumatisme – avec des doigts pareils, travailler dans du petit était bien plus difficile que de travailler dans du grand, me dit-elle – elle tricota un nouveau, et cette fois très petit, très gracieux chapeau.

— Comment ! criai-je à plusieurs reprises, tu sais donc aussi faire des chapeaux !

270 — De la paille fine des marais, non loin de chez nous, autrefois j'en ai fait de jolis... Du reste, me conta-t-elle, j'ai bien des fois habillé quelqu'un – ta mère, ton grand-père – de la tête aux pieds.

— De la tête aux pieds, mémère !

— De la tête aux pieds... et sans besoin d'aller au magasin pour quoi que ce soit,
275 sinon peut-être pour des boutons. Et encore, des boutons, j'en ai fait dans de la corne de bœuf : avec une alène° pour percer les trous, j'y arrivais.

— De la tête aux pieds ! dis-je.

Elle me tendit ma poupée avec son chapeau de paille pendu au cou par une bride. J'étais si heureuse que je me mis à pleurer.

280 — Ah bien, s'il faut que ça recommence, que j'aie fait tout ça pour rien ! bougonna° grand-mère.

Mais moi, oubliant combien elle se plaisait peu aux épanchements° et aux caresses, je grimpais sur ses genoux, je lui jetai mes bras autour du cou, je sanglotai° d'un bonheur aigu trop ample, presque incroyable. Il m'apparaissait qu'il
285 n'y avait pas de limites à ce que savait faire et accomplir cette vieille femme au visage couvert de mille rides°. Une impression de grandeur, de solitude infinie m'envahit. Je lui criai dans l'oreille :

— Tu es Dieu le Père ! Tu es Dieu le Père ! Toi aussi, tu sais faire tout de rien.

Elle me repoussa sans trop d'énervement ni d'impatience.

290 — Non, je suis loin d'être Dieu le Père, dit-elle. Penses-tu que je saurais faire un arbre, une fleur, une montagne ?

— Une fleur peut-être.

Elle sourit un peu : « J'en ai assez fait pousser en tout cas... »

Je voyais que malgré tout elle n'était pas offensée de ce que je l'avais comparée
295 à Dieu le Père.

— Car, dit-elle après un moment de réflexion, avec ce qu'il m'a donné de moyens et mis de bois dans les roues°, j'ai quand même pas mal aidé sa création. J'ai peut-être fait tout ce que peut faire une créature humaine. J'ai deux fois construit le foyer°, me dit-elle, ayant suivi ton trotteur de grand-père d'un point à l'autre du
300 vaste pays. J'ai recommencé, au Manitoba, tout ce que j'avais fait là-bas, dans le Québec, et que je pensais fait pour de bon : une maison. C'est l'ouvrage, me confia-t-elle. Oui, une maison, une famille, c'est tant d'ouvrage que si on le voyait une bonne fois en un tas, on se sentirait comme devant une haute montagne, on se dirait : mais c'est infranchissable° !

305 Elle s'aperçut que je l'écoutais, Anastasie serrée sur mon cœur, pensa peut-être que tout cela me dépassait° — et en effet j'étais dépassée mais quand même retenais quelque chose — et elle continua :

— C'est ça, la vie, si vous voulez le savoir — et je ne sus plus à qui elle parlait — une montagne de « barda° ». Heureusement qu'on ne la voit pas dès le début, sans
310 quoi on ne s'y aventurerait peut-être pas ; on rechignerait°. Mais la montagne se dessine seulement au fur et à mesure qu'on monte. Et du reste, autant de « barda » on a fait dans la vie, autant il en reste pour les autres, derrière soi. C'est de l'ouvrage jamais fini, la vie. Avec tout ça, quand on n'est plus bonne à aider, qu'on est reléguée dans un coin, au repos, sans savoir que faire de ses dix doigts, sais-
315 tu ce qui arrive ? me demanda-t-elle et, sans attendre de réponse, me l'apprit : Eh bien, on s'ennuie à en mourir, on regrette° peut-être le « barda », peux-tu comprendre quelque chose à ça ?

— Non, dis-je.

Alors elle parut immensément étonnée de me découvrir tout attentive à ses pieds.

320 — Tu es fâchée, hein ? lui demandai-je.

— Mêle-toi de tes affaires, fit-elle.

Mais un instant plus tard, repartie dans ses songes, elle me dit à qui elle en voulait tant :

— Ton grand-père Elisée, qui m'a fait le coup de partir le premier, sans m'attendre,
325 le bel aventurier, me laissant seule en exil sur ces terres de l'Ouest.

— C'est pas l'exil, dis-je, c'est chez nous, le Manitoba.

— Puis tous ceux de sa race, continua-t-elle, toi comme les autres, des indépendants, des indifférents, des voyageurs, chacun veut aller de son côté. Et Dieu aussi ! Parce que vraiment, dit-elle, il laisse faire trop de choses étranges qui
330 nous tracassent°, quoi qu'en disent les prêtres qui, eux, comme de bon sens, lui donnent raison.

⁓

Elle ronchonnait° encore de la sorte que je dormais à demi, appuyée à ses genoux, ma « catin » dans les bras, et voyais ma grand-mère arriver en colère au Paradis. Dans mon rêve Dieu le Père, à la grande barbe et à l'air courroucé, céda la place
335 à grand-maman aux yeux fins, rusés et clairvoyants. C'était elle qui, assise dans les nuages, dès lors prenait soin du monde, édictait de sages et justes lois. Or le pauvre monde sur terre s'en trouvait bien.

Longtemps il me resta dans l'idée que ce ne pouvait être un homme sûrement qui eût fait le monde. Mais, peut-être une vieille femme aux mains extrêmement
340 habiles°.

Gabrielle Roy, Flammarion, 1966

dépassait : *was beyond me*

barda : responsabilités
rechignerait : refuserait

regrette : ici, *miss*

tracassent : tourmentent

ronchonnait : *grumbled*

habiles : *skillful*

Questions de compréhension : Deuxième partie

1. Qu'est-ce qui se trouve dans le sac de retailles ? Quels souvenirs évoquent ces objets ?

2. Pourquoi la grand-mère a-t-elle de l'avoine pour la poupée ?

3. Comment fait-elle des cheveux pour la poupée ? Et le visage ?

4. Avec quoi fait-elle la robe ? Et les chaussures ?

5. Quel nom choisit Christine pour sa poupée ? Que pense sa grand-mère de ce nom ?

6. Quels accessoires la grand-mère fait-elle encore pour la poupée ?

7. Comment est-ce que la grand-mère sait faire tout cela ?

8. Expliquez l'opinion de la grand-mère sur ce qu'on achète dans les magasins.

9. À qui Christine compare-t-elle sa grand-mère ? Pourquoi ?

10. Qu'est-ce que la grand-mère a dû faire quand elle était jeune ? Regrette-t-elle de ne plus avoir tant de travail ? Pourquoi ?

11. Que voit Christine dans son rêve ?

Réfléchissez et discutez ensemble

1. Qu'est-ce qu'on apprend sur le Manitoba dans cette nouvelle ? Quel rôle joue ce paysage dans l'histoire ?

2. D'après les renseignements donnés par l'auteur, comment était le passé de la grand-mère ? Comparez son passé à sa vie actuelle.

3. Pourquoi, selon vous, « les jeunesses » ne passent-elles pas plus de temps avec leur grand-mère ?

4. Les personnes âgées ont souvent de la nostalgie pour le passé, qu'elles trouvent meilleur que le présent. Quelles sont les idées de la grand-mère à ce sujet ? Que regrette-t-elle [*miss*]du passé ?

5. Comment l'image de la grand-mère change-t-elle au cours de l'histoire ? Faites trois portraits de la grand-mère : après les trois premiers paragraphes, à la fin de la première partie, à la fin de la deuxième partie. Essayez d'expliquer les changements chez Christine quant à l'image de sa grand-mère.

À l'écrit

1. À la rentrée, Christine doit écrire une petite composition pour sa maîtresse où elle parle de son été.

2. Dans une lettre à une amie, Christine décrit sa nouvelle poupée et comment sa grand-mère l'a fabriquée.

3. Bien des années après les événements de cette histoire, Christine trouve une lettre de son grand-père (que sa grand-mère a appelé « trotteur ») dans laquelle il décrit les premières années de son mariage au Québec, le voyage au Manitoba, etc. Relisez ce que dit la grand-mère (lignes 298-300, 324-325) sur son mari, puis imaginez cette lettre.

4. Faites le portrait d'un de vos grands-parents, si vous le/la connaissiez. Parlez surtout de son caractère. Si ce grand-parent vit encore, comment est-ce que vos rapports avec lui (elle) ont changé avec le temps ? Ou, faites le portrait d'une personne assez âgée que vous connaissez ou connaissiez quand vous étiez plus jeune. Qu'est-ce que vous avez appris de cette personne ?

Jouez les scènes

1. Quand Christine rentre chez elle à la fin de l'été, elle se retrouve avec ses copains. Ceux-ci lui posent des questions sur ses grandes vacances et surtout sur la nouvelle poupée qu'elle leur montre avec fierté. Ils ont du mal à croire que c'est sa grand-mère qui l'a faite.

2. La maman de Christine rend visite à sa propre mère (la grand-mère de la nouvelle). La vieille dame se plaint parce que personne ne lui rend visite et sa fille essaie de lui remonter le moral.

3. Après le départ de Christine, un de ses oncles rend visite à sa mère, et on parle de la jeunesse d'aujourd'hui. L'oncle préfère le monde actuel, mais sa mère trouve tout mauvais.

4. Un garçon de six ans rend visite à son grand-père. Celui-ci propose une activité pour que son petit-fils ne s'ennuie pas. Les deux se parlent et passent un moment agréable ensemble.

Applications grammaticales

> Consultez les pages 149–151 pour une explication de l'usage des articles.

Remplissez les blancs par l'article qui convient

Pour faire _____ poupée de Christine, sa grand-mère a besoin de son sac _____ retailles. Elle y trouve _____ bouts _____ étoffes multicolores- _____ morceaux _____ gingham et _____ morceau _____ coton blanc. D'abord elle fait _____ espèces de petits sacs d'allures différentes, un pour _____ tronc, d'autres pour _____ bras et _____ jambes. Pour les rembourrer [*stuff*] la grand-mère a _____ paille, _____ sel et _____ avoine. Puisque Christine ne veut pas _____ poupée brune, elle confectionne _____ perruque de cheveux jaunes et en couvre _____ tête de _____ poupée.

Traduisez en français

Christine loved the doll that her grandmother made for her. It had blond hair, blue eyes and a red mouth. The grandmother used an old pair of gloves to make shoes and even some small gloves for Anastasie. With some glue and some cardboard, she made a suitcase. When the grandmother was young, she could not buy everything in stores, so she learned how to make many things. She dressed her children from head to toe and bought only buttons. Christine was surprised by her grandmother's cleverness.

Synthèse

A. Qu'est-ce que l'ennui ? C'est l'ennui du narrateur qui provoque la création de la poupée, et Gabrielle Roy réfléchit aussi à l'ennui de la grand-mère dans cette nouvelle.

Étapes à suivre :

1. Pensez à deux ou trois situations dans lesquelles vous vous ennuyez. Décrivez-les.

2. Cherchez la définition du mot « ennui » dans un dictionnaire français (monolingue).

3. Relevez les passages de la nouvelle dans lesquels on parle d'ennui et prenez des notes pour préparer votre rédaction.

    a. Qui s'ennuie ?

    b. Quand et pourquoi cette personne s'ennuie-t-elle ?

    c. Comment les formes de cet ennui se différencient-elles ?

4. Écrivez un brouillon de trois paragraphes, en parlant de :

    a. Votre définition personnelle de l'ennui ; comparez-la à la définition tirée du dictionnaire ; illustrez les définitions en donnant des exemples concrets.

    b. Le rôle de l'ennui dans la nouvelle de Gabrielle Roy.

    c. La conclusion : Y a-t-il ou n'y a-t-il pas beaucoup de variations d'ennui ? Pourquoi ?

5. Relisez votre brouillon et révisez.

B. Le mystère de la création. La grand-mère crée une poupée, ce qui émerveille la petite fille (la narratrice), devenue plus tard romancière.

    1. Prenez des notes en répondant aux questions suivantes :

        a. Qu'est-ce que c'est que « créer » ?

        b. Relevez les moments où Gabrielle Roy parle de l'acte de créer. Qui crée ? Comment l'acte de créer transforme-t-il celui ou celle qui crée ? Comment l'enfant réagit-elle face à la création ?

        c. Quand la narratrice nous dit : « ...les infinies ressources ingénieuses de son imagination. Ah ! c'était bien là notre don de famille, nul doute ! » (lignes 159-160) qu'est-ce qu'elle veut dire ?

        d. Comparez l'acte de créer le monde avec l'acte de faire une poupée et l'acte d'écrire un roman.

    2. En vous basant sur vos notes, écrivez une rédaction de trois ou quatre paragraphes pour analyser les idées de Gabrielle Roy sur la création.

CD audio pour l'étudiant : piste 10

Colloque sentimental

Paul Verlaine (1844–1896)

Paul Verlaine est un des grands poètes français. On admire son œuvre pour sa valeur musicale et sa puissance de suggestion. Sa poésie montre un goût pour la mélancolie, pour une tristesse douce et égale, sans éclat ni désespoir.

Pour vous préparer à la lecture, voir Cahier, Unité 3.

Pré-lecture

Parcourez le poème et relevez les adjectifs. Quelle ambiance ces adjectifs créent-ils ? Puis lisez le poème plus lentement.

Colloque° sentimental

Dans le vieux parc solitaire et glacé,
Deux formes ont tout à l'heure passé.

Leurs yeux sont morts et leurs lèvres sont molles°,
Et l'on entend à peine leurs paroles.

5 Dans le vieux parc solitaire et glacé,
Deux spectres ont évoqué le passé.

— Te souvient-il de notre extase ancienne ?
— Pourquoi voulez-vous donc que je m'en souvienne ?

— Ton cœur bat-il toujours à mon seul nom ?
10 Toujours vois-tu mon âme en rêve ? – Non.

— Ah ! les beaux jours de bonheur indicible°
Où nous joignions nos bouches ! – C'est possible.

— Qu'il était bleu, le ciel, et grand, l'espoir !
— L'espoir a fui, vaincu, vers le ciel noir.

15 Tels ils marchaient dans les avoines folles°,
Et la nuit seule entendit leurs paroles.

colloque : conversation, entretien ; **molles** : *lifeless*

indicible : inexprimable

avoines folles : *wild grass*

Questions de compréhension

1. Où se situe l'action du poème ?

2. Comment le poète décrit-il ses personnages ? Quelle différence établit-il entre les deux ? Comment se parlent-ils ? Qu'est-ce que l'usage des pronoms sujets (dans le quatrième et cinquième couplet) indiquent sur leurs rapports ?

3. Que font-ils ?

Réfléchissez et discutez ensemble

1. Les personnages du poème existent-ils ou est-ce que ce sont des spectres ? Justifiez votre opinion.

2. Imaginez le passé des personnages. Comment étaient leurs rapports ? Qu'est-ce qui s'est passé ?

3. Comparez la façon dont le poète suggère le passé et le présent dans le poème.

4. Quel est le ton de ce poème ? Comment le poète le crée-t-il ?

À l'écrit

1. Le grand amour. Imaginez le commencement de cet amour, quand les deux personnages étaient jeunes et s'aimaient à la folie. Choisissez votre point de vue : celui d'un des personnages ? d'un ami ?

2. Une lettre d'adieu. Écrivez la lettre d'adieu écrite par un des personnages du poème à l'autre pour rompre. **Tu** ou **vous** ?

Jouez les scènes

1. Un jour, par hasard, vous retrouvez une personne que vous avez aimée et presque oubliée. Vous êtes tous les deux un peu nostalgiques mais vous avez chacun des souvenirs contradictoires de vos rapports et de vos sentiments à l'époque où vous vous aimiez.

2. Le coup de foudre. Créez un dialogue entre les deux personnages au moment où ils sont tombés amoureux l'un de l'autre. Qu'est-ce qu'ils se promettent ?

3. Une autre fin : Continuez le dialogue commencé dans le poème pour arriver à une réconciliation et une sorte de renaissance de cet amour.

Applications grammaticales

Un rapport

Consultez les pages 52–54 pour réviser le passé et les pages 149–151 pour réviser les articles.

Vous étiez au parc, caché derrière un arbre, et vous avez pris des notes en regardant les personnages du poème. Maintenant, transformez vos notes en un passage cohérent en ajoutant des articles et en conjuguant les verbes au passé.

Il/faire froid dans/parc et moi/être assis sur/banc. Je/regarder autour de moi quand je/voir/vieux couple. Ils/se parler/tout bas et je/ne... guère pouvoir/entendre leurs paroles. Ils/se poser/questions/ mais/réponses/être difficiles à comprendre. Tous les deux, ils/avoir/air mélancolique. Après/se regarder tristement pendant quelques minutes/ils/partir, chacun de son côté, et je/ne... plus les revoir.

Un dialogue possible

Traduisez les phrases suivantes que les personnages du poème auraient pu se dire :

1. *Why don't you love me any more? — I don't want to talk about it.*

2. *What makes you so unhappy now? — Thinking about our past makes me sad.*

3. *Do you remember the gifts you gave me ? — No, I never gave you any.*

4. *Who(m) do you love now? — I don't love anyone.*

5. *What can I say to you so you will change your mind ? — Nothing.*

Consultez les pages 146–149 pour réviser les pronoms, les pages 106–107 pour réviser la formation des questions et les pages 13–15 pour réviser les négations.

Synthèse

Écrivez votre propre poème pour évoquer un amour qui n'existe plus. Vous pouvez suivre les indications données ou, si vous préférez, trouver votre propre forme.

Premiers vers : Une description de la scène et des personnages

Vers suivants : Ce qu'ils se disent et ce qu'ils font

Pour terminer : Une réflexion sur ce qui s'est passé

L'amour au Val-Fourré

Faudel (1978–)

Pour mieux comprendre cet article, il est utile de connaître quelques mots-clé du contexte socio-économique qui apparaissent dès le début. On appelle les communes suburbaines, qui se trouvent à la périphérie des grandes villes, des **banlieues**. Pendant les années soixante, après la décolonisation de l'Afrique, il y a eu une vague d'immigration venue des anciennes colonies françaises. En fait, comme plus tôt dans son histoire, la France avait besoin de main d'œuvre et encourageait ces immigrés à venir travailler. On a fait construire des **cités**, ensembles de logements économiques destinés aux familles ayant peu de moyens, dans les banlieues. Ces cités sont souvent caractérisées par une forte population immigrée. Un enfant né en France de parents immigrés d'Afrique du Nord s'appelle un **beur**, verlan pour arabe. Depuis les années quatre-vingt, on associe aux cités des banlieues des problèmes sociaux, tels que le chômage, la pauvreté, la délinquance, la drogue, et la violence. Dans cet article, tiré du magazine *Le Nouvel Observateur*, un chanteur beur qui s'appelle Faudel parle de certains aspects de la vie des jeunes dans les banlieues.

Pré-lecture

Regardez le titre de l'article et parcourez le premier paragraphe. De quoi Faudel va-t-il surtout parler ?

Parcourez le deuxième paragraphe et le début du troisième.

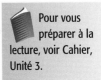

Pour vous préparer à la lecture, voir Cahier, Unité 3.

1. D'après Faudel, pourquoi les filles et les hommes se privent-ils de sexe ?

2. A quoi Faudel attribue-t-il sa réussite ?

3. Vit-il encore au Val-Fourré ?

L'amour au Val-Fourré

A 19 ans, il est la star montante du raï[1]. Cet enfant d'une des cités de Mantes-la-Jolie[2] raconte la vie sexuelle des jeunes beurs des banlieues.

J'ai grandi à Mantes-la-Jolie, dans la cité du Val-Fourré. Parler de la vie de ceux qui y habitent, c'est à priori évoquer de grandes difficultés, c'est savoir que, trop
5 souvent, la fille et l'homme se privent de° sexe, à cause des héritages culturels, des interdits et de la misère. Dans cette cité, la plus grande d'Europe, cohabitent plus ou moins bien quatre-vingt-deux ethnies. Moi, j'ai eu la chance d'être entouré de personnes superbes et d'avoir des références très fortes. C'est ce qui m'a permis d'avancer, de réussir, de devenir un artiste. Ma grand-mère était une
10 chanteuse traditionnelle et mon grand-père garde-champêtre° à Tlemcen[3]. Comme mes trois frères— je n'ai pas de sœurs— , je suis né en France, où mon père et ma mère sont arrivés il y a environ un quart de siècle. Mon père est aujourd'hui retraité, après avoir travaillé chez Renault[4]. Ma mère, pour aider notre foyer, a dû faire des ménages.

15 Je ne vis plus au Val-Fourré depuis trois ans, bien que j'y retourne souvent. Ça m'arrive d'inviter des jeunes filles à dîner, à sortir en boîte° et à nous amuser. Mais une majorité de filles maghrébines° ont peur de leur famille, de leur père, de leur mère, de leurs frères. Même si elles ont envie de sortir, elles sont obligées d'y renoncer. Si l'une d'elles fait l'amour sans être mariée et que sa famille l'apprend,
20 c'est la folie. La famille veut la marier car elle est considérée comme salie°. Parfois, pas plus que le garçon, elle n'a aucune envie de se lier pour la vie. À un moment donné, les uns et les autres rêvent de faire l'amour pour simplement le faire. D'ailleurs, les jeunes acceptent de moins en moins d'être mariés contre leur gré°. Notre génération évolue. Elle ne se laisse plus autant faire°.

25 Une majorité de parents ne comprennent pas que le monde a changé. Eux qui ne savent ni écrire ni lire placent leurs enfants sous une telle surveillance qu'ils en sont déséquilibrés. Beaucoup de jeunes filles n'ont même pas le droit de discuter, en toute innocence, avec un garçon à la sortie du collège. Si leur papa les voit, il ne les lâche° plus, leur pose toutes sortes de questions, leur demande : « Pourquoi
30 tu marches avec lui ? Qu'est-ce qui se passe entre vous ? » Les filles ne sont pas les seules à subir ça. C'est souvent la même chose pour les mecs°, à qui les parents interdisent de sortir de leur quartier. Il nous arrive d'aller faire un baby-foot°, à trois bornes° de la cité, en centre-ville. Si le papa y aperçoit l'un de ses fils, il l'embarque immédiatement dans sa voiture et le fait rentrer dans la cité.

35 Lorsqu'on est élevé comme ça, on se met davantage à penser au « mal » qu'à l'amour. Automatiquement, sans qu'on s'en rende compte, on se cache, on a le sentiment d'être en faute, même si on ne l'est pas. On dissimule. Et puis, si le sexe est interdit pour la fille, il l'est automatiquement pour l'homme. Il devient dégoûté° des femmes. Cette situation provoque des crispations° intimes qui
40 peuvent devenir violence.

---

[1] musique populaire d'origine algérienne, devenue électronique chez les jeunes ; raï veut dire liberté d'opinion
[2] une banlieue à l'ouest de Paris
[3] ville en Algérie
[4] fabricant français d'automobiles

---

se privent de : *to go without*

garde-champêtre : *guardian of property*

boîte : *nightclub*
maghrébines : *d'Afrique du Nord*

salie : *soiled*

gré : *volonté*; **se laisse faire** : *let itself be pushed around*

lâche : *let go, leave alone*

mecs : *(familier) guys*

babyfoot : *foosball*; **bornes** : *(familier) kilomètres*

dégoûté : *disgusted*; **crispations** : *tensions*

Une cité de banlieue

Parler de sexe reste tabou chez nous. Seule une minorité d'hommes et encore moins de femmes abordent le sujet ensemble. S'il y a des homos, ils se cachent. Pour les femmes à femmes, c'est encore pire. Elles représentent le vice de la terre et sont carrément° bannies. L'esprit de village subsiste. Les filles s'en sortent
45 mieux parce qu'elles ont davantage de neurones et savent analyser les choses. Le mec est un feu vif qui ne sait pas se contrôler. Elles, elles ont du courage, bossent° vraiment, alors que les garçons ne vont pas jusqu'au bout de leurs ambitions. Ils sont faibles.

S'il s'agit de sexualité, l'homme tente d'inverser les rapports. Il se montre macho,
50 jaloux. Il ne veut pas que la femme travaille. Selon lui, elle doit rester à la maison et s'occuper des enfants. L'homme ne supporte pas de voir la femme se prendre en main°. Si elle part le matin pour aller au bureau, il sait qu'il ne pourra pas rester auprès d'elle pour la surveiller. Il se met à penser qu'elle va le tromper.

Ceux de ma génération se détachent de ces comportements. Nous ne sommes
55 pas racistes les uns envers les autres non plus ; nous ne savons même pas ce que c'est, puisqu'on a tous été élevés ensemble. Comme beaucoup de mes copains, je suis pour le mélange° des races ; si j'aime un jour une Noire, une Jaune ou une Européenne, cela ne me posera pas de problèmes.

carrément : catégoriquement

bossent : (familier) travaillent

se prendre en main : *take control*

mélange : *mix*

60 Mes copains ont cependant beaucoup de mal. Je connais bien ceux qui restent du matin au soir dos au mur dans les allées de la cité à guetter° le monde qui va et vient. Ils sont au chômage, sans espoir et sans repères. Dans leur cœur, il y a toute la rage de la société. Alors, ils ont très peu de femmes. Comment veux-tu séduire une fille si tu es envahi par la violence ? Pour donner de l'amour, il faut en avoir reçu. Ces mecs ne sont pas en état de tomber amoureux, de dorloter° une femme,
65 d'avoir envie de construire quelque chose. Ça ne leur vient même pas à l'esprit. Ils draguent° au jour le jour des copines en boîte. Pour eux, la femme est un objet, comme un mouchoir que l'on salit.

Pour convaincre la fille de faire l'amour avec eux, ils sont capables, sur le moment, de se montrer différents. Mais très rapidement leur violence, leur bêtise machiste
70 reprend le dessus et les filles, déçues, les plaquent°. Quelle fille peut vraiment accepter d'être « aimée » dans ces conditions ? C'est pour ça que je dis qu'ils ont peu de femmes. Certains les tapent° et elles s'enfuient. Chez les plus jeunes, ces cas sont extrêmement rares. Il faut tout de même savoir qu'il y a de nombreuses assistantes sociales° au Val-Fourré.

75 Moi, je sais ce que c'est que d'être amoureux. Mon cœur n'a jamais été empêché°. Mais indépendamment de cela, nous avons tous peur du sida°, à cause de la toxicomanie° principalement. D'ailleurs, toutes les filles exigent le préservatif°. C'est vraiment entré dans les mœurs°.

La première fois que j'ai fait l'amour, j'avais 14 ans. C'était une Européenne de
80 deux ans plus âgée que moi. Après, je me suis demandé si je l'avais bien fait. Et puis, quand je l'ai revue, je ne l'ai plus regardée de la même façon. Je me suis dit : je suis grand, et j'étais fier. En même temps j'ai eu peur, peur qu'elle soit enceinte. Je me suis demandé ce qui pourrait se passer avec mes parents. C'était absurde. Mais la première fois on ne sait pas, on se fait de ces films ! Deux ans et demi
85 plus tard seulement, je l'ai dit à ma mère. J'ai voulu qu'elle sache que j'avais franchi ce seuil° pour qu'elle me fasse plus confiance. C'était dans la cuisine. Alors elle m'a parlé de la fameuse capote. « Dis-moi, m'a-t-elle dit en rigolant : tu as mis le préservatif. »

Un jour, sur Canal+[5], nous avons fait un podium contre le sida. Il y avait MC
90 Solaar[6]. Moi, j'avais mon père assis à ma gauche et ma mère à ma droite. Ma maman, c'est une vraie fatma[7], elle met la tunique et j'étais fier que d'autres parents qui ont le même âge que les miens voient ça à la télé. On faisait sauter un tabou : des parents maghrébins venaient soutenir une telle cause, en même temps que moi ! Des filles m'ont dit : « Tu as de la chance d'avoir des parents
95 comme ça. » Après, elles m'ont respecté. Elles ont compris que moi aussi je les respecte. Les femmes sont mes amies.

Faudel, *Le Nouvel Observateur*, No 1733, 22–28 janvier 1998

Questions de compréhension

1. Pourquoi les filles maghrébines renoncent-elles à sortir ?

2. De quel point de vue la génération de Faudel évolue-t-elle ? Précisez avec des exemples.

3. Que font les parents et quel en est le résultat selon Faudel ?

---

[5] chaîne de télévision câblée
[6] rappeur français
[7] femme arabe

4. Pourquoi les filles s'en sortent-elles mieux dans les cités que les garçons ?

5. Expliquez l'attitude de Faudel en ce qui concerne le mélange des races.

6. Faudel dit que les femmes sont ses amies, mais que ses copains ont peu de femmes, eux. Pourquoi, selon lui ?

7. Comment le sida a-t-il changé les rapports entre filles et garçons ?

8. Comment Faudel s'entend-il avec ses parents ? Donnez des exemples.

Réfléchissez et discutez ensemble

1. Faudel dit qu'une majorité des parents ne comprennent pas que le monde a changé. Votre monde est-il différent de celui de vos parents ? Dans quel sens ?

2. Quand et comment les parents devraient-ils intervenir dans la vie de leurs enfants ? Pourquoi ?

3. Que veut dire Faudel par « l'esprit du village » ? Comment peut-on caractériser l'attitude des gens qui passent toute leur vie dans un village ou une petite ville ?

Jouez les scènes

1. Imaginez une conversation entre vous et vos parents. Ils essaient de vous empêcher de sortir le soir avec des amis et vous protestez.

2. Imaginez la conversation entre le frère aîné et sa sœur qui veut sortir avec un garçon ou entre le mari macho et sa femme qui veut travailler à l'extérieur.

3. Imaginez la discussion à la télé entre Faudel et ses parents. Qu'est-ce qu'ils se disent sur les rapports filles-garçons et le sida ?

Applications grammaticales

A. Complétez la phrase par la forme appropriée du verbe donné :

1. Les jeunes filles veulent _____ (s'amuser).

2. Ces parents maghrébins ne veulent pas que leur fille _____ (sortir) le soir.

3. Il ne faut pas que les jeunes _____ (faire) l'amour sans _____ (être) mariés.

4. Je suis surpris que beaucoup de jeunes filles _____ (ne pas avoir) le droit de discuter avec un garçon à la sortie du collège.

5. Les parents veulent connaître les copains que leur fille fréquente avant qu'elle _____ (pouvoir) sortir avec eux.

6. La première fois que Faudel a fait l'amour, il a eu peur que la fille _____ (être) enceinte.

Consultez les pages 151–155 pour une révision des formes du subjonctif et une explication de son emploi comparé à celui de l'infinitif et l'indicatif.

7. Faudel avait envie que sa mère _____ (savoir) la vérité.

8. La mère espère que son fils _____ (être) prudent.

9. Un garçon dans une famille traditionnelle continuera à sortir bien que son père lui _____ (interdire) de le faire.

B. Écrivez vos réactions au contenu de l'article en employant les expressions données :

Modèle : Je doute que… → Je doute que les jeunes maghrébins aillent trouver du travail en restant dans la cité.

1. Je ne suis pas certain(e) que…

2. Il est vrai que…

3. Il est important que…

4. Il vaut mieux…

5. Je pense que…

6. Il est possible que…

À l'écrit

1. Les parents n'approuvent pas le copain/la copine de leur enfant mais ils n'osent pas lui en parler directement. Ils écrivent une lettre pour lui expliquer leurs soucis. Écrivez cette lettre.

2. Écrivez une réponse à la lettre des parents du point de vue de l'enfant.

Synthèse

1. Les jeunes et le sexe.

Premier paragraphe : Pour quelles raisons une jeune personne se prive-t-elle de sexe aux États-Unis ?

Deuxième paragraphe : Et dans le milieu que décrit Faudel ? Reprenez les trois raisons données dans le premier paragraphe de l'article pour lesquelles les jeunes se privent de sexe, et regroupez les arguments selon ces trois catégories : héritage culturel, interdits, misère. Y a-t-il une distinction nette entre les trois ?

Conclusion : Comparez ces raisons aux raisons dont vous avez parlé dans votre premier paragraphe.

2. Que pensez-vous de l'évolution de la génération de Faudel ? Cette évolution est-elle tout à fait positive ? Employez une variété d'expressions pour exprimer votre opinion.

Pour commencer : Votre thèse : une évolution positive ou négative ?

Pour continuer : Des arguments pour soutenir votre thèse, avec des exemples

Pour conclure : Un résumé de votre opinion

Mère Awa

Malick Fall (1920–)

CD audio
pour
l'étudiant : piste 11

Malick Fall est né au Sénégal. Il a mené une carrière diplomatique dans plusieurs organisations internationales où il représentait son pays. Il est l'auteur d'un roman, *La plaie* (1967) et d'un recueil de poèmes, *Reliefs* (1964), dont *Mère Awa*, où un fils parle de sa mère décédée.

Pré-lecture

Pour vous préparer à la lecture, voir Cahier, Unité 3.

1. Avant de lire ce poème réfléchissez au rapport entre une mère et son enfant. Quelle sorte de choses une mère fait-elle pour son enfant ? Quelle sorte de vie désire-t-elle qu'il mène ? Quelles émotions éprouverait un homme à la mort de sa mère ?

2. Regardez les deux premiers vers du poème. Le narrateur dit *« il paraît que maman est morte »* et *« quelle importance »*. Lisez le reste du poème pour découvrir pourquoi l'apparence de la mort ne semble pas très importante au narrateur.

Mère Awa

    Il paraît que maman est morte
    Quelle importance
    Quelle importance puisque je peux lui parler
    A mon aise
5 Qu'elle me répond toujours
    Avec son même sourire d'enfant
    Pris en faute°
    Quelle importance puisqu'il ne se passe de nuit
    Qu'elle ne me chuchote° à l'oreille
10 Récite trois fois ce verset
    Couche-toi sur le côté droit[1]
    Et dors
    Il ne se passe de nuit sans qu'elle ne s'assure
    Que ma journée sera belle à gravir°
15 Il paraît que maman est morte
    Pas pour moi qui écris ces lignes
    Avec mes larmes
    Ces lignes qu'elle ne sait lire
    Avec ses larmes
20 Mais que son cœur assèche°
    Avec un sourire d'élue°
    Puisque je te vois là sous mes yeux
    Puisque ta voix est la plus puissante
    Sur terre
25 Sous terre
    Qu'importe l'illusion de ceux qui t'ont couchée
    Sur le côté droit
    Et que tu regardes de ton regard
    D'enfant pris en faute.

Malick Fall, dans *Reliefs*, Présence Africaine, 1964

pris en faute : *caught in the act*

chuchoter : *murmurer*

gravir : *escalader*

assèche : *dries*
élue : *choisie par Dieu*

---

[1] Selon la tradition islamique, se coucher sur le côté droit assure qu'on reste dans la bonne voie morale même en dormant. Si on meurt dans son sommeil, on sera ainsi sauvé le jour du grand jugement final.

Questions de compréhension

1. Dans quel sens la mère du narrateur est-elle toujours présente malgré sa mort ?

2. Que sait-on sur la mère du narrateur d'après le portrait qu'il donne ?

3. Le narrateur ne décrit pas ses émotions. Comment les révèle-t-il dans le poème ?

4. Comment le narrateur exprime-t-il son admiration pour sa mère ?

Réfléchissez et discutez

1. Le narrateur parle de sa mère en disant **elle** dans la première partie du poème. Pourquoi dit-il **tu** vers la fin ?

2. Quelle est l'illusion de ceux qui ont couché la mère du narrateur sur le côté droit ? Pourquoi dit-il qu'il s'agit d'une illusion ?

3. Peut-on considérer ce poème comme un éloge funèbre ? Expliquez.

4. Pourquoi la mère du narrateur aurait-elle le sourire et le regard d'un enfant **pris en faute** quand elle répond à son fils, et quand elle regarde ceux qui l'ont couchée après sa mort ?

À l'écrit

Écrivez une lettre à un membre de votre famille (un de vos parents, un frère aîné ou une sœur aînée, par exemple) ou à une personne plus âgée qui vous était importante quand vous grandissiez. Parlez-lui de ce que vous avez appris d'elle ou de lui et de ce qu'il/elle a fait pour vous. Commencez avec le nom de la personne :
Cher (Chère) _____

Rappel : Direz-vous **tu** ou **vous** à la personne à qui vous écrivez ?

À la fin de votre lettre utilisez : **Grosses bises, je t'embrasse** (parent, sœur, frère) ou **Avec mes meilleurs souhaits, amicalement, je vous embrasse** (une personne plus âgée qui n'est pas membre de votre famille)

Jouez les scènes

1. C'est la nuit et le narrateur croit voir sa mère dans un rêve. Elle le rassure, lui donne des conseils et lui pose des questions.

2. Vous et vos amis parlez de vos parents ou d'un autre adulte qui a joué un rôle important dans votre vie, et de tout ce qu'ils ont fait pour vous quand vous étiez enfants.

Applications grammaticales

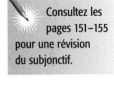

Consultez les pages 151–155 pour une révision du subjonctif.

Complétez ces phrases du narrateur de manière logique, d'après le poème. Le narrateur peut parler directement à sa mère ou bien à quelqu'un d'autre au sujet de sa mère. Employez des verbes différentes.

1. Je suis triste que…

2. Il est important que…

3. Je regrette de…

4. Parfois je doute que…

5. Il est dommage que…

6. J'espère que…

7. Il est nécessaire de…

8. J'écris ce poème afin que…

Synthèse

Imaginez une réponse au poème de la part de Mère Awa, dans laquelle elle veut consoler son fils.

De quoi lui parle-t-elle ? Qu'est-ce qu'elle souhaite pour son fils ? Comment doit-il être ? Comment pourrait-il la « voir » ou la « sentir » près de lui ?

La femme du pionnier

Claire Bretécher (1940–)

Pré-lecture

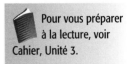

Pour vous préparer à la lecture, voir Cahier, Unité 3.

Regardez le titre. Qu'est-ce qu'un pionnier ?

LA FEMME DU PIONNIER

baraque : (familier) la maison

mômes, gamins : (familier) les enfants

l'attendais au virage : *was waiting for him to trip up*

chiants : (vulgaire) *annoying*

amidonnées : *starched*

con : (vulgaire) *idiot*

tabliers : *aprons*

frimer : se vanter sans s'engager sérieusement

débiles : (familier) stupides

roulées : (familier) *shapely*

le comble : le pire

boulot : (familier) travail

repassage : *ironing*

avoir été eue : avoir été dupé, trompé

Questions de compréhension

1. Quelle est la situation dont parle la femme : que fait son mari et que fait-elle ?

2. Qu'en pensait-elle au début ?

3. Pourquoi a-t-elle changé d'avis ?

---

[1] Le Monde = un journal quotidien
[2] Elle = un magazine pour femmes
[3] XVIIIème = un quartier de Paris
[4] Betty Friedan = féministe américaine

Réfléchissez et discutez ensemble

1. *La femme du pionnier* est extrait de la bande dessinée *Les Frustrés*. Qu'est-ce qui indique que l'adjectif **frustrée** est approprié pour la femme qui parle ?

2. Dans quel sens Jean-Claude est-il pionnier ?

3. En quoi la situation décrite est-elle ironique ?

4. Décrivez les rapports entre les époux. Croyez-vous que leur ménage va durer ? Expliquez.

Jouez les scènes

1. Imaginez une conversation entre Jean-Claude et sa femme quand elle rentre du travail.

2. Imaginez que Jean-Claude raconte la même situation, de son propre point de vue, à un copain.

Applications grammaticales

A. Mettez l'adverbe indiqué dans la phrase :

1. Jean-Claude s'est habitué aux tâches ménagères. (vite)

2. Il a eu une interview avec le magazine *Elle*. (déjà)

3. Sa femme allait aux réunions de femmes. (parfois)

4. Jean-Claude voyait les femmes au foyer du quartier. (souvent)

5. Une Américaine passe le soir à la maison en rentrant de son boulot. (toujours)

6. La femme a l'impression que son mari a profité d'elle. (maintenant)

> Consultez les pages 155–157 pour une explication de la forme et de la place des adverbes.

B. Formez l'adverbe de l'adjectif donné et mettez-le ensuite dans la phrase :

1. La femme croyait que son mari ne réussirait pas avec le ménage et les enfants. (franc)

2. Jean-Claude aime être homme au foyer. (vrai)

3. Sa femme ne s'engageait pas au féminisme. (sérieux)

4. Une Américaine vient à la maison pour aider Jean-Claude. (constant)

5. Il écrit un best-seller sur son expérience. (rapide)

À l'écrit

Vous devez rédiger la préface pour le best-seller que Jean-Claude a écrit sur son expérience comme homme au foyer. Imaginez un titre pour son livre et écrivez une demi-page pour séduire des lecteurs éventuels.

UNITÉ 3 AMITIÉS ET AMOURS
FORMES ET STRUCTURES UTILES

A. Les pronoms

Pour travailler davantage ces structures, voir Cahier, Unité 3.

Les pronoms remplacent les noms pour éviter la répétition et, à l'exception de **y** et **en**, s'accordent en nombre et genre avec le nom qu'ils remplacent.

Formes

sujet		objet direct		objet indirect		tonique	
sing.	**pl.**	**sing.**	**pl.**	**sing.**	**pl.**	**sing.**	**pl.**
je	nous	me	nous	me	nous	moi	nous
tu	vous	te	vous	te	vous	toi	vous
il	ils	le se	les se	lui se	leur se	lui	eux
elle	elles	la se	les se	lui se	leur se	elle	elles
on		se		se		soi	

pronoms adverbiaux	
y	en

NOTE : Le pronom **se**, qui est singulier et pluriel, masculin et féminin, a plusieurs fonctions grammaticales et fait partie des verbes pronominaux, représentant toujours le même nom que le sujet :

Objet direct   Il **se** cache. (**se** : objet direct du verbe **cacher**.)

Objet indirect   Elles **se** parlent. (**se** : objet indirect du verbe **parler** (à))

1. Quel pronom objet doit-on choisir ?
   a. **Les pronoms objets directs** s'utilisent pour remplacer les personnes ou les choses précédés par un article défini **(le, la, les)**, un adjectif possessif **(mon, ma, mes, etc.)** ou un adjectif démonstratif **(ce, cet, cette, ces)** :

   Mes poèmes ennuient **les filles**.→ Mes poèmes **les** ennuient.

   Il ne prenait pas **le cinéma** au sérieux.→ Il ne **le** prenait pas au sérieux.

   Mes parents ne comprenaient pas **cette amitié**.→ Ils ne **la** comprenaient pas.

   N'OUBLIEZ PAS : Au passé composé, le participe passé d'un verbe conjugué avec **avoir** s'accorde avec l'objet direct qui précède :

   J'ai gardé **ses lettres**.→ Je **les** ai gardé**es**.

   Ils n'ont pas compris **notre amitié**.→ Ils ne l'ont pas comprise.

   J'ai avoué **la vérité**.→ Je l'ai avoué**e**.

NOTE : Le pronom objet direct **le** ne remplace pas seulement un nom masculin singulier, mais il peut aussi remplacer un adjectif ou une proposition ou une idée :

> Il était souvent **désargenté**. Je **l'**étais un peu moins que lui.
> L'amitié est importante. Je continue à **le** croire.
> (**le** = l'importance de l'amitié.)

b. Le pronom **en** remplace des groupes de mots qui commencent par **de, d', de la, des**, des chiffres ou d'autres expressions de quantité. Il s'applique à des choses mais quelquefois aussi à des personnes indéfinies :

> Je me souviens **de cette amitié**.→ Je m'**en** souviens.
> Il a essayé de lire **plusieurs livres**. → Il a essayé d'**en** lire plusieurs.
> Il avait **de l'humour**. → Je n'**en** avais aucun.
> Nous avons écrit **trois lettres**.→ Nous **en** avons écrit **trois**.

NOTE : On ne fait pas l'accord avec **en** au passé composé.

c. **Les pronoms objets indirects** s'appliquent uniquement à des personnes. Ils remplacent la préposition **à** + une personne spécifiée :

> J'écrivis une lettre **à mon ami**.→ Je **lui** écrivis une lettre.
> Il a parlé **à ses parents**.→ Il **leur** a parlé.

d. Le pronom **y** est un pronom objet indirect mais pour les choses seulement. Il remplace **à** + nom de chose, un lieu ou un endroit exprimé par une préposition + nom de lieu :

> Il obéit **à toutes les lois de sa religion**.→ Il **y** obéit.
> Nous avons déménagé **à Tanger**. → Nous **y** avons déménagé.
> Il ne m'a jamais invité **chez lui**. → Il ne m'**y** a jamais invité.

! **Attention :** Si vous traduisez directement de l'anglais, vous risquez de faire un mauvais choix. Il faut savoir si le verbe français est employé avec une préposition devant l'objet, parce que certains verbes qui prennent des objets indirects en anglais, font le contraire en français et vice-versa. Comparez : J'écoute le prof. / I listen *to* the prof.

Quand vous traduisez les phrases suivantes en anglais, remarquez l'absence ou la présence d'une préposition devant l'objet.

> Nous regardons **la télé**.→ Nous **la** regardons.
> Il attend **ses amis**.→ Il **les** attend.
> Vous cherchez **des réponses** ? → Vous **en** cherchez ?
> Il demande **au professeur** de l'aider.→ Il **lui** demande de l'aider.
> J'obéis **à mes parents**. → Je **leur** obéis.
> Il ne répond jamais **au téléphone**. → Il n'**y** répond jamais.

2. Où doit-on mettre les pronoms ?

a. Les pronoms sujets sont généralement placés **devant** le verbe :

> **Je** ne me souviens plus en quelles circonstances **nous** nous sommes connus.

Ils sont placés **après** le verbe (ou l'auxiliaire pour les temps composés) :

- à l'interrogatif :
  > Veux-**tu** aller au cinéma ?
- dans une proposition incise (la petite phrase après une citation ou entre deux citations) :
  > « Tu sors avec cette fille ? » demanda-t-**il**.

b. Les pronoms objets directs, indirects, **y** et **en** sont placés :

- devant un verbe conjugué aux temps simples, devant l'impératif au négatif, devant **voici** et **voilà**, et devant l'auxiliaire des temps composés :
  > Il **me** parlait des auteurs qu'il lisait.
  > Les habitants de Tanger ? Il **les** trouvait paresseux.
  > Je **lui** ai demandé dans quelle classe il était.
  > Ma copine ? **La** voilà !
  > Ne **me** parle pas de ton père.
- devant un infinitif dont ils sont l'objet :
  > Il aimait **me** fréquenter.
  > Ma timidité m'empêchait de **le** suivre.
  > Ce mensonge allait **me** poursuivre.
- après le verbe à l'impératif affirmatif :
  > Écris-**lui** une lettre.
  > Décrivez-**le**.

c. Quand il y a deux pronoms objets :

- Ordre des pronoms devant le verbe :

sujet	NE	me te se nous vous	devant	le la les	devant	lui leur	devant	y	devant	en	devant	verbe/ auxiliaire	PAS

> Son malaise **me l'**avait rendu sympathique.
> Il ne **nous en** parlait jamais.
> Je voudrais **vous y** accompagner.
> Il ne **le lui** a pas donné.

- Ordre des pronoms après le verbe (impératif affirmatif) :

verbe à l'impératif	devant	le la les	devant	lui leur	devant	moi toi nous vous	devant	y en

NOTE : Quand le pronom **en** suit **moi** ou **toi**, ces pronoms redeviennent **me** ou **te** et il faut faire l'élision :

> Tu veux du vin ? Oui, donne-**m'en**.
>
> C'est mon argent ! Donne-le-**moi**.
>
> Des poèmes ? Ecrivez-**m'en**.

3. Les pronoms toniques, appelés aussi disjoints, se réfèrent généralement aux personnes et sont utilisés surtout quand le pronom est séparé du verbe :

- après une préposition (autre que **à** : voir exceptions ci-dessous) :

  > Il se moquait **de moi**.
  >
  > **Chez nous**, il n'y avait pas de cigarettes.

- après **que** dans les comparaisons :

  > J'avais un peu plus d'argent que **lui**.
  >
  > Il travaillait moins que **moi**.

- dans les réponses elliptiques :

  > Je répondis « **Moi** aussi ».

- pour accentuer le pronom sujet ou objet :

  > **Moi**, je trouvais cela de mauvais goût.
  >
  > **Lui** disait tout haut ce qu'il pensait. (Remarquez cet usage dans le texte de Ben Jelloun, *Éloge de l'amitié*, p. 116, ligne 81.)

- quand il y a un sujet composé :

  > Mes amis et **moi**, nous allions souvent au cinéma.

- pour indiquer la possession, avec la préposition **à** :

  > Cette lettre est **à lui**, pas **à toi**.

Le pronom **soi** se réfère à un sujet indéfini comme **on**, **tout le monde**, **chacun**, **celui qui** etc.

> Après le film on rentre chez **soi**.

NOTE : Avec le verbe **penser** et tout verbe pronominal suivi de la préposition **à** (**s'intéresser à**, **s'adresser à** , etc.), on utilise le pronom tonique pour remplacer une personne qui est l'objet du verbe :

> Je pense souvent **à mes amis**. Je pense souvent **à eux**.
>
> Il s'intéresse **à Dalida**. Il s'intéresse **à elle**.

B. Les articles

articles définis		articles indéfinis		articles partitifs	
m. sing.	f. sing.	m. sing.	f. sing.	m. sing.	f. sing.
le	la	un	une	du	de la
l'	l'			de l'	de l'
pl.		pl.		pl.	
les		des		(des)	

1. Les articles définis sont employés :

- devant une personne ou une chose spécifique (pareil en anglais) :

  Le village était petit et **la** maison de grand-mère se tenait tout au bout. (Le lecteur sait déjà de quel village l'auteur parle.)
  Ouvre **le** tiroir à droite dans **la** vieille commode.
  Apporte **la** laine qui te plaira.
  C'était **le** talent créateur de ma grand-mère qui me ravissait.

- devant un nom pris dans un sens général (on n'utilise pas d'article en anglais) :

  Elle passait pour aimer l'ordre, **la** propreté et **la** discipline.
  Les poupées s'achètent dans **les** magasins.
  Ses doigts sont raidis par **le** rhumatisme.

- pour remplacer l'adjectif possessif quand le possesseur est évident (pour les parties du corps ou les habits, par exemple) :

  Anastasie a **les** cheveux blonds et **les** yeux bleus.
  Elle s'essuie **les** mains.
  J'eus sous **les** yeux une petite forme humaine.

- devant le superlatif :

  C'est **la** plus belle poupée du monde.
  C'est grand-mère qui a **le** plus de talent.
  Elle confectionna **les** plus mignons souliers de poupée que j'aie jamais vus.

2. Les articles indéfinis sont employés :

- quand le nom reste indéterminé. Au pluriel, il s'agit d'un nombre imprécis :

  As-tu trouvé **un** nom pour ta poupée ?
  Grand-mère confectionna **une** belle perruque.
  Je reconnaissais **des** restants d'**une** robe de ma mère.
  Tu sais faire **des** chapeaux ?

- au singulier dans un sens numérique :

  Pour **une** fois, il a acheté quelque chose de qualité.
  Elle n'avait qu'**un** fils.

NOTES :

- L'article indéfini devient **de** quand il détermine un objet direct après un verbe négatif. L'article défini ne change pas :

  Il faut acheter **des** boutons. Elle n'a pas **de** boutons.
  Mémère avait du temps pour les filles mais celles-ci n'avaient pas **de** temps pour elle.

- Quand un adjectif précède un nom pluriel, on emploie souvent **de** à la place de **des**, mais ce n'est plus obligatoire :

  Va chercher **de** vieux gants de cuir jaune.
  Ce talent se rencontre dans **d'**étonnants endroits.

3. Les articles partitifs sont employés avec des noms, quand on exprime l'idée d'une quantité indéfinie de quelque chose que l'on ne peut pas compter. Cet article n'existe pas en anglais mais parfois on utilise *some* ou *any* pour exprimer cette idée :

J'ai **de la** belle dentelle de rideau dans ma chambre.

Avec **du** drap noir, elle tailla un manteau.

Elle lui a fait une petite valise avec **de la** colle et **du** carton.

C'est **du** cuir de magasin.

NOTE : Après un verbe négatif, le partitif devient **de** ou **d'** [voir les pages 13–14] :

Elle a du rouge à lèvres mais je n'achète pas **de** rouge à lèvres.

Elle n'avait plus **de** patience.

4. Après les expressions de quantité, on emploie seulement **de** ou **d'** :

Va chercher mon **sac de** retailles [*fabric remnants*].

Elle y trouve des **morceaux de** coton.

J'avais **tant de** souvenirs de ma grand-mère.

Elle cousait une **rangée de** minuscules boutons sur le devant de la robe.

EXCEPTIONS : On garde l'article avec les expressions : **bien du (de la, des), la plupart du (de la, des),** et **encore du (de la, des)** :

J'ai **bien des** fois habillé quelqu'un.

La plupart du temps les jeunes disaient bonjour et repartaient.

Tu as **encore de la** laine ?

C. Le subjonctif

1. Forme

Le subjonctif des verbes réguliers est formé à partir du présent de l'indicatif, la 3e personne du pluriel, c'est-à-dire, la forme **ils/elles** ; on enlève **-ent** et on ajoute les terminaisons :

-e	-ions
-es	-iez
-e	-ent

répondent →	que je répond**e** que tu répond**es** qu'il/elle répond**e**	que nous répond**ions** que vous répond**iez** qu'ils/elles répond**ent**	(présent de l'indicatif = je réponds)
finissent →	que je finiss**e** que tu finiss**es** qu'il/elle finiss**e**	que nous finiss**ions** que vous finiss**iez** qu'ils/elles finiss**ent**	(présent de l'indicatif = je finis)

Au pluriel, la 3e personne du subjonctif et celle du présent de l'indicatif ont la même forme pour tous les verbes réguliers. La seule différence entre le présent du subjonctif et le présent de l'indicatif des verbes réguliers en **-er** se trouve dans les formes **nous** et **vous** qui sont comme celles de l'imparfait (ce qui est souvent le cas pour les verbes irréguliers aussi) :

parlent →	que je parl**e**	que nous parl**ions**
	que tu parl**es**	que vous parl**iez**
	qu'il/elle parl**e**	qu'ils/elles parl**ent**

Quelques verbes irréguliers au présent de l'indicatif ont des formes régulières au subjonctif, formées à partir de la 3e personne du pluriel, mais certains sont irréguliers au subjonctif aussi :

très irréguliers		un radical irrégulier		irréguliers à deux radicaux (nous et vous comme à l'imparfait)	
avoir	que j'aie que tu aies qu' il/elle ait que nous ayons que vous ayez qu'ils/elles aient	faire	**fass-**	aller	que j'aille que nous allions
		pouvoir	**puiss-**	boire	que je boive que nous buvions
		savoir	**sach-**	devoir	que je doive que nous devions
être	que je sois que tu sois qu'il/elle soit que nous soyons que vous soyez qu'ils/elles soient			prendre	que je prenne que nous prenions
				recevoir	que je reçoive que nous recevions
				venir	que je vienne que nous venions
				voir	que je voie que nous voyions
				vouloir	que je veuille que nous voulions

2. Emploi

On emploie le subjonctif dans la deuxième partie d'une phrase complexe surtout pour signaler quelque chose de subjectif (une réaction ou une opinion) et souvent pour indiquer quelque chose qui n'a pas encore eu lieu :

- On emploie le subjonctif pour la forme du verbe subordonné après certains types d'expressions : (1) nécessité (2) volition (3) émotion (4) opinion (5) incertitude (6) possibilité

Comparez :
Je vais en classe.	(1) Il faut que j'y aille.
Nous parlons de sexe.	(2) Nos parents ne veulent pas que nous en parlions.
Vous quittez la cité.	(3) On est triste que vous la quittiez.
Ils n'ont pas d'espoir.	(4) Il est dommage qu'ils n'en aient pas.
Il est amoureux ?	(5) Je doute qu'il le soit.
Elle vient ce soir.	(6) Il est possible qu'elle vienne ce soir.

- On emploie le subjonctif pour la forme du verbe subordonné après certaines conjonctions :

bien que, quoique (*although*)	sans que (*without*)
afin que, pour que (*in order that*, *so that*)	à moins que (*unless*)
	avant que (*before*)
à condition que, pourvu que (*provided that*)	jusqu'à ce que (*until*)

Ils vont se marier **à condition que** leurs familles **soient** d'accord.
Sa femme travaille **pour que** son mari **puisse** faire des études.
Nous partirons en voyage de noces **à moins que** nos parents **aient** besoin de nous.

3. Subjonctif / Infinitif

- Si on ne change pas le sujet pour le deuxième verbe, on emploie l'infinitif pour le deuxième verbe :

    Comparez :   J'ai peur que mes enfants soient malades.
    J'ai peur d'**être** malade.

    Je ne veux pas que tu sortes en boîte.
    Je ne veux pas **sortir** en boîte.

- Si le premier verbe = **être** suivi d'un adjectif, on met la préposition **de** devant l'infinitif :

    Vous **êtes** triste **de** partir ?
    Il **est** important **d'**avoir le soutien de ses parents.

- Il y a des prépositions qui correspondent à certaines conjonctions et celles-là doivent aussi être suivies d'un infinitif si le sujet est le même :

2 sujets: conjonction (+ subjonctif)	même sujet: préposition (+ infinitif)
à condition que	à condition de
afin que	afin de
à moins que	à moins de
avant que	avant de
pour que	pour
sans que	sans

Comparez :   **Faudel** parle à sa mère afin qu'**elle** comprenne. (changement de sujet)
Il lui parle afin de comprendre. (même sujet)

Il l'a dit à sa mère pour qu'**elle** lui fasse plus confiance. (changement de sujet)
Il le lui a dit pour lui montrer qu'il était plus adulte.(même sujet)

- Certaines conjonctions **(bien que, quoique, jusqu'à ce que, pourvu que)** sont toujours suivies du subjonctif, même si le sujet reste le même :

Bien que/Quoique je ne sois pas riche, je suis heureuse.
Elle bosse **jusqu'à ce qu'**elle réussisse.
J'accepte votre proposition **pourvu que** je puisse changer d'avis.

4. Le temps et le passé du subjonctif

- Le présent du subjonctif peut exprimer le temps présent, futur, ou passé selon le contexte et le verbe principal :

Je regrette qu'ils ne fassent rien. (présent : *I'm sorry they aren't doing anything.*)
Ses parents attendront jusqu'à ce qu'elle arrive. (futur : *Her parents will wait till she comes.*)
Il voulait que sa mère le sache. (passé : *He wanted his mother to know it.*)

- Le passé du subjonctif (subjonctif de l'auxiliaire + participe passé) est employé uniquement si l'action du verbe subordonné (le verbe après la conjonction **que**) précède l'action du verbe principal :

Il souhaite que sa mère **vienne**.
(*He wants his mother **to come*** = futur par rapport au verbe principal)
Il souhaitait qu'elle **vienne**.
(*He wanted her **to come*** = futur par rapport au verbe principal)
Il est content qu'elle **soit venu** hier.
(*He's happy (now) she **came** yesterday* = passé par rapport au verbe principal)

- Si le verbe principal est au passé, et l'action du verbe subordonné est simultanée, le verbe subordonné reste au présent du subjonctif :

    Elle ne voulait pas qu'il soit jaloux, mais il l'était.
    (She didn't want him to be jealous but he was.)
    Il a eu peur qu'elle soit enceinte, mais elle ne l'était pas.
    (He got scared that she might be pregnant but she wasn't.)

5. Exceptions et structures alternatives au subjonctif

    a. espérer que : cette expression de volition est suivie de l'indicatif :

        Comparez :   Je souhaite que tu viennes. **mais** : J'espère que tu viendras avec nous.

    b.   **devoir** + infinitif : cette structure exprimant la nécessité est équivalente aux expressions **il faut que** ou **il est nécessaire que** :

        Je dois partir (*I must leave* = Il faut que/il est nécessaire que je parte.)

    c. une expression impersonnelle + infinitif : de manière générale, s'il n'est pas nécessaire de spécifier le sujet, on peut employer l'infinitif au lieu du subjonctif :

        Comparez :   Il faut partir. **mais** : Il faut qu'on parte.

    d. Certaines expressions de certitude sont suivies du subjonctif uniquement au négatif, ou dans une question (ce qui indique une certaine mesure d'incertitude) :

    - penser, croire
        Je crois qu'elle sort. **mais** : Je ne crois pas qu'elle sorte avec lui.
    - être certain, sûr
        Je suis certaine qu'il viendra. **mais** : Es-tu certaine qu'il vienne ?
    - Il est clair, évident
        Il est évident que tu comprends. **mais** : Il n'est pas évident que tu comprennes.
    - Il est probable (**peu probable** est suivi du subjonctif)
        Il est probable qu'ils se marieront. **mais** : Il est peu probable qu'ils se marient l'année prochaine.

    e. Certaines conjonctions avec **que** ne sont pas suivies du subjonctif ; par exemple : **parce que**, **lorsque**, **aussitôt que**, et **dès que** sont suivis de l'indicatif.

        Je ne sors pas parce que mes parents se fâcheront.
        Tu leur en parleras dès qu'ils arriveront.

D. Les adverbes

1. Emploi

Un adverbe est un mot invariable qui modifie un verbe, un adjectif, un autre adverbe ou toute une proposition (*phrase*). Il peut indiquer **comment**

(adverbe de manière), **quand** (adverbe de temps), **où** (adverbe de lieu) ou **à quel point** (adverbe de quantité) une action se fait :

J'hésitai **cruellement**.

Ce petit mensonge d'un enfant de treize ans allait me poursuivre **longtemps**.

Je vais m'ennuyer **ici**.

Elle parut **immensément** étonnée de me découvrir tout attentive à ses pieds.

Remarquez que l'adverbe suit toujours le verbe conjugué en français, excepté s'il modifie toute la phrase et se place alors en tête ou à la fin de celle-ci.

Heureusement qu'on ne voit pas la vie dès le début.

2. Forme

Beaucoup d'adverbes, surtout les adverbes de manière, sont formés à partir de la forme féminine des adjectifs en ajoutant **–ment** :

adjectif (*f*) →	adverbe
lente	lente**ment**
première	première**ment**
vive	vive**ment**
cruelle	cruelle**ment**

Si l'adjectif au masculin se termine par une voyelle, on ajoute **–ment** à cette forme :

adjectif (*m*) →	adverbe
rare	rare**ment**
vrai	vrai**ment**
spontané	spontané**ment**

(Remarquez qu'on ne peut pas former d'adverbe à partir de l'adjectif **possible** ; il faut employer l'expression **peut-être** ou **probablement**.)

Si l'adjectif se termine par **–ant** ou **–ent**, on forme l'adverbe en remplaçant les terminaisons par **–amment** et **–emment** (excepté dans le cas de **lent**, voir ci-dessus).

adjectif (*m*) →	adverbe
suffisant	suffis**amment**
apparent	appar**emment**
fréquent	fréqu**emment**

Certains adverbes peuvent avoir la même forme que l'adjectif au masculin :

dur   Elles s'en sortent parce qu'elles travaillent **dur**.

fort   Elle a serré très **fort** sa grand-mère.

3. D'autres adverbes ne sont pas formés à partir d'adjectifs :

temps	quantité	lieu
aujourd'hui demain hier maintenant tard tôt	assez beaucoup peu trop très	ici là-bas partout quelque part
déjà encore enfin parfois souvent toujours vite		

- On met ces adverbes de temps (déjà, etc.) et ces adverbes de quantité devant le participe passé des temps composés :

  Elles sont **déjà** parties.

  Il a **beaucoup** lu.

- À la place d'un adverbe de manière en –**ment**, dont le style semble trop lourd, on peut utiliser une des expressions suivantes :

  d'une manière + adjectif   =   Ces garçons se comportent parfois **d'une manière violente**.

  d'un air + adjectif   =   Tu m'en diras tant ! faisait-elle **d'un air vexé**.

  avec + nom   =   Nous en parlions **avec détachement**.

Unité 4

Le passé dans le présent

Une commémoration

Introduction

« Le passé, c'est la seule réalité humaine. Tout ce qui est est passé. » écrit Anatole France, un écrivain français du dix-neuvième siècle. Le passé, ce qui a été, fait partie de tout ce qui existe, de tout ce que nous éprouvons, de tout ce que nous vivons au présent. Nous ne pouvons pas fuir l'histoire. Autour de nous, nous voyons des lieux de mémoire qui rappellent le passé, des monuments historiques, des sites commémoratifs. Mais le passé est présent aussi dans notre esprit et dans les mouvements sociaux.

Dans cette dernière unité, vous lirez une chanson qui reflète le passé et le présent de la langue française. Un texte historique sur Jeanne d'Arc présente ce symbole de la France, dont se servent les hommes politiques encore aujourd'hui. Un comique imagine ce que dirait Jeanne de certains développements actuels. Une nouvelle congolaise raconte l'assimilation des immigrés en France il y a quarante ans, tandis qu'un appel à l'aide pour les nouveaux venus d'aujourd'hui montre jusqu'à quel point leur situation actuelle est différente. Finalement, une aventure scientifique imaginaire du dix-neuvième siècle devient réalité à la fin du vingtième.

Et vous ? Pouvez-vous vivre sans passé ?

En Afrique moderne

Le Mont-Saint-Michel

Unité 4 Le passé dans le présent
Champ de vocabulaire

Mots apparentés

arrêter (*vt*), **arrestation** (*nf*)
aventure (*nf*), **aventurier, ière** (*n*)
bataille (*nf*)
clandestin, ine (*adj*), **clandestinité** (*nf*)
défendre (*vt*), **défense** (*nf*), **défenseur** (*nm*)
désespoir (*nm*), **désespéré, ée** (*adj*)
diplomatie (*nf*)
ennemi (*nm*)
exploit (*nm*)
liberté (*nf*), **libération** (*nf*), **libérer** (*vt*)
militant, ante (*adj,n*), **militer** (*vi*)
prison (*nf*), **prisonnier, ière** (*n*), **emprisonner** (*vt*)
progrès (*nm*), **faire des progrès**
recherche (*nf*), **chercheur, euse** (*n*)
siège (*nm*)
traité (*nm*)
trône (*nm*)
victoire (*nf*), **victorieux, euse** (*adj*)

Pour enrichir votre vocabulaire

s'agir de (il s'agit de)	to be a question of
appui (*nm*)	support
s'appuyer sur (*vpron*)	to lean on
cadre (*nm*)	executive; setting
concurrence (*nf*)	competition
défi (*nm*)	challenge
démarche (*nf*)	step to accomplishing something
droit (*nm*)	right; law as subject of study
échec (*nm*)	failure
échouer (*vi*)	to fail
s'engager (*vpron*)	to commit to
engagement (*nm*)	commitment
entreprendre (*vt*)	to undertake
épopée (*nf*)	epic
époque (*nf*)	period of time
épreuve (*nf*)	test, ordeal
épuiser (*vt*)	to exhaust
épuisement (*nm*)	exhaustion
expérience (*nf*)	experience; experiment
faire face à	to face (up to)
foi (*nf*)	faith
fonctionnaire (*nm*)	government employee

frontière (*nf*)	border
grève (*nf*)	strike
en ~	on strike
faire (la) ~	to go on strike
indigène (*n, adj*)	native, indigenous
lignée (*nf*)	lineage
loi (*nf*)	law
lutte (*nf*)	struggle
lutter (*vi*)	to struggle
manifestation (*nf*)	demonstration
manifester (*vi*)	to protest
mettre en cause	to call into question
moyen(s) (*nm*)	way, means to do something
Moyen Âge (*nm*)	Middle Ages
patrimoine (*nm*)	heritage
procès (*nm*)	legal trial
se rendre (*vpron*)	to surrender
~ **à**	to go to
renier (*vt*)	to renounce, disown
renoncer (*à qqch, à + inf*) (*vi*)	to give up
soutenir (*vt*)	to support
soutien (*nm*)	support
témoin, témoigne (*n*)	witness
témoignage (*nm*)	testimony
témoigner (*vt*)	to testify, to manifest
tentative (*nf*)	attempt
tenter (*vt*)	to attempt; to tempt
vaincre (*vt*)	to defeat
vaincu (*n, adj*)	defeated
vainqueur (*nm*)	victor, winner

« *Les actualités d'aujourd'hui, c'est
l'histoire de demain.* »

— Raymond Queneau

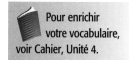
PARLONS UN PEU

A. Histoire ou actualité ?

Avec un partenaire, parcourez le champ de vocabulaire :

1. Une personne cherche quatre mots associés au passé, tandis que l'autre cherche quatre mots associés au présent.

2. Expliquez à votre partenaire les raisons pour lesquelles vous associez ces mots au passé ou au présent.

3. Ensemble, choisissez trois mots qui s'appliquent au présent, aussi bien qu'au passé. Écrivez une phrase par mot pour illustrer son sens et son usage.

4. Présentez vos phrases à la classe. Quels mots se retrouvent le plus souvent dans ces phrases ? Quel mot est le plus curieux, selon vous ?

B. Notre passé

Dans un groupe de trois ou quatre personnes, choisissez une des questions suivantes à discuter. Un(e) étudiant(e) prend des notes pour résumer et présenter la discussion à la classe :

1. Quels événements/épisodes de l'histoire américaine continuent à jouer un rôle important dans notre vie actuelle, selon vous ? (Par exemple : la Guerre d'Indépendance, l'esclavage, la Guerre de Sécession, le déplacement des Amérindiens, les Guerres mondiales, la Guerre au Viêt-nam, etc.) Comment et où voit-on cette influence ?

2. Comment peut-on expliquer que tant de personnes s'intéressent à la généalogie ? Que cherche-t-on à savoir ?

3. L'histoire doit-elle être une matière obligatoire à l'école ? Quelle histoire ? L'histoire de qui ? Pourquoi les élèves la trouvent-ils parfois si ennuyeuse ?

4. Si vous pouviez voyager dans le passé, où iriez-vous ? Pourquoi ?

C. Le passé dans le présent

Prenez quelques minutes pour réfléchir aux questions suivantes. Puis parlez-en avec vos camarades de classe :

1. Que savez-vous de l'histoire française ? Quels sont les personnages historiques qu'on admire encore aujourd'hui ? De quels événements/épisodes continue-t-on à parler dans la France actuelle ?

2. Et en Amérique ? Qui sont nos héros ? Les héros changent-ils au cours de l'histoire ?

3. Pourquoi les sites historiques (par exemple, Williamsburg, les champs de bataille de la Guerre de Sécession, les plages de Normandie, etc.) ont-ils tant de visiteurs ? Qu'y cherche-t-on ? Lesquels de ces sites avez-vous visités ? Comment avez-vous réagi ?

La langue de chez nous

Yves Duteil (1949–)

CD audio pour l'étudiant : piste 12

Yves Duteil, auteur, compositeur et interprète, est né à Neuilly (France). Ses chansons, dont la première est sortie en 1972, ont eu un grand succès auprès d'un très large public. Il a fait des tournées au Japon, en Corée, en Tunisie, en Turquie, dans la plupart des pays européens et au Québec où il est reconnu comme « le plus québécois des chanteurs français ». La chanson que vous allez découvrir a gagné l'Oscar de la meilleure chanson française, décerné par la SACEM (Société des Auteurs, Compositeurs et Éditeurs de Musique) en 1986.

En 1988, Duteil reçoit la médaille d'argent de l'Académie Française et la médaille d'or de l'Ordre des Francophones d'Amérique, remise par le ministre de la culture du Québec, pour l'ensemble de son œuvre. Depuis les années 1960 (et ce qu'on appelle « la révolution tranquille ») les Québécois (parti du Canada à domination anglophone depuis 1759) luttent pour réaffirmer leur culture francophone dans les domaines linguistiques, économiques et culturels. « La langue de chez nous » est une sorte d'hymne à la francophonie, une louange des beautés de la langue française.

Pré-lecture

Fond

1. Qu'est-ce que la francophonie ?

2. Combien de pays pouvez-vous nommer où on parle français ? Pourquoi parle-t-on français dans ces pays si différents ?

3. Pourquoi doit-on « défendre » la langue française actuellement ?

Associations

Quels adjectifs associez-vous avec la langue française ? Et à quels paysages le français vous fait-il penser ?

Pour vous préparer à la lecture, voir Cahier, Unité 4.

La langue de chez nous

C'est une langue belle avec des mots superbes
Qui porte son histoire à travers ses accents
Où l'on sent la musique et le parfum des herbes
Le fromage de chèvre et le pain de froment°

5 Et du Mont-Saint-Michel jusqu'à la Contrescarpe[1]
En écoutant parler les gens de ce pays
On dirait que le vent s'est pris dans une harpe
Et qu'il en a gardé toutes les harmonies

Dans cette langue belle aux couleurs de Provence
10 Où la saveur des choses est déjà dans les mots
C'est d'abord en parlant que la fête commence
Et l'on boit des paroles aussi bien que de l'eau

froment : *wheat*

---

[1] Le Mont-Saint-Michel, une abbaye bénédictine datant du XIIIième siecle, se trouve en Bretagne, sur un îlot rocheux au fond d'une baie. La Contrescarpe est une place au cœur de Paris.

roseaux : *reeds*
charrient : *carry along*
polissant : *polishing*

bulle : *bubble*
sertie dans un étau : *compressed in a vice ;* féconde : *fertile, productive*

terroir : région rurale
hirondelle : *swallow*

Les voix ressemblent aux cours des fleuves et des rivières
Elles répondent aux méandres, aux vents dans les roseaux°
15 Parfois même aux torrents qui charrient° du tonnerre
En polissant° les pierres sur le bord des ruisseaux

C'est une langue belle à l'autre bout du monde
Une bulle° de France au nord d'un continent
Sertie dans un étau° mais pourtant si féconde°
20 Enfermée dans les glaces au sommet d'un volcan

Elle a jeté des ponts par-dessus l'Atlantique
Elle a quitté son nid pour un autre terroir°
Et comme une hirondelle° au printemps des musiques
Elle revient nous chanter ses peines et ses espoirs

25 Nous dire que là-bas dans ce pays de neige
Elle a fait face aux vents qui soufflent de partout
Pour imposer ses mots jusque dans les collèges
Et qu'on y parle encore la langue de chez nous

C'est une langue belle à qui sait la défendre
30 Elle offre les trésors de richesses infinies
Les mots qui manquaient pour pouvoir nous comprendre
Et la force qu'il faut pour vivre en harmonie

Et de l'Ile d'Orléans[2] jusqu'à la Contrescarpe
En écoutant chanter les gens de ce pays
35 On dirait que le vent s'est pris dans une harpe
Et qu'il a composé toute une symphonie

Yves Duteil ©1977 Les Éditions de l'Écritoire

Questions de compréhension

1. Énumérez les images évoquées par la langue française que le chanteur associe aux différents sens physiques (la vue, l'odorat, le goût, l'ouï [*hearing*], le toucher).

2. Quelles régions géographiques sont mentionnées dans la chanson ? Selon vous, pourquoi le compositeur a-t-il choisi ces régions ?

3. Quel est « l'autre bout du monde » (vers 17) dont parle Duteil ? Comment peut-on le savoir ?

4. Quelle est la situation de la langue française dans cette région, selon la chanson ?

Réfléchissez et discutez ensemble

1. Dans le deuxième vers de la chanson, Duteil mentionne que les accents reflètent l'histoire de la langue française. Comment peut-on expliquer les différences de vocabulaire et de prononciation que l'on trouve dans les régions francophones ? (Pensez aux différences entre l'espagnol parlé en Espagne, avec celui des pays de l'Amérique latine.)

2. Pour quelles raisons cette chanson a-t-elle eu tant de succès ?

3. Quelle image de la langue française prédomine dans cette chanson ? Réagissez-vous de la même façon à la langue française ? Expliquez.

4. Si vous vouliez convaincre un jeune élève d'apprendre le français, de quels arguments vous serviriez-vous ?

[2] île du Saint-Laurent, près de Québec

Applications grammaticales

Trouvez tous les pronoms dans cette chanson. Indiquez leur fonction (sujet, objet direct, objet indirect, objet d'une préposition, etc.) et expliquez à quels noms ils se réfèrent. Deux pronoms sujets se retrouvent cinq fois chacun. Lesquels ? Pourquoi, selon vous, le chanteur s'en sert-il si fréquemment ?

Consultez les pages 146–149 pour une révision des pronoms.

Débat

Le français est encore une langue que les Américains devraient apprendre : pour ou contre. Prenez parti, faites des recherches et présentez vos idées.

Synthèse

Un poème sur les langues : écrivez votre propre poème sur une langue de votre choix.

Premier vers : la langue
Deuxième vers : deux adjectifs qui décrivent la langue
Troisième vers : trois infinitifs suggérés par la langue
Quatrième vers : une phrase qui exprime votre réaction à cette langue
Cinquième vers : un mot pour résumer
Ou bien, choisissez votre propre forme pour le poème.

Statue de Jeanne d'Arc à Quebec

Pré-lecture

Jeanne d'Arc est un personnage légendaire dans l'histoire de France. Savez-vous à quelle époque elle a vécu ? D'où venait-elle ? Qu'est-ce qu'elle a fait ? Comment est-elle morte et pourquoi ?

Pour vous préparer à la lecture, voir Cahier, Unité 4.

À l'âge de dix-sept ans, elle quitta son village, guidée par des voix mystérieuses. Sa mission : rien de moins que de chasser les Anglais hors de France et de faire couronner le roi Charles VII. Deux ans plus tard, au moment d'atteindre son but, elle fut faite prisonnière par les Anglais et condamnée à périr sur le bûcher° le 30 mai 1431. Héroïne et martyre, elle devint alors un symbole de patriotisme. La 1ère Guerre Mondiale raviva le nationalisme français et c'est dans ce contexte que Jeanne d'Arc fut canonisée° par le Saint-Siège[1]. Le témoignage de diverses personnes qui la connurent ainsi que les réponses qu'elle donna au cours de son procès permettent de suivre les grandes lignes de son épopée.

(extrait d'un monument au Parc Jeanne d'Arc à Québec)

L'époque de Jeanne d'Arc

Au Moyen Âge, la France n'avait pas encore son identité nationale. Les traditions féodales l'avaient divisée en territoires appartenant à des familles nobles, et l'héritage passait d'habitude de père en fils. S'il n'y avait pas d'héritier mâle, ou si celui-ci était trop jeune, la terre passait au plus proche parent masculin. De plus, le mariage créait souvent des parentés entre familles nobles ou royales de pays différents. Le pouvoir d'un roi dépendait de la loyauté des seigneurs puissants qui défendaient les territoires. Par conséquent, ceux-ci avaient de l'influence, même si le roi devait être le souverain. En outre, l'Église (catholique) entretenait l'ordre établi comme l'œuvre de Dieu, assurant comme légitime ou bien mettant en cause l'autorité du roi.

Les passages suivants sont extraits d'un livre d'histoire, *La France au cours des âges*, par Colette Dubois Brichant, McGraw-Hill 1973. (Reproduit avec la permission de McGraw-Hill Companies.) Lisez les deux premiers paragraphes sur la Guerre de Cent Ans pour compléter cet arbre généalogique de Charles VII, en vous servant des informations de ce passage :

Arbre généalogique de Charles VII

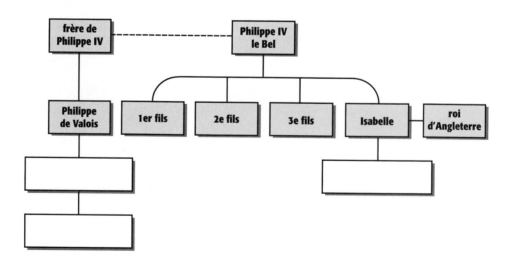

La Guerre de Cent Ans

Après la mort du roi Philippe IV le Bel, chacun de ses trois fils régna à son tour sur la France et mourut sans laisser d'héritier mâle. La couronne devait aller soit à Edouard, fils d'Isabelle (la fille de Philippe IV et reine d'Angleterre par mariage) soit à Philippe de Valois, cousin des trois derniers rois. En 1328 les barons français se
5 prononcèrent en faveur de Philippe de Valois, de lignée capétienne, écartant le Plantagenet, Edouard III. Il s'ensuivit des disputes de territoires qui menèrent à la guerre dite « guerre de Cent Ans » en 1339.

En 1420, après une succession de règnes inefficaces et des pertes importantes sur les champs de batailles, Charles VI, le roi de France et descendant de Philippe
10 de Valois, signa le traité de Troyes, ce qui permettait au roi d'Angleterre de prendre possession de la France. Le futur Charles VII, qui devait hériter de la couronne française, fut renié° par son père qui était alors complètement fou. Une fois classé comme bâtard de la reine, le jeune homme n'avait droit ni au trône ni à l'héritage royal et il en restera traumatisé. Charles VII sera toujours un pauvre être, hésitant,
15 mélancolique et misanthrope.

renié : *disowned*

Le traité de Troyes semblait mettre fin à l'indépendance française. Le « soi-disant dauphin[2] » était dépourvu de° moyens. Après la mort de son père, il se replia° dans la vallée de la Loire, la seule région de la France dont les Anglais ne s'étaient pas encore rendus maîtres. Le « roi de Bourges », comme l'appelaient les moqueurs,
20 vivait misérablement dans son château de Chinon. Pour tuer le temps, il jouait aux cartes. Il avait renoncé à porter secours° à la ville d'Orléans, le seul endroit important qui résistait encore aux ennemis.

dépourvu de : sans ; se replia : *retreated*

secours : aide

Questions de compréhension

1. De quelle époque parle-t-on dans ce passage ?

2. Quels pays se disputaient le trône de France et faisaient la Guerre de Cent Ans ?

3. Qui avait le pouvoir sur la France en 1420, selon le traité de Troyes ?

4. Que devait faire Charles VII ? Pourquoi ne l'a-t-il pas fait ? Comment était-il ?

Situons les événements

Regardez la carte de la France et trouvez des endroits mentionnés dans le passage sur la Guerre de Cent Ans. À côté de chacun, en bas, indiquez s'il s'agit d'une région ou d'une ville/d'un château. Quelle était l'importance de chaque endroit selon les informations comprises dans ce passage ?

1. Troyes

2. Vallée de la Loire

3. Bourges

4. Chinon

5. Orléans

---

[2] titre de l'héritier du roi

La France de Jeanne d'Arc

ROYAUME
D'ANGLETERRE

La Manche

Ardennes

Normandie

Rouen

Compiègne

Reims

Marne

Paris   Ile-de-France

Seine

Maine

Champagne

Domrémy

Troyes

Lorraine

ROYAUME DE
FRANCE

Orléans

Loire

Chinon

Bourges

Touraine

Bourgogne

Sa mission et ses batailles

C'est alors que survint Jeanne d'Arc. Elle venait de Domrémy, une petite ville située en Lorraine, sur les confins de la Champagne[3]. Jeanne n'était pas la bergère simplette que certaines pieuses° légendes ont popularisée. Son père était le maire de la ville ; elle était remarquablement bien informée sur tout ce qui touchait au
5 drame national, et elle avait une foi inébranlable° en Dieu.

Selon les déclarations de Jeanne, Dieu l'a chargée de chasser les Anglais et de rendre au roi son royaume. Soutenue par les voix de saint Michel, de sainte Catherine et de sainte Marguerite, elle quitte sa famille en cachette°. Elle finit par persuader un seigneur des environs de Domrémy de lui donner une petite escorte.
10 Elle arrive à Chinon (6 mars 1429) et demande à voir le dauphin. Timoré, celui-ci se dissimule parmi les hommes de sa suite mais Jeanne ne se trompe pas.

— Dieu vous donne bonne vie, gentil roi, dit-elle.

Et Charles de répondre :

— Ce n'est pas moi qui suis roi et, montrant l'un des seigneurs, il ajoute : Voilà le roi.

15 À quoi Jeanne répond :

— Ah non, mon gentil prince, c'est vous, et non un autre.

Charles reste réticent. Pendant trois semaines, il fait interroger Jeanne par des théologiens et par des hommes de guerre. La bonne humeur et les connaissances militaires de la jeune fille impressionnent les juges. Pourtant, Charles hésite
20 encore à s'engager. Alors, pour achever de le décider, Jeanne lui aurait communiqué un signe. Un signe de quelle sorte ? Toutes les hypothèses sont permises puisque, sur ce point, Jeanne refusera toujours de répondre.

Enfin l'apathie du dauphin est secouée°. La petite troupe se dirige vers Orléans. À la tête des opérations, Jeanne fait lever le siège. Première victoire. Presque
25 aussitôt, d'autres villes sont délivrées.

En vêtements masculins, montée sur un cheval de bataille, « Jeanne la Pucelle[4] » combat à la tête des troupes. Le peuple qui l'acclame voit en elle l'envoyée de Dieu. Mais Jeanne sait qu'il ne suffit pas de remporter des succès militaires. Elle se dirige vers Reims, libère la ville et fait sacrer le roi.

30 Avec l'huile de la Sainte Ampoule, l'archevêque donne l'onction royale ; désormais, le « soi-disant dauphin » est personne sacrée. Nul au monde ne peut défaire ce que Dieu a fait.

Tout redevient clair. Aux yeux du peuple, Dieu n'aurait pas aidé le roi s'il n'avait pas été l'héritier légitime. Le traité de Troyes n'a jamais eu aucune valeur. Il faut libérer
35 le royaume au plus vite. Par intérêt, quelques groupes resteront momentanément dans le camp du roi d'Angleterre ou du duc de Bourgogne. Ce sera le cas, notamment, des professeurs de l'Université[5], des membres du Parlement et de certains bourgeois parisiens.

Arrivée devant Paris, Jeanne est repoussée puis trompée par de fausses
40 promesses. Elle ne parviendra jamais à pénétrer dans la capitale. Sans se

___
[3] régions dans l'est de la France
[4] vierge
[5] l'Université de Paris était une école théologique à l'origine

pieuses : religieuses
inébranlable : *unshakeable*

en cachette : dans le secret

secouée : *shaken off*

décourager, elle poursuit la libération de l'Ile-de-France[6]. Des villes se rallient spontanément mais l'ennemi contre-attaque. Les Anglais et les Bourguignons tentent de reprendre Compiègne. Jeanne essaie de débloquer la ville assiégée mais, au cours d'une sortie, elle est capturée par les Bourguignons. Vendue aux 45 Anglais, elle est conduite à Rouen où s'ouvre son procès.

Pour mieux suivre les événements :

Tracez le parcours de Jeanne d'Arc en retrouvant les endroits où elle est passée. Faites la liste de ces endroits dans l'ordre et expliquez ce qui s'est passé dans chacun (en phrases complètes au passé) :

1. Domrémy — Jeanne d'Arc est née dans cette ville et y habitait.
2.
3.
4.
5.
6.
7.

Questions de compréhension

1. Pourquoi Jeanne d'Arc est-elle allée parler avec Charles VII ?
2. Voulait-il l'écouter au début ? Qu'est-ce qui l'a fait changer d'avis ?
3. Qu'est-ce qui a changé après le sacre de Charles VII ? Qu'est-ce que Jeanne a fait avec lui après ?
4. Comment et où Jeanne d'Arc a-t-elle été faite prisonnière ?

Jouez les scènes

1. Jeanne essaie de persuader quelqu'un de la prendre au sérieux et de l'aider à voir Charles.
2. Avec un(e) partenaire, imaginez le dialogue entre Jeanne et Charles : elle essaie de le persuader de faire la guerre et il hésite.
3. Les théologiens et les hommes de guerre se disent entre eux ce qu'ils pensent de Jeanne d'Arc.

Réfléchissez et discutez ensemble

1. Pourquoi Charles a-t-il fait interroger Jeanne pendant trois semaines ?
2. Quel signe aurait-elle pu donner à Charles pour le faire changer d'avis ?

---

[6] la région autour de Paris

¶ Comment les anglops amenerent la pucelle a rouen/¿ la firent mourir

Son procès, son supplice et la sainteté

Les Anglais, qui enfin tiennent leur plus redoutable ennemie, ne vont pas la laisser échapper. Pour éviter qu'elle ne devienne la martyre de la cause nationale, ils vont la faire juger par des Français. Bien entendu, pour des raisons diverses, tous les juges sont hostiles à l'accusée. Le tribunal est présidé par l'évêque de Beauvais,
5 Pierre Cauchon. Il se trouve que les récentes opérations militaires dans l'Ile-de-France ont occasionné des destructions. Pierre Cauchon a subi de grandes pertes ; il en rend Jeanne responsable. D'autre part, il espère se faire nommer évêque de Rouen... Pour parvenir à son but, il a besoin de l'appui du roi d'Angleterre. Les autres juges, une trentaine environ, sont des ecclésiastiques de Normandie, des
10 inquisiteurs, des professeurs de l'Université de Paris, tous gens acquis aux Bourguignons ou aux Anglais.

On veut condamner Jeanne mais — et c'est là la difficulté — il ne faut pas que la question de l'indépendance nationale soit mise en cause dans les débats. Voilà pourquoi presque toutes les questions portent sur des subtilités théologiques ou
15 pseudo-théologiques. Jeanne est longuement interrogée sur ses voix, sur ses divertissements d'enfant, sur son allégeance au pape, sur son costume masculin jugé « malhonnête », etc.... Seule et sans avocat, elle se défend avec courage. Ses réponses sont fermes, lucides, parfois même ironiques. Malgré l'insistance de ses juges, elle refuse de révéler quoi que ce soit à propos du « signe » échangé à
20 Chinon avec le roi.

brusque : fait vite

De toute façon, Jeanne doit être condamnée à mort. On brusque° les interrogatoires et on conclut que l'accusée est coupable de « divers erreurs et crimes de schismes, d'idolâtrie, d'invocation de démons et plusieurs autres méfaits ».

voué : destiné

25 Au Moyen Âge, et même longtemps après, un individu inculpé d'intelligence avec le diable était irrévocablement voué° au bûcher. D'ailleurs, en l'occurrence, cette condamnation offrait un avantage supplémentaire : elle permettait de discréditer Charles VII. Que penser d'un roi qui devait son trône à une sorcière ?

déclenché : *set in motion*

Sitôt condamnée, Jeanne fut brûlée à Rouen, sur la place du Vieux Marché (31 mai 30 1431). Néanmoins, son histoire ne s'arrête pas là. Au moment de son supplice, il y avait eu des murmures d'indignation, même parmi les Normands qui, par intérêt, sympathisaient avec les Anglais. Elle avait éveillé le réflexe national. L'élan patriotique s'était déclenché°. L'une après l'autre, les villes se libéraient et se ralliaient au roi. À mesure que les Anglais se repliaient, leurs anciens partisans se 35 détachaient d'eux. Déjà le duc de Bourgogne abandonnait l'alliance anglaise. Paris acclamait Charles VII (1436).

réclamèrent : *demanded, called for*

Le vent avait tourné. Le roi retrouvait son royaume, comme l'avait si bien prédit la Pucelle. La famille d'Arc ainsi que l'opinion générale, réclamèrent° la révision du procès de Rouen. Charles fut conduit à ouvrir une nouvelle enquête. Des 40 témoignages furent recueillis sur les lieux où avait vécu la victime. Enfin, vingt-cinq ans après sa mort, Jeanne fut solennellement réhabilitée.

Questions de compréhension

1. Pourquoi les Anglais ont-ils fait juger Jeanne d'Arc par des Français ?

2. Quelles sortes de questions est-ce qu'on lui a posées pendant le procès ?

3. Pour quelles raisons Jeanne d'Arc a-t-elle été condamnée à mort ?

4. Que s'est-il passé en France après sa mort ?

5. Il y a eu une révision du procès vingt-cinq ans après la mort de Jeanne d'Arc. Quel en était le résultat ?

Réfléchissez et discutez ensemble

1. Que pensez-vous de l'histoire de Jeanne d'Arc ? Est-ce que vous la trouvez plausible ou incroyable ? Expliquez votre point de vue.

2. Que pensez-vous du personnage de Jeanne d'Arc ? Faites un portrait de son caractère d'après tout le texte que vous avez lu.

Applications grammaticales

Consultez la page 214 pour l'explication de la distinction **faire** causatif/**rendre** + adjectif.

Traduisez les phrases suivantes en français :

1. His father's attitude had made Charles VII melancholy.

2. The voices of saints made Joan of Arc go to Chinon.

3. Joan of Arc makes Charles VII leave for Orléans.

4. Pierre Cauchon will make her responsible for his military losses.

Synthèse

Consultez les pages 106–107 pour revoir la formation des questions.

Interrogatoire : Imaginez que vous êtes un des juges présents au procès de Jeanne d'Arc. Ecrivez 6 questions différentes pour déterminer si elle est innocente ou coupable en employant des pronoms, adjectifs ou adverbes interrogatifs différents.

Le personnage de Jeanne d'Arc a inspiré des historiens aussi bien que de nombreux poètes, dramaturges et cinéastes à travers les siècles jusqu'à nos jours. Au dix-huitième siècle, Voltaire a écrit un poème épique, *La Pucelle*. Deux poèmes au sujet de la jeune femme, *Jeanne d'Arc* (1897) et *Le mystère de la charité de Jeanne d'Arc* (1909) sont les plus connus du poète Charles Péguy. Parmi les pièces célèbres dans lesquelles figure l'histoire de Jeanne, on pense souvent à celle de George Bernard Shaw, *Saint Joan* (1923), et à celle de Jean Anouilh, *L'Alouette* (1953). Même Mark Twain avait trouvé cette histoire si fascinante qu'il avait passé des années à faire des recherches aboutissant à son livre *Personal Recollections of Joan of Arc* (1896). En tout, plus de douze mille œuvres ont été écrites à son sujet. À commencer par ceux du cinéma muet, des cinéastes français, américains, italiens et anglais ont réalisé une vingtaine de films qui racontent la vie de Jeanne d'Arc. En 1999 le cinéaste français Luc Besson a tourné *The Messenger* sur Jeanne d'Arc. La même année, un téléfilm américain est sorti sur sa vie.

À Orléans, un centre Jeanne d'Arc réunit depuis 1973 tous les documents authentiques concernant son histoire, grâce à l'appui d'André Malraux, alors Ministre de la Culture. Le 30 mai de chaque année, il y a une commémoration de la libération de cette ville et dans plusieurs autres villes françaises, ainsi qu'à Québec et aux États-Unis, on a dressé des monuments à la mémoire de Jeanne. Il est évident que les exploits de cette héroïne dépassent les frontières, puisqu'elle réapparaît tel un phénix dans la littérature et dans le septième art de beaucoup de pays différents.

Jehanne d'Arc

Raymond Devos (1922–)

Raymond Devos, un comique français des années 80, se moque ici du rôle quasi mythique de Jeanne d'Arc en France. Certains hommes politiques, surtout le Général Charles de Gaulle (président de la République française de 1958 à 1969), s'identifiaient avec elle comme sauveur de la France. De Gaulle est le président dont on parle dans le passage ci-dessous. Ce sketch est tiré d'une collection de Devos, *Matière à rire*, apparu en 1991.

Pré-lecture

Pour vous préparer à la lecture, voir Cahier, Unité 4.

Autrefois, les Français considéraient les Anglais comme « l'ennemi héréditaire ». Sur quels événements historiques (voir le texte sur Jeanne d'Arc pp. 166–170) est fondée cette opinion ? Que savez-vous sur les rapports actuels entre la France et le Royaume Uni ?

Jehanne d'Arc

Jadis on se permettait des choses qu'on n'oserait plus faire maintenant...

Jehanne d'Arc entendait des voix ; tout le monde trouvait ça normal.

Allez dire maintenant : « J'entends des voix ! » On va dire : « Il est fou ! » Eh bien moi, j'ai reçu un coup de téléphone curieux...Déjà la sonnerie...n'était pas comme d'habitude...

5

Je décroche :

— Allô !...Qui est à l'appareil ?

J'entends une voix de femme qui répond :

— C'est Jehanne[7] !

10 — Qui ?

— La Pucelle° !

Je ne connaissais pas de pucelle...

— Je vous demande de préciser !

— Jehanne d'Arc !

15 — C'est une plaisanterie ?

— Pas du tout ! Je suis une femme sérieuse... Je voudrais vous parler.

— Je vous écoute, Jehanne.

— Pas au téléphone, on pourrait nous entendre !

— Où ?

20 — Dans le jardin.

Je raccroche...je vais dans le jardin...j'entends :

— Raymond ! Raymond !

Je lui dis :

— Où êtes-vous ?

25 Elle me dit :

— Là-haut !

Je ne voyais pas bien, je n'avais pas mes lunettes...

Ah oui ! Je vois comme une petite flamme...

— C'est tout ce qui me reste...

30 — ! ! !

— Raymond, vous allez aller à l'Élysée[8]...

— Oui, Jehanne !

— Vous allez voir le Président de la République...

— Comment le reconnaîtrais-je ?

pucelle : ici vierge

---
[7] forme médievale du prénom Jeanne
[8] résidence du Président de la République

35   — A vue de nez, c'est le plus grand[9] !

    — ! ! !

    — Vous direz au Président de la République que son histoire de tunnel sous la Manche[10], moi, Jehanne d'Arc, je considère ça comme une offense personnelle ! Ce n'est pas la peine de les avoir rejetés par au-dessus, pour les faire rentrer par
40 en dessous !

    MOI : C'est tout ?

    JEHANNE : C'est tout !

    Pfuitt !... Disparue ! ! !

    Ça n'a l'air de rien !... Mais allez frapper à la porte de l'Élysée...allez dire au
45 Président de la République : « Je viens de la part de Jehanne d'Arc ! »

    Il va dire :

    — Il est dérangé !

    Eh bien, j'y suis allé. Pas du tout.... Il m'a dit :

    — Comment va-t-elle ?

50   — Elle va bien, monsieur le Président, je vous remercie ! Elle est un peu éteinte[11]...mais...

    — Toujours jalouse ?

    — De qui ?

    — De moi !

55   — Elle ne m'en a pas parlé, monsieur le Président ! Elle m'a chargé de vous dire...

    — Je sais ! Le tunnel sous la Manche...

    — Vous êtes au courant ?

    — Oui !... Et vous répondrez à Jehanne d'Arc que les ordres...je les reçois directement d'en haut.

Raymond Devos : *Matière à rire*, Librairie Plon, 1991

Questions de compréhension

1. Pourquoi Jeanne d'Arc n'est-elle pas contente ?

2. Comment le narrateur reconnaîtra-t-il le président ?

3. Qu'est-ce que le narrateur doit dire au Président de la République ?

4. Expliquez la réponse du Président de la République. Qu'est-ce que cela nous dit sur son caractère ?

Réfléchissez et discutez ensemble

De quels aspects de l'histoire de Jeanne d'Arc le comédien se moque-t-il ?

---

[9] DeGaulle avait un grand nez et il était grand

[10] tunnel sous la mer qui sépare la France et l'Angleterre ; aujourd'hui l'Eurotunnel qui lie la France et le Royaume Uni par train

[11] jeu de mots: sens littéral: qui ne brûle plus; sens figuré: pâle, faible

Applications grammaticales

Finissez les phrases suivantes de manière logique :

1. Raymond est étonné de…

2. D'abord il ne croit pas que…

3. Jehanne est fâchée que…

4. Elle veut que le narrateur…

5. Il y va, bien que…

6. Le Président de la République refuse de…

habile : *skilled*

La fuite de la main habile°

Henri Lopès (1937–)

Henri Lopès est né à Kinshasa (capitale de l'ex-Congo belge devenu Zaïre puis République Démocratique du Congo), mais il est de nationalité congolaise (l'ex-Congo français devenu Congo). Il a fait ses études secondaires en France à Nantes (en Bretagne) et ses études supérieures en lettres et histoire à Paris. Après avoir enseigné deux ans dans des lycées de la région parisienne, il est retourné en 1965 à Brazzaville, la capitale du Congo, pour enseigner. Successivement Ministre de l'Education Nationale, Ministre des Affaires Etrangères et Premier Ministre du Congo, il a été ensuite Sous-Directeur général à l'UNESCO. Il a reçu le Grand Prix Littérature de l'Afrique Noire en 1972 pour *Tribaliques*, un recueil de huit nouvelles dont vous allez lire la première ici.

Pré-lecture

Regardez la carte du continent africain pour voir où se situent le Congo, par rapport à la République Démocratique du Congo (l'ex-Zaïre) et leurs capitales respectives.

Le Congo, colonie française depuis la fin du dix-neuvième siècle, est devenu république autonome en 1959 et indépendante en 1960. Les événements de *La fuite de la main habile* ont lieu avant et pendant les premières années de cette indépendance, et on y fait allusion aux idées socialistes et communistes qui ont influencé le mouvement nationaliste durant cette période. Le système d'éducation dans les anciennes colonies françaises restait calqué sur° le modèle européen. Ainsi, les diplômes mentionnés dans le texte étaient les mêmes qu'en France. D'ailleurs, les meilleurs étudiants de la population indigène° des anciennes colonies faisaient souvent une partie de leurs études en France, et/ou profitaient des séjours en France pour approfondir leurs connaissances, ou acquérir de l'expérience. Au lieu de rentrer pour participer au développement économique et politique de leur pays d'origine, certains sont restés en France et se sont assimilés.

calqué sur : *copied from*

indigène : *native, indigenous*

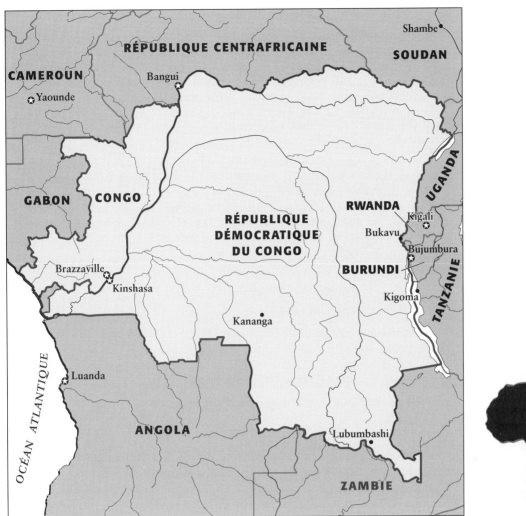

Lecture dirigée

La majeure partie de cette histoire consiste en un retour en arrière, où le narrateur raconte des événements précédant le début et la fin du texte. Dans les premiers paragraphes, le narrateur parle des personnages principaux, Mbouloukoué, Mbâ et Elo, sans révéler de détails sur le rapport qui existe entre eux. Lisez jusqu'à la ligne 23 pour trouver les réponses aux questions suivantes :

1. Dans quelle ville arrivait Mbouloukoué et d'où revenait-il ?

2. Qu'a-t-il fait en arrivant ? Pourquoi ?

3. Que rapportait-il pour Mbâ de la part d'Elo ?

4. Il avait aussi une nouvelle à lui annoncer. S'agissait-il d'une bonne ou d'une mauvaise nouvelle ? Quelles en sont les indications dans le texte ?

La fuite de la main habile

Dans le taxi qui l'amenait de Maya-Maya[1] à son domicile, Mbouloukoué voyait Brazzaville s'éveiller. Il y avait peu de monde dans les rues. Quelques femmes, leur moutête° sur la tête, allaient au marché ou bien des hommes à bicyclette, sans doute des boys°, rejoignaient leur travail. Il était cinq heures et demie du matin.

5 L'air était frais, et pourtant il semblait à Mbouloukoué plus lourd que celui qu'il venait de respirer, il y avait à peine quelques heures, en Europe. Le taxi pénétra dans le quartier O.C.H. proche de l'hôpital. Toutes les fenêtres étaient encore fermées.

Mbouloukoué n'avait pas dormi de la nuit. Il ne dormait jamais en avion. Pourtant
10 il n'avait pas sommeil ce matin. Il se demandait comment il annoncerait la nouvelle à Mbâ. Bien qu'on fût dimanche, il ne voulait pas se présenter chez elle aussi tôt. Il se mit à des occupations qui pourraient lui faire gagner du temps. Il se déshabilla, se doucha, se vêtit légèrement. Ensuite, il défit ses bagages, mit de côté un paquet qu'Elo lui avait justement remis pour Mbâ.

15 Il se rendit du côté de la poste centrale. Il y avait là une pâtisserie qu'il connaissait et où il pourrait prendre un petit déjeuner. Quand il eut fini, il téléphona au 28.72. À sa voix, il sut que Mbâ était déjà réveillée.

— Toi, Mbouloukoué ? Tu es déjà revenu ?

— Oui, tout à l'heure !

20 — Alors ?

Elle voulait déjà savoir. Et quoi lui répondre ?

— J'ai un cadeau qu'Elo m'a remis pour toi. Je peux passer ?

— Oui, tout de suite... »

Après l'appel téléphonique de Mbouloukoué à Mbâ, le narrateur commence le retour en arrière. Lisez le paragraphe suivant. Comment se fait-il que Mbouloukoué, Mbâ et Elo étaient amis ? Continuez la lecture de ce retour en arrière qui révélera l'évolution du rapport entre ces trois amis pendant leurs études.

Mbâ, Elo et Mgbouloukoué étaient nés tous trois au village Ossio. Ensemble, tous
25 les matins, ils avaient traversé la Nkéni[2] et fait des kilomètres à pied pour aller à l'école de Ngamboma. Ils avaient passé le certificat d'études la même année. Puis ils étaient venus à Brazzaville. C'est surtout là que leur amitié s'était fortifiée. Ensemble, ils se retrouvaient pour échanger leurs impressions de cours.

Mbâ aimait également Elo et Mbouloukoué, comme s'ils avaient été ses frères.

30 Elle trouvait Mbouloukoué plus beau. Lui aussi, lorsqu'il regardait Mbâ ou qu'il avait l'occasion de rester seul à discuter avec elle, il lui découvrait quelque chose que les autres n'avaient pas. Les filles qui allaient au collège avec Mbâ ne semblaient pas beaucoup s'intéresser à ce qu'on leur y apprenait. Chaque jour, elles allaient au cours un peu avec le même esprit qu'on peut avoir en allant à une
35 surprise-partie. Elles étudiaient leur habillement et la manière de tenir leur cartable pour que les hommes qui les verraient passer dans la rue puissent les remarquer. Elles y allaient aussi pour retrouver des bandes d'amies. Elles se passaient des romans-photos où il était toujours question d'un homme aimé par deux femmes et

---

[1] aéroport
[2] rivière

où la plus méchante finissait par dévoiler ses mauvais desseins, ou découvrait
40 qu'elle était aimée elle-même d'un autre qui lui convenait. Elles échangeaient aussi
des informations sur le prix des toilettes et des coiffures. Elles se disaient les
filières° qui permettaient d'avoir moins cher les pagnes°, le savon qui-rend-la-peau-
ambisée°, ou les perruques° qui venaient de Kinshasa. Tout cela pour plaire aux
hauts fonctionnaires et officiers de l'armée qui venaient à la sortie du collège leur
45 fixer des rendez-vous, ou tout simplement les emporter dans leurs voitures
insolentes « faire un tour sur la route du Nord ». Certaines d'entre elles se
vantaient même d'avoir un enfant de tel directeur général.

D'autres enfin allaient brûler des cierges° à Sainte Anne[3] et donner de l'argent à
certain féticheur° infirme et célèbre pour qu'il attire vers elles quelques jeunes
50 cadres°, qui malgré leur beauté, ne sortaient qu'avec leur femme. Pour certaines,
c'était même ce gâteau-là qu'il fallait réussir à manger.

Mbâ fuyait ces groupes. Elle avait trop conscience des sacrifices que
représentaient ses études pour sa famille. Et tout ce qu'elle apprenait en classe
l'intéressait. Elle avait été captivée lors d'un cours de physique quand le
55 professeur rappelant à l'ordre une condisciple qui ne rendait pas ses devoirs avait
fait une longue digression où elle avait parlé de Marie Curie[4]. Une autre fois elle
avait aussi été fascinée par un personnage féminin d'un roman qu'elle avait trouvé
à la bibliothèque. Elle en avait même appris par cœur le dernier paragraphe.

« Maintenant, ici commence la nouvelle romance. Ici finit le roman de la chevalerie.
60 Ici, pour la première fois dans le monde, la place est faite au véritable amour. Celui
qui n'est pas souillé par la hiérarchie de l'homme et de la femme, par la sordide
histoire des robes et des baisers, par la domination d'argent de l'homme sur la
femme ou de la femme sur l'homme. La femme des temps modernes est née, et
c'est elle que je chante. Et c'est elle que je chanterai. »[5]

65 Et quand Mbâ parlait à Mbouloukoué et à Elo, c'était toujours des réflexions sur ce
qu'elle voyait. Les trois jeunes gens ne cessaient d'échanger leur point de vue sur
ce qui se passait autour d'eux. Ils étaient révoltés par la vie de Brazzaville, et c'est
avec émoi qu'ils évoquaient telle ou telle figure parmi les hommes qu'ils avaient
connus à Ossio, et qui continuaient de garder, à leurs yeux, la vertu des grands
70 symboles moraux. Ils aimaient aller aux réunions des sections du Parti[6] qu'on
venait de créer dans les quartiers. Dans leur section, notamment, un jeune
étudiant qui venait de rentrer depuis peu de France, leur parlait d'hommes qui
s'appelaient Marx, Engels, Lénine, Mao Tsé-Toung.[7] Ce dernier, paraît-il, était
chinois. Cela semblait beau. C'était comme une bouffée d'air frais passant sur ces
75 vieilles parcelles de la rue des Batéké[8] et qui annonçait un monde meilleur.

Mbouloukoué allait ensuite rôder autour des ambassades des pays socialistes et
en ramenait des revues qu'ils se prêtaient, qu'ils commentaient et sur lesquelles
ils rêvaient. C'était un an après la révolution. Tout le monde parlait du socialisme
scientifique. Elo, lui, affirmait que c'était le seul avenir qui valait la peine, mais qu'il
80 n'avait aucune confiance en l'honnêteté de ceux qui utilisaient le plus ce mot.

Mbâ était préoccupée par le sort de la femme. Elo voulait y consacrer ses forces.
Elle ne croyait pas que ces femmes de la ville pourraient faire quelque chose pour

---

[3] une église catholique
[4] physicienne qui a découvert le radium
[5] citation de Louis Aragon des *Cloches du Bâle*
[6] parti communiste
[7] philosophes et leaders socialistes et communistes
[8] peuple du Congo parlant une langue bantoue

leurs sœurs. Celles qui étaient mariées étaient trop timorées° pour aller militer°.
85 Leurs maris leur demanderaient des comptes° le soir. Quant aux « grandes militantes », c'étaient au fond, de sympathiques ndumba° de luxe, sachant lire et écrire et qui n'iraient pas se battre pour qu'on supprime la polygamie. Elles se moquaient plutôt de ces femmes mariées qui s'imaginaient pouvoir garder un mari pour elles seules. Mbâ pensait d'ailleurs que ces dernières n'avaient pas le droit d'être libérées. L'émancipation avait un sens pour les femmes qui, comme sa
90 mère, faisaient tous les jours dix kilomètres à pied pour aller à la plantation, cultiver la terre et revenir. Elles y allaient en portant sur le dos une hotte° pesant parfois quarante kilos et dont le bandeau de portage marque profondément le front. Beaucoup d'hommes n'auraient même pas pu porter cette charge durant cinq cents mètres. Les mâles d'ailleurs, quand les femmes étaient au champ,
95 discutaient ou dormaient dans le village, à l'ombre, la bouteille de molengué° à portée de la main. Mais ces femmes auxquelles songeait Mbâ, ne savaient ni lire, ni écrire, ni mettre en ordre leurs idées. Et elles auraient peur de parler devant un micro°. Il était encore moins question de les envoyer en délégation à l'étranger parler des problèmes de la femme. Elles devaient pour le moment se résigner à
100 travailler, souffrir avant l'âge, et laisser les ndumba aller disserter° de l'émancipation de la femme africaine.

Tout cela séduisait Mbouloukoué. Mais jamais il ne l'avait dit à Mbâ. D'ailleurs, il se rendait parfaitement compte qu'elle écoutait toujours plus volontiers Elo. Celui-ci aimait surtout le football et c'était toujours avec plaisir que Mbâ le suivait aux
105 matches où il allait invariablement soutenir avec fougue° l'équipe de « Patronage ». C'est ainsi qu'un soir, en revenant d'un match au stade Eboué, l'orage les avait surpris en route. Ils avaient juste eu le temps de se mettre à l'abri. Mbâ s'était plainte d'avoir les cheveux mouillés alors qu'elle venait de se les dénatter° le matin même. Elo avait la chemise complètement trempée°. Il l'enleva. À chaque fois que
110 le tonnerre craquait, Mbâ ne pouvait réfréner un mouvement vers le corps d'Elo. Ils étaient seuls sous l'arbre de la station de bus. Elo percevait la chair de Mbâ qui collait à sa robe mouillée. Il tressaillit°, la serra contre sa poitrine. Elle ferma les yeux, se blottit contre lui et poussa un soupir. Ils se serrèrent. Quand la pluie cessa à onze heures du soir, Mbâ ne rentra pas chez maman Nguélélé où elle logeait. La
115 vieille en voyant sa nièce arriver à six heures du matin fut surprise, mais ne demanda pas d'explication.

Par la suite, les relations entre les trois amis continuèrent à être ce qu'elles étaient. Mbâ et Elo s'arrangeaient pour se retrouver le soir, sans que Mbouloukoué s'en aperçoive. Mbouloukoué n'aurait pas été jaloux, certes. Mais Mbâ et Elo ne
120 voulaient pas que Mbouloukoué se sentît en trop. Celui-ci ne se rendit compte de rien. Tout juste avait-il noté que Mbâ avait changé de démarche°. Il semblait maintenant que ses hanches étaient déliées°. Une flamme qui n'existait pas avant luisait dans ses yeux.

Puis vint le moment des examens. Mbouloukoué toujours le premier de sa classe
125 fut admis à continuer ses études au lycée. Mbâ qui voulait rapidement venir en aide à sa famille et à ses jeunes frères et sœurs s'était présentée au concours d'entrée [9] au Cours Normal d'Institutrices de Mouyondzi.

Elo avait été reçu à son C.A.P.[10] de soudeur°. Il commença à travailler dans une entreprise à Mpila. Puis un jour il apprit que le gouvernement organisait un
130 concours pour choisir trois soudeurs qu'il enverrait se perfectionner en France. Elo se présenta. Il fut admis. Il devait s'en aller pour deux ans. Il envoya un télégramme

---

[9] competitive exam: only a certain number with the highest scores are accepted
[10] Certificat d'aptitude professionnelle

à Mbâ qui réussit à venir passer deux jours à Brazzaville. Les deux jeunes gens ne s'aimaient jamais avec autant d'intensité et de ferveur. Ce furent deux jours et deux nuits de soupirs, de sourires et de plaisirs, au travers des larmes que Mbâ
135 ne pouvait s'empêcher de verser en songeant qu'on allait lui arracher son Elo. Ce dernier lui offrit un collier en or qu'il avait payé sur sa première mise d'équipement à un Sénégalais de l'avenue.

Après le départ d'Elo, Mbâ reçut au début une lettre chaque semaine. Il lui disait comme elle lui manquait. Puis sa peine disparaissait. Il lui décrivait tout ce qu'il
140 découvrait en France. Combien la vie lui était plus facile. Puis il resta deux mois sans écrire. Et un jour, elle ne reçut plus rien. Elle apprit au bout de deux ans, par les camarades d'Elo qui étaient rentrés de stage, qu'il se trouvait à Nantes où il avait trouvé une place dans une usine.

Un soudeur au travail

Questions de compréhension

1. Comment était le rapport entre Mbâ et les deux jeunes hommes au collège ?

2. Mbâ était différente des autres collégiennes. Résumez en quelques phrases la différence dans leurs attitudes et leurs comportements.

3. Qu'est-ce qui montrait que Mbouloukoué et ses deux amis s'intéressaient à la politique ?

4. Quelle était la préoccupation politique principale de Mbâ ?

5. Que pensait Mbâ des femmes mariées, des « grandes militantes » et des femmes qui travaillaient aux champs ?

6. Qu'est-ce qui s'est passé entre Mbâ et Elo ? Mbouloukoué était-il au courant ? Expliquez.

7. Elo a eu l'occasion de partir. Dans quelles circonstances et qu'est-ce qui est arrivé à la communication entre Elo et Mbâ pendant l'absence de celui-ci ? Comment a-t-elle appris ce qu'Elo était devenu ?

Le narrateur poursuit le retour en arrière. Lisez la fin du texte pour découvrir ce qui arrive aux trois amis et la nouvelle que Mbouloukoué doit annoncer à Mbâ.

Maintenant six ans ont passé sans qu'il ne revienne. Mbâ enseigne dans une école
145 à Bacongo. C'est une institutrice de qualité. Les parents et les élèves l'aiment beaucoup. Certes parce que les enfants aiment avoir de jolies maîtresses, mais aussi parce qu'elle enseigne bien. Souvent les plus jeunes de ses collègues l'invitent à sortir, mais elle refuse toujours. D'ailleurs, comment la rencontrer ? Elle sort si peu. Après ses cours, elle va chaque soir enseigner aux adultes qui ne
150 savent pas lire. Elle s'est ainsi fait des amies de certaines de ses élèves adultes. Auprès d'elles, elle apprend beaucoup. Elle dit à Mbouloukoué que de toute cette expérience, elle compte écrire un livre sur la femme congolaise.

Mbouloukoué est professeur de C.E.G.[11] à Kinkala. Lui non plus ne s'est pas marié. Il consacre tout son temps à l'étude des mathématiques qu'il enseigne à
155 ses élèves et à l'animation des pionniers° dont il a charge pour la région.

animation des pionniers :
leadership of a youth group

Ce samedi-là, il est venu à Brazzaville voir Mbâ. Il lui annonce qu'il vient d'être désigné pour aller en France à un colloque sur l'enseignement des mathématiques modernes. Ils ont, ensemble, tenté de rencontrer les promotionnaires d'Elo pour avoir son adresse exacte. Mbâ a acheté du poisson salé, de la farine à foufou, des
160 gombos et deux ananas qu'elle remet à Mbouloukoué pour celui qu'elle attend toujours et qui est là-bas. Elle ne songe même pas que la France est grande et qu'Elo ne pourrait peut-être pas rencontrer leur camarade d'enfance. Mbâ a dit à Mbouloukoué tout ce qu'il devrait dire à Elo. Et tout ce qu'elle ne peut pas dire, elle l'a écrit dans une longue lettre de dix pages que Mbouloukoué emporte.

165 À Paris, par Ebon, un de leurs amis communs, Mbouloukoué a pu savoir le nom de l'usine où travaille Elo.

C'est ainsi qu'après des aventures qui n'intéresseront pas mon lecteur, ce vendredi après-midi, Elo et Mbouloukoué marchent sur les quais de la Fosse, à Nantes. Ils parlent en se tapant sur les épaules toutes les dix secondes.
170 Finalement, ils prennent le bus et descendent dans la banlieue où Elo habite.

---
[11] Certificat d'études générales

— Accompagne-moi, frère. Il faut qu'en passant je fasse quelques courses. Ah ! tu sais, dans ce pays, mêmes les hommes, nous devons nous occuper des affaires ménagères.

175 En effet, Mbouloukoué est étonné de voir Elo passer à l'épicerie acheter du lait, du beurre, des fruits, du pain à la boulangerie, à la boucherie (après avoir demandé à Mbouloukoué ce qu'il aime) des tournedos°. Puis ils vont au bureau de tabac, où il achète des Gauloises[12] et France-Soir[13] pour dit-il « jouer au tiercé »°.

tournedos : tranches de filet de bœuf ; tiercé : jeu sur les courses de chevaux

— Tu comprends, je suis obligé de faire une partie du marché. Quand ma femme rentre, il est trop tard.

180 — Ta femme ?

— Comment, tu ne sais pas ? Je suis marié, mon cher.

Mbouloukoué est complètement désarçonné°. S'il est franc avec lui-même et s'il veut exprimer ce qu'il ressent, il doit engueuler° Elo, lui casser la figure° même. Il a envie de le traiter de salopard°, de lui dire qu'il n'est plus son ami, qu'il va s'en
185 retourner par le premier train… Au lieu de cela, il ne fait que s'arrêter. Comme ils montent les escaliers, il regarde Elo dans les yeux. Froidement avec hauteur même. Alors que là-bas, Mbâ si belle et si convoitée a mené plusieurs années une vie de recluse…

désarçonné : shocked, blown away ; engueuler : yell at; lui casser la figure : hit him; salopard : (vulgaire) bastard

— Et Mbâ ?

190 — Tiens, entre, je vais t'expliquer cela…

Elo, aussi sympathique et hâbleur° que jamais, lui parle de sa solitude en France. De ce qu'Hélène (c'est sa femme) l'a aidé alors. Du fils qu'ils ont ensemble.

hâbleur : smooth talker

— Et puis, je ne crois pas que je rentrerai au pays. Ici, un ouvrier qualifié c'est pas un capitaliste, mais ça vit mieux qu'un fonctionnaire bachelier° chez nous. Je me
195 suis renseigné. Au pays avec mon métier je gagnerai 30 000 francs C.F.A.[14] Ici, j'ai plus du triple avec double pouvoir d'achat. Mon cher, toi qui es près des dirigeants°, avertis-les : s'ils ne prennent garde, il n'y aura pas que la fuite des cerveaux[15], mais aussi celle des mains habiles[16]…

bachelier : graduate

dirigeants : leaders politiques

— Et ta famille ?

200 — Un jour, si je fais des économies, on ira faire un tour là-bas. Pour le moment, pas question. Je sais comment c'est, le pays. Toute ma solde° pour nourrir mes neveux et nièces, fils de soi-disant cousins qui ne foutent rien…° Et puis, tu connais mon vieux. Il faudrait que j'accepte une fille mariée coutumièrement°. Hélène ne pourrait pas accepter cela.

solde : argent
ne foutent rien : (vulgaire) ne font rien ; coutumièrement : selon les coutumes

❧

205 Mbâ a entendu frapper à la porte. Elle court ouvrir. Mbouloukoué est debout avec le visage de celui qui vient annoncer une mort.

Que va-t-il lui dire, bon Dieu ?

Henri Lopès, dans *Tribaliques*, Les Éditions CLE, 1972

---

[12] cigarettes françaises
[13] journal français
[14] franc de la Communauté financière africaine qui a une valeur moins importante que le franc français
[15] allusion au départ d'ingénieurs très spécialisés européens ver les États-Unis
[16] allusion à l'exode des ouvriers qualifiés africains en Europe

Questions de compréhension

1. Comment est la vie de Mbâ depuis l'absence d'Elo ?

2. Que Mbouloukoué va-t-il pouvoir faire grâce à son propre métier et que compte-t-il faire en même temps ?

3. Que Mbâ donne-t-elle à Mbouloukoué avant son départ ?

4. Que Mbouloukoué apprend-il en retrouvant son ami Elo et quelle est sa réaction ?

5. Comment Elo explique-t-il ce qu'il a fait ?

6. Pourquoi Elo n'a-t-il pas l'intention de revenir en Afrique ?

Réfléchissez et discutez ensemble

1. L'expression « la main habile » est un exemple de synecdoque où l'on désigne un certain groupe de personnes par cette partie du corps. Expliquez la relation entre l'expression du titre et le groupe représenté. Quel problème est évoqué dans le contexte du monde post-colonial ?

2. À l'heure actuelle, un autre problème se pose dans les pays comme la France et les États-Unis : les ouvriers perdent leur travail. Expliquez ce phénomène.

3. Les paroles d'Elo à la fin du texte, où il parle de « nourrir ses neveux et nièces », marquent un contraste avec la décision prise par Mbâ de devenir institutrice. Expliquez.

4. Mbouloukoué a « le visage de celui qui vient annoncer la mort » en arrivant chez Mbâ à la fin du texte. Comment est un tel visage ? Pourquoi cette image s'applique-t-elle bien à cette situation ?

5. Le personnage de Mbâ semble être celui d'une femme moderne et traditionnelle à la fois. Expliquez.

6. Il y a un changement dans le temps des verbes dans le retour en arrière, du passé au présent, à partir du moment où le narrateur parle des événements qui ont lieu six ans après le départ d'Elo. Comment peut-on expliquer ce changement de temps à ce moment de l'histoire ?

Jouez les scènes

1. Imaginez une conversation différente entre Elo et Mbouloukoué, où celui-ci décide de dire ce qu'il ressent et ses vraies pensées à son ami d'enfance.

2. Mbouloukoué doit rendre visite à la famille d'Elo en revenant au Congo pour leur donner de ses nouvelles. Imaginez ce qu'il leur dit et leur réaction.

3. Imaginez la conversation entre Mbouloukoué et Mbâ, où celui-ci doit révéler ce qu'il a appris sur Elo.

À l'écrit

1. Mbouloukoué doit se souvenir de tout ce que Mbâ veut qu'il dise à Elo en le voyant. Il écrit une page à emporter avec lui.

2. Après le retour de Mbouloukoué et sa conversation avec Mbâ, elle décide d'écrire une autre lettre à Elo. Ecrivez sa lettre.

3. Mbouloukoué écrit une lettre à Elo aussi après avoir parlé avec la famille de celui-ci et avec Mbâ.

Applications grammaticales

Pronoms relatifs

A. Composez une nouvelle phrase à partir de chaque paire donnée, au moyen d'un pronom relatif pour éviter la répétition du même nom.

Modèle : Mbâ travaille dans une école. Dans cette école il n'y a que des filles.
Mbâ travaille dans une école où il n'y a que des filles.

1. Mbouloukoué a mis de côté un paquet. Elo lui avait remis ce paquet pour Mbâ.

2. Il y avait une pâtisserie. Il pourrait prendre un petit déjeuner dans cette pâtisserie.

3. Les filles ne semblaient pas s'intéresser aux études. Ces filles allaient au collège avec Mbâ.

4. La solitude était difficile. Elo parlait de cette solitude.

B. Traduisez les phrases suivantes en français :

1. *Mbâ talked to her friends about what interested her, especially politics and women's rights.*

2. *The other girls wanted everything that would attract the attention of young executives or officers.*

3. *Mbouloukoué couldn't say everything that was in Mbâ's letter.*

4. *Mbouloukoué didn't know what he would tell Mbâ.*

Les démonstratifs

A. Complétez les phrases données par la forme appropriée de l'adjectif démonstratif :

1. _____ étudiant aimait assister aux matches de football.

2. _____ étudiants parlaient constamment de _____ idées radicales.

3. Mbâ ne comprenait pas _____ comportement chez les femmes de la ville.

4. Mbâ logeait chez _____ vielle femme.

> Consultez les pages 215–219 pour une explication des formes et de l'emploi **des pronoms relatifs** et des **démonstratifs.**

B. Traduisez les phrases suivantes en français en employant un pronom démonstratif :

1. *Mbâ liked both her friends but Elo was **the one** she preferred.*

2. ***Those who** studied did well on their exams.*

3. *Mbâ and Elo didn't want their friend to feel ill at ease but **the latter** didn't realize that they were lovers.*

4. *Life in France was better than **that** in the Congo.*

Synthèse

Écrivez une suite à cette histoire, en imaginant ce qui se passe dans la vie de chacun des trois personnages. Vous allez inventer les détails, mais ceux-ci doivent correspondre aux personnages tels qu'ils ont été présentés dans le texte. Commencez par écrire ce que vous savez déjà sur chaque personnage : sa personnalité, son attitude (révélée par ses paroles ou par son comportement), sa situation (professionnelle, familiale, etc.), son rapport avec les deux autres. Ensuite, expliquez ce que chacun devient en parlant aussi de ce qu'il/elle pense maintenant de ce qui lui est arrivé. Sont-ils satisfaits ? Ont-ils des regrets ?

sans papiers : *illegal immigrants;* **parrainage** : *here, sponsorship (from* parrain = *godfather, patron)*

Pour vous préparer à la lecture, voir Cahier, Unité 4.

Sans papiers° : les parrainages° de l'urgence

Pré-lecture

Quelques notes explicatives sur l'immigration en France :

La France, comme d'autres pays européens avec une histoire de colonisation, a adopté une politique d'immigration envers ses anciennes colonies, qui a évolué selon ses rapports avec ces pays et la situation économique à l'intérieur de l'Hexagone. Pendant certaines périodes, le besoin de main d'œuvre en Europe a incité au recrûtement des habitants des anciennes colonies et c'est pour cette raison que le séjour indéterminé de ceux-ci a été favorisé par la loi. Il y a eu aussi des cas d'asile politique où de nombreux indigènes ont dû quitter leur pays définitivement, parce qu'ils avaient soutenu la France dans des conflits (comme les Harkis en Algérie). La France est aussi devenue le pays d'accueil de certains réfugiés politiques. Par contre, en période de crise économique, le climat politique s'est souvent avéré moins tolérant envers la présence des étrangers. En même temps, la tradition concernant la nationalité française est celle du droit du sol : les enfants nés en France de parents immigrés n'ont qu'à déclarer à partir de 16 ans leur désir d'être français et à accomplir quelques démarches administratives pour devenir citoyens, même si leurs parents ne le sont pas. La diversité des cultures représentées dans la population française actuelle, et le problème d'immigration clandestine sont le résultat du passé de la France à la fois colonisatrice et terre

d'asile. Plus récemment, les questions relatives à l'immigration se sont compliquées avec l'ouverture des frontières sous l'Union européenne : comment contrôler le passage des étrangers qui viennent chercher du travail quand ils ne peuvent pas en trouver chez eux ?

Lecture dirigée

Un appel est un discours° qui s'adresse au public pour l'exhorter à soutenir une cause. Le texte suivant est un appel, lancé le 15 juin 1998 sur les marches° de l'Opéra Comédie à Montpellier[1], dans lequel il s'agit de demander aux citoyens de venir en aide à ceux qui ne le sont pas. On commence par exposer le problème et expliquer ce qui a déjà été fait. Lisez jusqu'à la ligne 18 pour répondre aux questions suivantes :

discours : *speech*
marches : *steps (of a stair)*

1. Quel problème est soulevé ?

2. Que s'est-il passé deux ans avant cet appel ? Vingt mois plus tôt ? Un an et quelques mois plus tôt ? Un an plus tôt ?

3. Quels mots et quelles images indiquent de quel côté se range celui qui parle ?

4. Quel est le ton de ce discours ? (humoristique ou grave ?) Quel est le style du langage ? (familier ou soutenu ?)

Le délai° pour la régularisation° des sans papiers qui en ont fait la demande expire. Dans l'Hérault[2] plusieurs centaines d'étrangers se retrouvent replongés dans les méandres° de la clandestinité.

délai : ici, période de temps ;
régularisation : l'action de rendre conforme aux lois ;
méandres : *twists and turns*

---

[1] ville dans le sud de la France
[2] département du sud de la France

entamant : commençant

Il y a deux ans, quelques dizaines d'hommes et de femmes, en occupant des lieux,
5 en entamant° une grève de la faim, se sont engagés physiquement pour défendre
une idée, un droit hérité de la Déclaration des droits de l'homme[3] de 1789 : « Tous
les hommes naissent libres et égaux. » Il y a maintenant 20 mois, des centaines
d'hommes et de femmes de nationalité française ont rejoint, accompagné ces
occupants, ces grévistes, en dormant à leurs côtés, en veillant°, en mettant même
10 parfois leur corps en travers la bataille.

veillant : *looking after*

Il y a un an et quelques mois, des dizaines de milliers de gens, avec et sans
papiers, sont descendus dans la rue pour protester contre la violence et
l'incohérence des lois iniques°, inhumaines.

iniques : très injustes

Il y a maintenant un an presque jour pour jour, des millions d'électeurs sont sortis
15 de chez eux et sont allés voter pour le programme de la gauche « plurielle »[4], qui
s'engageait clairement à abroger° les lois Pasqua-Debré.[5] Aujourd'hui, sur les cent
cinquante mille personnes ayant demandé la régularisation de leur situation, seules
quelque soixante-dix mille d'entre elles obtiendront le droit de rester en France.

abroger : *to repeal*

Lisez la suite pour découvrir la raison d'être du comité de parrainage, la prise de
position de ce comité et les actions que propose son porte-parole°.

porte-parole : *spokesperson*

Face à cette situation, nous décidons de constituer un comité de parrainage pour
20 soutenir activement les personnes mises en situation d'exclusion.[6]

Nous nous opposons aux lois qui viennent placer des individus et des familles dans
des situations de non-droit et de clandestinité intolérables sur le plan humain.

pouvoirs publics : *authorities*
mettre un terme à : terminer ;
état de fait : réalité

Nous interpellons les pouvoirs publics° qui doivent prendre des mesures pour
mettre un terme à° cet état de fait°.

boucs émissaires : *scapegoats*

25 Nous ne voulons pas d'une société d'exclusion où les immigrés sont pris comme
des boucs émissaires° de la crise[7].

amalgames : *generalizations*

Nous condamnons les amalgames° immigrés/facteurs de chômage, délinquants et
terroristes.

Nous nous élevons contre une législation répressive qui met en cause les droits
30 fondamentaux de l'ensemble des citoyens.

**Cette résistance est plus que jamais indispensable
pour préserver les droits et libertés démocratiques.**

**C'est pourquoi nous nous engageons à lutter
jusqu'au bout aux côtés des sans papiers.**

35 **Nous en appelons à l'engagement individuel et collectif de tous !**

Nécessité du parrainage:

La présence de personnes en situation irrégulière se révèle tous les jours et fait
surgir des situations de détresse totale.

---

[3] document issu de la Révolution française

[4] de partis différents

[5] lois sur l'immigration (1993, 1997) qui rendent plus difficile la régularisation

[6] marginalisation sociale qui comprend la privation de certains droits; on appelle les personnes souffrant de
cette exclusion des *exclus*.

[7] crise économique où le chômage est très élevé

Des hommes, des femmes, des enfants ont épuisé leur recours° mais ne peuvent
40 repartir dans leurs pays d'origine. À la peur de se retrouver à la rue, s'ajoute la
peur quotidienne de l'arrestation et de l'expulsion du territoire...

L'idée du parrainage a été inspirée par l'urgence d'un grand nombre d'appels
désespérés. Dans sa mise en œuvre, le parrainage doit rompre l'isolement des
hommes, femmes et enfants sans papiers, leur permettre de trouver une aide
45 compréhensive et encourageante.

En quoi consiste le parrainage ?

Il ne s'agit pas de traiter juridiquement° des dossiers, mais d'apporter un soutien
individuel ou collectif, moral et civique.

Il s'agit :

50 • d'un accompagnement lors des démarches administratives. L'accompagnement
des étrangers en préfecture° par de simples citoyens est fondamental : il permet
de faire connaître, en les médiatisant°, les dysfonctionnements de
l'administration. Il permet à ceux qui s'impliquent de comprendre les lois sur
l'immigration, et contribue ainsi à la mise en place d'un véritable contrôle
55 citoyen.

• d'une participation à la lutte collective lors des manifestations et autres
événements.

• d'une participation aux réunions d'informations du comité en vue d'étendre°
l'action.

60 • d'un témoignage des difficultés, voire° des injustices, rencontrées par les sans
papiers dans leur quotidien mais aussi dans le cadre de leur demande de
régularisation.

L'aide matérielle n'est pas une obligation, chacun soutient son ou ses filleuls°
comme il le souhaite.

65 Le parrainage consiste aussi à écrire :

• à l'administration (préfecture, ministères) : c'est là que se prennent les
décisions, il faut donc leur demander la régularisation de la personne
soutenue.

• aux élus (conseillers municipaux, maires, conseillers généraux, député,
70 sénateurs...) Et aux responsables locaux des partis politiques : ces personnes
n'ont pas de pouvoir de décision, mais un pouvoir d'influence. Il convient donc
de leur demander d'intervenir auprès des administrations responsables.

Les courriers doivent toujours être courtois et respectueux des personnes
auxquelles ils s'adressent : des lettres trop sèches, voire impolies, vont à
75 l'encontre° du but poursuivi.

Dans la mesure du possible, il faut personnaliser le courrier, évoquer l'histoire
particulière de la personne défendue et les raisons pour lesquelles on estime
qu'elle doit pouvoir être autorisée à poursuivre sa vie en France.

Il faudra sans doute relancer, renouveler les courriers, ou envoyer des fax,
80 demander des rendez-vous auprès des élus locaux pour exposer de vive voix° la
requête°, et insister pour qu'il ou elle intervienne. Dans tous les cas, il faudra au
moins exiger une réponse.

Comité 34 des Parrains-Marraines des Sans-Papiers

recours : *legal appeal*

juridiquement : *in the courts*

préfecture : *bureau administratif de la municipalité* ;
médiatisant : *turning into a media event*

étendre : *to extend*

voire : *et même*

filleuls : *here, those who are sponsored (also, godchildren)*

vont à l'encontre de : *work against*

de vive voix : *oralement*
requête : *petition, request*

Questions de compréhension

1. Quel est le but du comité de parrainage ?

2. Que pensent les membres de ce comité des lois sur l'immigration ?

3. Comment montrent-ils qu'ils ne croient pas que les immigrés soient responsables des problèmes sociaux ?

4. Pourquoi le parrainage est-il nécessaire selon le comité ?

5. Quelles seraient les responsabilités de ceux qui accepteraient d'être parrains des sans papiers ?

Réfléchissez et discutez ensemble

1. Un pays avec une histoire de colonisation est-il obligé de permettre aux habitants des anciennes colonies d'immigrer ? Réfléchissez aux arguments pour et contre.

2. Devrait-on exiger une réparation de la part des colonisateurs après leur exploitation des habitants des anciennes colonies ? Si oui, quelle forme devrait prendre cette réparation ? Si non, pourquoi pas ?

3. Quelles sortes de préjugés a-t-on souvent envers les immigrés qui ont le droit d'entrer dans le pays ? En a-t-on encore d'autres envers ceux qui sont en situation irrégulière ? Expliquez.

4. Comment est la vie d'un immigré clandestin ? Quelle sorte de détresse ou de désespoir peut éprouver une personne dans cette situation ?

5. Quelles raisons pourraient expliquer qu'un immigré accepte les risques associés à la clandestinité ?

6. Accepteriez-vous de parrainer un sans papiers ? Pourquoi ou pourquoi pas ?

Jouez les scènes

1. Vous rencontrez une famille sans papiers. Ils vous racontent comment ils se trouvent en France et comment ils vivent depuis leur arrivée. Vous leur posez des questions.

2. Après avoir entendu cet appel, vous accompagnez une famille à la préfecture. Créez la conversation avec le fonctionnaire qui voudrait renvoyer la famille.

À l'écrit

1. Vous êtes sans papiers et vous travaillez au noir pour envoyer de l'argent à votre famille restée dans votre pays d'origine. Vous leur écrivez une lettre pour décrire votre situation.

2. Vous avez déjà parrainé avec succès des sans papiers et on vous demande de joindre votre témoignage écrit au site du comité sur l'Internet. Imaginez les détails de votre expérience et écrivez ce témoignage.

Applications grammaticales

Vous venez d'entendre cet appel au parrainage. Racontez ce que vous avez entendu à des amis qui n'étaient pas présents, en transformant les phrases suivantes au style indirect.

Variez les verbes de déclaration employés dans la première partie des phrases et faites attention à tous les changements nécessaires dans la deuxième partie.

Modèle : « Plusieurs centaines d'étrangers se retrouvent replongés dans la clandestinité. » → Il a déclaré que plusieurs centaines d'étrangers se retrouvaient replongés dans la clandestinité.

1. « Quelques dizaines d'hommes et de femmes se sont engagés physiquement pour défendre une idée. »

2. « Seules quelque soixante-dix mille personnes obtiendront le droit de rester en France. »

3. « Les lois sur l'immigration ne sont pas justes. »

4. « Qu'est-ce qui s'est passé chez les élus qui devaient abroger ces lois ? »

5. « Que faites-vous pour aider ces immigrés ? »

6. « Engagez-vous à lutter aux côtés des sans papiers ! »

7. « Accepterez-vous d'accompagner ces personnes à la préfecture ? »

8. « N'écrivez pas de lettres impolies ! »

> Consultez les pages 219–221 pour une explication de l'emploi et de la forme du style ou discours indirect.

Synthèse

Vous décidez d'envoyer un courrier pour demander l'intervention du maire. La forme de la lettre est aussi importante que le contenu, et il faut respecter certaines formalités de correspondance à la française. Relisez la fin du discours où l'on parle d'écrire, et suivez les indications ci-dessous pour la rédaction de cette lettre.

- On écrit **la suscription**, c'est-à-dire le nom et l'adresse du destinataire (celui qui va recevoir la lettre) en haut à droite. Même si vous savez le nom de la personne, vous devez écrire le titre de sa fonction. Dans ce cas, *Monsieur/Madame le Maire*. (Pour d'autres personnes sans titre, vous devez toujours écrire *Monsieur/Madame* devant leur nom.)

- On met **la date** en-dessous de la suscription, à droite en haut de la page. On écrit le nom de la ville d'origine de la lettre, suivi d'une virgule, devant la date. N'oubliez pas que le jour précède le mois et qu'il n'y a pas de virgule devant l'année. Exemple : Sète, le 29 janvier 2000

- **Vous vous adressez directement** à votre destinataire en employant de nouveau son titre *Monsieur/Madame le Maire*. (S'il s'agissait d'une personne sans titre, vous écririez *Monsieur/ Madame* sans le nom de famille. Quand vous n'avez aucune idée à qui adresser une lettre, vous pouvez employer les expressions : **À qui de droit** ou **À toutes fins utiles**, mais ce ne serait pas approprié ici.)

- **Le contenu de la lettre**

  Une introduction : Les Français ont un style moins direct que les Américains dans leurs lettres. En même temps, une certaine précision et concision sont appréciées dans les lettres administratives. En tout cas, avant d'aborder le problème spécifique, il serait utile ici d'établir un rapport avec la personne pour la rendre susceptible de vous écouter et ensuite de vous aider. Puisque vous ne connaissez pas personnellement cette personne, et par respect pour son autorité politique, il faut bien sûr la vouvoyer et être courtois. Il faut le/la convaincre que vous êtes tous les deux du même côté. Dites-lui qui vous êtes (un électeur, membre du même parti politique) et indiquez la raison pour laquelle vous avez voté pour lui/elle en particulier ; parlez de ses qualités, des principes que vous partagez, de ce qu'il/elle a promis dans ses discours, etc. Vous pourriez terminer avec une phrase comme **C'est pour ces raisons que je vous demande…**).

  Exposez la situation précise : Expliquez pourquoi vous demandez son aide. Parlez de la personne que vous parrainez, de ses qualités, de ce qu'elle vous a dit sur son histoire (**Je connais un homme/une femme qui…. Il/elle est…. Il/elle m'a expliqué que…**).

- **Formule de conclusion :** En une ou deux phrases vous pourriez exprimer votre espoir général, en ce qui concerne l'intervention de votre destinataire et le remercier de son aide éventuelle (**J'espère que vous….J'apprécie tout ce que vous…** ou **Je serais très reconnaissant de toute aide que…**). Vous pourriez parler aussi de votre contribution ensemble à la cause (**En travaillant ensemble, nous pourrons…**).

- **Formule de politesse :** Il ne suffit pas de terminer une telle lettre en français en écrivant « merci » devant votre signature. Il n'est pas convenable non plus d'employer des expressions d'affection, que l'on réserve à sa famille ou ses amis. Vous pourriez indiquer d'abord que vous voudriez une réponse en commençant votre dernière phrase par **Dans l'attente de…**ou **Espérant que…**, et en la terminant avec une formule de politesse comme **je vous prie d'agréer, Monsieur/Madame le Maire, l'expression de ma considération distinguée** ou **je vous prie de croire, Monsieur/Madame le Maire, à l'expression de ma considération distinguée**.

- **N'oubliez pas votre signature !**

Lettre modèle :

Monsieur le Maire
Mairie de Montpellier 34000

Montpellier, le 29 janvier 2000

Monsieur le Maire,

Je vous écris parce que vous êtes un homme honnête et vous avez promis de défendre les droits de tous les habitants de notre ville. Je sais que vous avez déjà beaucoup fait pour aider les jeunes et les plus pauvres parmi nous. Malheureusement, il y a encore des gens qui souffrent d'exclusion ici. C'est pour cette raison que je demande votre aide.

Je vous parle d'un homme venu du Congo avec sa femme et ses enfants il y a deux ans, _____. Cet homme m'a expliqué qu'ils étaient obligés de fuir leur pays à cause de la situation politique. Depuis, lui et sa femme doivent travailler clandestinement pour nourrir les enfants, parce qu'ils n'ont pas pu avoir leurs papiers malgré plusieurs demandes d'asile politique. Et pourtant, ils ne peuvent pas rentrer dans leur pays d'origine sans risquer leur vie. Je vous demande d'intervenir auprès des administrations responsables, pour que cette famille obtienne l'autorisation de poursuivre sa vie en France.

J'apprécie tout ce que vous pourriez faire pour ces gens. En travaillant ensemble, nous pourrons préserver les droits et libertés fondamentaux de notre démocratie.

Dans l'attente de votre réponse, je vous prie d'agréer, Monsieur le Maire, l'expression de ma considération distinguée.

Jean Valjean

Cinq semaines en ballon : voyage de découvertes en Afrique par trois Anglais

Jules Verne (1828–1905)

Jules Verne est auteur de romans d'aventures ingénieusement construits, où l'anticipation scientifique tient souvent une grande place. Il arrive souvent que les exploits imaginés par un auteur de science-fiction se réalisent des années après. Par exemple, les œuvres les plus connues de Jules Verne, *Vingt mille lieues sous les mers* et *Le Tour du monde en 80 jours*, présentent des sous-marins et la possibilité de voyages rapides bien avant l'heure. Le roman dont vous lirez des extraits est apparu en 1863 (traduit en anglais en 1869) mais l'aventure décrite ne devient réalité que plus tard. C'est le premier de ces voyages extraordinaires qui ont rendu Jules Verne si célèbre.

Pré-lecture

1. Jules Verne choisit des Anglais et un Ecossais comme héros de cette aventure. Discutez les raisons pour lesquelles il aurait fait cela.

2. Quelles sont, selon vous, les caractéristiques qu'un explorateur devrait avoir pour réaliser un exploit difficile ?

Pour vous préparer à la lecture, voir Cahier, Unité 4.

Lecture dirigée

Lisez l'extrait du premier chapitre en cherchant des réponses aux questions suivantes :

1. Où et comment annonce-t-on le projet du Docteur Fergusson ? Explique-t-on ce qu'il a l'intention de faire ? Quels détails apprennent les auditeurs ?

2. Comment étaient l'enfance et l'éducation de Fergusson ? Qu'a-t-il a étudié ? Quel rôle les livres ont-ils eu dans ce qu'il a décidé de faire ?

3. Que faisait Fergusson dans sa jeunesse, avant et après la mort de son père ?

4. Quelles qualités assurent son succès ? Ces qualités ressemblent-elles à celles que vous avez imaginées ?

Cinq semaines en ballon

Chapitre premier

Il y avait une grande affluence d'auditeurs, le 14 janvier 1862, à la séance de la Société Royale Géographique de Londres, Waterloo Place, 3. Le président, sir Francis M..., faisait à ses honorables collègues une importante communication dans un discours fréquemment interrompu par les applaudissements.

5 « L'Angleterre a toujours été à la tête des nations (car, on l'a remarqué, les nations marchent universellement à la tête les unes des autres), par l'intrépidité de ses voyageurs dans la voie des découvertes géographiques. (Assentiments nombreux.) Le docteur Samuel Fergusson, l'un de ses glorieux enfants, ne faillira pas à° son origine. (De toutes parts : Non ! non !)

10 Cette tentative, si elle réussit (Elle réussira !) reliera, en les complétant, les notions éparses° de la cartologie africaine (véhémente approbation), et si elle échoue (jamais ! jamais !), elle restera du moins comme l'une des plus audacieuses conceptions du génie humain ! (Trépignements frénétiques.) »

— Hourra ! hourra ! fit l'assemblée électrisée par ces émouvantes paroles.

15 —Hourra pour l'intrépide Fergusson ! s'écria l'un des membres les plus expansifs de l'auditoire. [...]

Qu'était donc ce docteur, et à quelle entreprise allait-il se dévouer ?

Le père du jeune Fergusson, un brave capitaine de la marine anglaise, avait associé son fils, dès son plus jeune âge, aux dangers et aux aventures de sa profession. Ce 20 digne enfant, qui paraît n'avoir jamais connu la crainte, annonça promptement un esprit vif, une intelligence de chercheur, une propension remarquable vers les travaux scientifiques ; il montrait, en outre°, une adresse peu commune à se tirer d'affaire ; il ne fut jamais embarrassé de rien, pas même de se servir de sa première fourchette, à quoi les enfants réussissent si peu en général.

25 Bientôt son imagination s'enflamma à la lecture des entreprises hardies, des explorations maritimes. [...]

Je vous laisse à penser si ces tendances se développèrent pendant sa jeunesse aventureuse, jetée aux quatre coins du monde. Son père, en homme instruit, ne manquait pas d'ailleurs de consolider cette vive intelligence par des études 30 sérieuses en hydrographie°, en physique et en mécanique, avec une légère teinture de botanique, de médecine et d'astronomie.

À la mort du digne capitaine, Samuel Fergusson, âgé de vingt-deux ans, avait déjà fait son tour du monde ; il s'enrôla dans le corps des ingénieurs bengalais, et se distingua en plusieurs affaires ; mais cette existence de soldat ne lui convenait pas ; 35 se souciant peu de commander, il n'aimait pas à obéir. Il donna sa démission°, et, moitié chassant, moitié herborisant, il remonta vers le nord de la péninsule indienne et la traversa de Calcutta à Surate. Une simple promenade d'amateur. [...]

Marginal glosses:

ne faillira pas à : *will not fail*

éparses : *scattered*

en outre : en plus

hydrographie : océanographie

donna sa démission : *resigned*

En dépit des fatigues de tous genres, et sous tous les climats, la constitution de
40 Fergusson résistait merveilleusement ; il vivait à son aise au milieu des plus
complètes privations ; c'était le type du parfait voyageur, dont l'estomac se
resserre ou se dilate à volonté, dont les jambes s'allongent ou se raccourcissent
suivant la couche° improvisée, qui s'endort à toute heure du jour et se réveille à
toute heure de la nuit. [...]

couche : lit

Avant de continuer, réfléchissez à la question suivante :

Pour quelles raisons Verne ne donne-t-il pas plus de détails sur le projet du
docteur dans le premier chapitre ? Maintenant, continuez votre lecture.

Chapitre 2

45 Le lendemain, dans son numéro du 16 janvier, le *Daily Telegraph* publiait un article
ainsi conçu :

« Les travaux de ces hardis pionniers de la science vont être renoués par
l'audacieuse tentative du docteur Samuel Fergusson, dont nos lecteurs ont
souvent apprécié les belles explorations. »

50 « Cet intrépide découvreur [*discoverer*] se propose de traverser en ballon toute
l'Afrique de l'est à l'ouest. Si nous sommes bien informés, le point de départ de
ce surprenant voyage serait l'île de Zanzibar sur la côte orientale. Quant au point
d'arrivée, à la Providence seule il est réservé de le connaître. »

« La proposition de cette exploration scientifique a été faite hier officiellement à la
55 Société Royale de Géographie ; une somme de deux mille cinq cents livres est
votée pour subvenir aux frais de l'entreprise. »

« Nous tiendrons nos lecteurs au courant de cette tentative, qui est sans
précédents dans les fastes géographiques. » [...]

Chapitre 3

Le docteur Fergusson avait un ami. Non pas un autre lui-même, un alter ego ;
60 l'amitié ne saurait exister entre deux êtres parfaitement identiques.

La connaissance des deux amis se fit dans l'Inde, à l'époque où tous deux
appartenaient au même régiment ; pendant que Dick [Kennedy] chassait au tigre
et à l'éléphant, Samuel chassait à la plante et à l'insecte ; chacun pouvait se dire
adroit dans sa partie, et plus d'une plante rare devint la proie du docteur, qui valut
65 à conquérir autant qu'une paire de défenses en ivoire°.

défenses en ivoire : *elephant
tusks*

Ces deux jeunes gens n'eurent jamais l'occasion de se sauver la vie, ni de se
rendre un service quelconque. De là une amitié inaltérable. La destinée les éloigna
parfois, mais la sympathie les réunit toujours.

Depuis leur rentrée en Angleterre, ils furent souvent séparés par les lointaines
70 expéditions du docteur ; mais, de retour, celui-ci ne manqua jamais d'aller, non pas
demander, mais donner quelques semaines de lui-même à son ami l'Écossais.

Dick causait du passé, Samuel préparait l'avenir : l'un regardait en avant, l'autre
en arrière. De là un esprit inquiet, celui de Fergusson, une placidité parfaite, celle
de Kennedy. [...]

75 [C'est en lisant l'article du *Daily Telegraph* que Dick Kennedy, l'ami écossais,
découvre le projet de son ami.]

— Miséricorde ! s'écria-t-il. Le fou ! l'insensé ! traverser l'Afrique en ballon ! Il ne manquait plus que cela ! Voilà donc ce qu'il méditait depuis deux ans !

Le soir même, Kennedy, moitié inquiet, moitié exaspéré, prenait le chemin de fer à 80 General Railway Station, et le lendemain il arrivait à Londres.

Trois quarts d'heure après, un cab le déposait à la petite maison du docteur, Soho Square, Greek Street ; il en franchit le perron°, et s'annonça en frappant à la porte cinq coups solidement appuyés.

Fergusson lui ouvrit en personne.

85 — Dick ? fit-il sans trop d'étonnement.

— Dick lui-même, riposta Kennedy.

— Comment, mon cher Dick, toi à Londres, pendant les chasses d'hiver ?

— Moi, à Londres.

— Et qu'y viens-tu faire ?

90 — Empêcher une folie sans nom !

— Une folie ? dit le docteur.

— Est-ce vrai ce que raconte ce journal, répondit Kennedy en tendant le numéro du *Daily Telegraph*.

— Ah ! c'est de cela que tu parles ! Ces journaux sont bien indiscrets ! Mais assois-95 toi donc, mon cher Dick.

— Je ne m'assoirai pas. Tu as parfaitement l'intention d'entreprendre ce voyage ?

— Parfaitement, mes préparatifs vont bon train, et je…

— Où sont-ils que je les mette en pièces, tes préparatifs ? Où sont-ils que j'en fasse des morceaux ? Le digne Écossais se mettait très sérieusement en colère.

100 — Du calme, mon cher Dick reprit le docteur. Je conçois ton irritation. Tu m'en veux° de ce que je ne t'ai pas encore appris mes nouveaux projets.

— Il appelle cela de nouveaux projets !

— J'ai été fort occupé, reprit Samuel sans admettre l'interruption, j'ai eu fort à faire ! Mais sois tranquille, je ne serais pas parti sans t'écrire.

105 — Eh ! je me moque bien.

— Parce que j'ai l'intention de t'emmener avec moi. [...]

— Ah ca ! dit-il, tu veux donc que l'on nous renferme tous les deux à l'hôpital de Betlehem[1] !

— J'ai positivement compté sur toi, mon cher Dick, et je t'ai choisi à l'exclusion de 110 bien d'autres.

Kennedy demeurait en pleine stupéfaction.

— Quand tu m'auras écouté pendant dix minutes, répondit tranquillement le docteur, tu me remercieras.

— Tu parles sérieusement ?

115 — Très sérieusement.

---

[1] Bedlam, hôpital pour fous

— Et si je refuse de t'accompagner ?

— Tu ne refuseras pas.

— Mais enfin, si je refuse ?

— Je partirai seul.

120 — Asseyons-nous, dit le chasseur, et parlons sans passion. Du moment que tu ne plaisantes pas, cela vaut la peine que l'on discute.

— Discutons en déjeunant, si tu n'y vois pas d'obstacle, mon cher Dick.

Les deux amis se placèrent l'un en face de l'autre devant une petite table, entre une pile de sandwichs et une théière° énorme.

théière : récipient pour le thé

125 — Mon cher Samuel, dit le chasseur, ton projet est insensé ! il est impossible ! il ne ressemble à rien de sérieux ni de praticable !

— C'est ce que nous verrons bien après avoir essayé.

— Mais ce que précisément il ne faut pas faire, c'est d'essayer.

— Pourquoi cela, s'il te plaît ?

130 — Et les dangers, et les obstacles de toute nature !

— Les obstacles, répondit sérieusement Fergusson, sont inventés pour être vaincus ; quant aux dangers, qui peut se flatter de les fuir ? Tout est danger dans la vie.

— Que cela ! fit Kennedy en levant les épaules. Tu es toujours fataliste !

135 — Toujours, mais dans le bon sens du mot. [...]

— Mais enfin, dit-il après une heure de discussion, si tu veux absolument traverser l'Afrique, si cela est nécessaire à ton bonheur, pourquoi ne pas prendre les routes ordinaires ?

— Pourquoi ? répondit le docteur en s'animant ; parce que jusqu'ici toutes les
140 tentatives ont échoué ! [...] Parce que lutter contre les éléments, contre la faim, la soif, la fièvre, contre les animaux féroces et contre des peuplades° plus féroces encore, est impossible ! Parce que ce qui ne peut être fait d'une façon doit être entrepris d'une autre ! Enfin parce que, là où l'on ne peut passer au milieu, il faut passer à côté ou passer dessus ! [...]

peuplades : tribus

145 — Voyons, fit-il, voyons un peu, mon cher Samuel, tu as donc trouvé le moyen de diriger les ballons ?

— Pas le moins du monde. C'est une utopie.

— Mais alors tu iras ...

— Où voudra la Providence ; mais cependant de l'est à l'ouest.

150 — Pourquoi cela ?

— Parce que je compte me servir des vents alizés[2], dont la direction est constante.

— Oh ! vraiment ! fit Kennedy en réfléchissant : les vents alizés.... certainement... on peut à la rigueur... il y a quelque chose...

— S'il y a quelque chose ! non, mon brave ami, il y a tout. Le gouvernement anglais
155 a mis un transport à ma disposition ; il a été convenu également que trois ou

----
[2] vents réguliers soufflant toujours de l'est [*trade winds*]

quatre navires iraient croiser sur la côte occidentale vers l'époque présumée de mon arrivée. Dans trois mois au plus, je serai à Zanzibar, où j'opérerai le gonflement de mon ballon, et de là nous nous élancerons. [...]

Kennedy part avec son ami, ainsi que Joe, le serviteur fidèle du Docteur Fergusson, dans le ballon qu'il nomme *Victoria*, d'après la reine d'Angleterre à l'époque. Pendant un certain temps, tout se passe bien, mais vers le milieu du voyage, la situation se complique.

Chapitre 24

Le *Victoria* accroché à un arbre solitaire et presque desséché, passa la nuit dans
160 une tranquillité parfaite ; les voyageurs purent goûter un peu de ce sommeil dont ils avaient si grand besoin ; les émotions des journées précédentes leur avaient laissé de tristes souvenirs.

Vers le matin, le ciel reprit sa limpidité brillante et sa chaleur. Le ballon s'éleva dans les airs ; après plusieurs essais infructueux, il rencontra un courant, peu
165 rapide d'ailleurs, qui le porta vers le nord-ouest.

— Nous n'avançons plus, dit le docteur ; si je ne me trompe, nous avons accompli la moitié de notre voyage à peu près en dix jours ; mais, au train dont nous marchons, il nous faudra des mois pour le terminer. Cela est d'autant plus fâcheux que nous sommes menacés de manquer d'eau.

170 — Mais nous en trouverons, répondit Dick ; il est impossible de ne pas rencontrer quelque rivière, quelque ruisseau, quelque étang, dans cette vaste étendue de pays.

Mais le docteur ne répondit pas. Il songeait, non sans de secrètes terreurs, aux vastes solitudes du Sahara ; là, des semaines se passent sans que les caravanes
175 rencontrent un puits où se désaltérer.° [...]

se désaltérer : *to quench their thirst*

L'aspect de cette partie de l'Afrique était inquiétant d'ailleurs. Le désert se faisait peu à peu. Plus un village, pas même une réunion de quelques huttes ; la végétation se retirait. À peine quelques plantes rabougries° comme dans les terrains bruyéreux de l'Écosse, un commencement de sables blanchâtres et des
180 pierres de feu, quelques lentisques° et des buissons épineux.

rabougries : *stunted*

lentisques : *petit arbre, sorte de pistachier*

Il ne semblait pas qu'une caravane eût jamais affronté cette contrée déserte ; elle aurait laissé des traces visibles de campement, les ossements blanchis de ses hommes ou de ses bêtes. Mais rien. Et l'on sentait que bientôt une immensité de sable s'emparerait de cette région désolée. À la fin de cette journée, le *Victoria*
185 n'avait pas franchi trente milles.

Si l'eau n'eut pas manqué ! Mais il en restait en tout trois gallons [Treize litres et demi environ] ! Fergusson mit de côté un gallon destiné à étancher la soif ardente qu'une chaleur de quatre-vingt-dix degrés[3] rendait intolérable ; deux gallons restaient donc pour alimenter le chalumeau° ; ils ne pouvaient produire que quatre
190 cent quatre-vingts pieds cubes de gaz ; or le chalumeau en dépensait neuf pieds cubes par heure environ ; on ne pouvait donc plus marcher que pendant cinquante-quatre heures. Tout cela était rigoureusement mathématique.

chalumeau : *burner to heat water to make hydrogen*

— Cinquante-quatre heures ! dit-il à ses compagnons. Or, comme je suis bien décidé à ne pas voyager la nuit, de peur de manquer un ruisseau, une source°, une
195 mare°, c'est trois jours et demi de voyage qu'il nous reste, et pendant lesquels il

source : *spring*
mare : *pond*

---
[3] mesure anglaise

faut trouver de l'eau à tout prix. J'ai cru devoir vous prévenir de cette situation grave, mes amis, car je ne réserve qu'un seul gallon pour notre soif, et nous devrons nous mettre à une ration sévère.

— Rationne-nous, répondit le chasseur ; mais il n'est pas encore temps de se
200 désespérer ; nous avons trois jours devant nous, dis-tu ?

— Oui, mon cher Dick.

— Eh bien ! comme nos regrets ne sauraient qu'y faire, dans trois jours il sera temps de prendre un parti ; jusque-là redoublons de vigilance.

Au repas du soir, l'eau fut donc strictement mesurée ; la quantité d'eau-de-vie
205 s'accrut dans les grogs ; mais il fallait se défier de cette liqueur plus propre à altérer° qu'à rafraîchir.

altérer : donner soif

À la nuit paisible, à sa magnificence étoilée, succédèrent le jour immuable et les rayons ardents du soleil ; dès ses premières lueurs, la température devenait brûlante. À cinq heures du matin, le docteur donna le signal du départ, et pendant
210 un temps, assez long, le *Victoria* demeura sans mouvement dans une atmosphère de plomb.

Le docteur aurait pu échapper à cette chaleur intense en s'élevant dans des zones supérieures ; mais il fallait dépenser une plus grande quantité d'eau, chose impossible alors. Il se contenta donc de maintenir son aérostat à cent pieds du sol ;
215 là, un courant faible le poussait vers l'horizon occidental.

Le déjeuner se composa d'un peu de viande séchée et de pemmican. Vers midi, le *Victoria* avait à peine fait quelques milles.

— Nous ne pouvons aller plus vite, dit le docteur. Nous ne commandons pas, nous obéissons. [...]

220 — Maudite chaleur ! fit Joe en essuyant son front ruisselant. [...] Nous avons fait au moins la moitié du voyage ? demanda Joe.

— Comme distance, oui ; comme durée, non, si le vent nous abandonne. Or il a tendance à diminuer tout à fait.

— Allons, Monsieur, reprit Joe, il ne faut pas nous plaindre ; nous nous en sommes
225 assez bien tirés jusqu'ici, et, quoi que je fasse, il m'est impossible de me désespérer. Nous trouverons de l'eau, c'est moi qui vous le dis. . [...]

Vers le soir, le docteur constata que le *Victoria* n'avait pas gagné vingt milles pendant cette journée brûlante. Une obscurité chaude l'enveloppa dès que le soleil eut disparu derrière un horizon tracé avec la netteté d'une ligne droite.

230 Le lendemain était le 1er mai, un jeudi ; mais les jours se succédaient avec une monotonie désespérante ; le matin valait le matin qui l'avait précédé ; midi jetait à profusion ses mêmes rayons toujours inépuisables, et la nuit condensait dans son ombre cette chaleur éparse, que le jour suivant devait léguer encore à la nuit suivante. Le vent, à peine sensible, devenait plutôt une expiration qu'un souffle, et
235 l'on pouvait pressentir le moment où cette haleine s'éteindrait elle-même.

La responsabilité qui pesait sur le docteur l'affectait beaucoup, bien qu'il n'en laissât rien paraître. Ces deux hommes, Dick et Joe, deux amis tous les deux, il les avait entraînés au loin, presque par la force de l'amitié ou du devoir. Avait-il bien agi ? N'était-ce pas tenter les voies défendues ? N'essayait-il pas dans ce voyage
240 de franchir les limites de l'impossible ? Dieu n'avait-il pas réservé à des siècles plus reculés la connaissance de ce continent ingrat ! [...]

Mais chacun à son tour interrogea vainement l'espace pendant cette interminable journée ; rien n'apparut qui pût faire naître une espérance. Les derniers mouvements du sol disparurent au soleil couchant, dont les rayons horizontaux s'allongèrent en longues lignes de feu sur cette plate immensité. C'était le désert.

Les voyageurs n'avaient pas franchi une distance de quinze milles, ayant dépensé, ainsi que le jour précédent, cent trente pieds cube de gaz pour alimenter le chalumeau, et deux pintes d'eau sur huit durent être sacrifiées à l'étanchement d'une soif ardente.

250 La nuit se passa tranquille, trop tranquille ! Le docteur ne dormit pas.

Ils réussissent finalement à reprendre le voyage, mais avant d'arriver à leur destination, il y a de nouveaux dangers.

Chapitre 43

— Si nous n'avions pas pris la précaution de nous alléger hier soir, dit le docteur, nous étions perdus sans ressources.

— Voilà ce que c'est que de faire les choses à temps, répliqua Joe ; on se sauve alors, et rien n'est plus naturel.

255 — Nous ne sommes pas hors de danger, répliqua Fergusson.

— Que crains-tu donc ? demanda Dick. Le *Victoria* ne peut pas descendre sans ta permission, et quand il descendrait ?

— Quand il descendrait ! Dick, regarde !

La lisière° de la forêt venait d'être dépassée, et les voyageurs purent apercevoir 260 une trentaine de cavaliers, revêtus du large pantalon et du burnous° flottant ; ils étaient armés, les uns de lances, les autres de longs mousquets ; ils suivaient au petit galop de leurs chevaux vifs et ardents la direction du *Victoria*, qui marchait avec une vitesse modérée.

À la vue des voyageurs, ils poussèrent des cris sauvages, en brandissant leurs 265 armes ; la colère et les menaces se lisaient sur leurs figures basanées°, rendues plus féroces par une barbe rare, mais hérissée ; ils traversaient sans peine ces plateaux abaissés et ces rampes adoucies qui descendent au Sénégal[4].

— Ce sont bien eux ! dit le docteur, les cruels Talibas[5], les farouches° marabouts° d'Al-Eladji[6] ! J'aimerais mieux me trouver en pleine forêt, au milieu d'un cercle de 270 bêtes fauves, que de tomber entre les mains de ces bandits. [...]

— Enfin, ils ne peuvent nous atteindre, répliqua Kennedy, et si nous parvenons à mettre le fleuve entre eux et nous, nous serons en sûreté.

— Parfaitement, Dick ; mais il ne faut pas tomber, répondit le docteur en portant ses yeux sur le baromètre.

275 — En tout cas, Joe, reprit Kennedy, nous ne ferons pas mal de préparer nos armes.

— Cela ne peut pas nuire, Monsieur Dick ; nous nous trouverons bien de ne pas les avoir semées sur notre route.

— Ma carabine ! s'écria le chasseur, j'espère ne m'en séparer jamais.

lisière : *edge*
burnous : grand manteau de laine

basanées : brunies

farouches : sauvages ;
marabouts : *witch doctors*

---

[4] fleuve de l'Afrique de l'Ouest qui se jette dans l'Atlantique
[5] tribu de la région: le mot "talib" veut dire celui qui cherche la vérité
[6] musulmans

Et Kennedy la chargea avec le plus grand soin ; il lui restait de la poudre et des
280 balles en quantité suffisante.

— À quelle hauteur nous maintenons-nous ? demanda-t-il à Fergusson.

— À sept cent cinquante pieds environ ; mais nous n'avons plus la faculté de
chercher des courants favorables, en montant ou en descendant ; nous sommes
à la merci du ballon.

ouragan : orage, tempête

285 — Cela est fâcheux, reprit Kennedy ; le vent est assez médiocre, et si nous avions
rencontré un ouragan° pareil à celui des jours précédents, depuis longtemps ces
affreux bandits seraient hors de vue.
Si nous étions à bonne portée, dit le chasseur, je m'amuserais à les démonter les
uns après les autres.

oui-da : bien sûr

290 — Oui-da° ! répondit Fergusson ; mais ils seraient à bonne portée aussi, et notre
Victoria offrirait un but trop facile aux balles de leurs longs mousquets ; or, s'ils le
déchiraient, je te laisse à juger quelle serait notre situation.

En ce moment, son attention fut attirée par de nouveaux cris ; les Talibas
s'agitaient en pressant leurs chevaux.

295 Le docteur consulta le baromètre, et comprit la cause de ces hurlements :

— Nous descendons, fit Kennedy.

— Oui, répondit Fergusson

— Diable ! pensa Joe.

nacelle : panier suspendu au-
dessous d'un ballon

Au bout d'un quart d'heure, la nacelle° n'était pas à cent cinquante pieds du sol,
300 mais le vent soufflait avec plus de force.

Les Talibas enlevèrent leurs chevaux, et bientôt une décharge de mousquets éclata
dans les airs.

gredins : *scoundrels*

— Trop loin, imbéciles ! s'écria Joe ; il me paraît bon de tenir ces gredins-là° à
distance.

305 Et, visant l'un des cavaliers les plus avancés, il fit feu ; le Talibas roula à terre ;
ses compagnons s'arrêtèrent et le *Victoria* gagna sur eux.

— Ils sont prudents, dit Kennedy.

— Parce qu'ils se croient assurés de nous prendre, répondit le docteur ; et ils y
réussiront, si nous descendons encore ! Il faut absolument nous relever !

310 — Que jeter ? demanda Joe.

livres : (ici, f.) *pounds*

— Tout ce qui reste de provision de pemmican ! C'est encore une trentaine de
livres° dont nous nous débarrasserons !

— Voilà, Monsieur ! fit Joe en obéissant aux ordres de son maître.

La nacelle, qui touchait presque le sol, se releva au milieu des cris des Talibas ;
315 mais, une demi-heure plus tard, le *Victoria* redescendait avec rapidité ; le gaz fuyait
par les pores de l'enveloppe.

Bientôt la nacelle vint raser le sol. [...]

— Nous n'échapperons donc pas ! fit Kennedy avec rage.

— Jette notre réserve d'eau-de-vie, Joe, s'écria le docteur, nos instruments, tout
320 ce qui peut avoir une pesanteur quelconque, et notre dernière ancre, puisqu'il le
faut !

Joe arracha les baromètres, les thermomètres ; mais tout cela était peu de chose,
et le ballon, qui remonta un instant, retomba bientôt vers la terre. Les Talibas
volaient sur ses traces et n'étaient qu'à deux cents pas de lui.

325 — Jette les deux fusils ! s'écria le docteur.

— Pas avant de les avoir déchargés, du moins, répondit le chasseur.

Et quatre coups successifs frappèrent dans la masse des cavaliers ; quatre Talibas
tombèrent au milieu des cris frénétiques de la bande. Le *Victoria* se releva de
nouveau ; il faisait des bonds d'une énorme étendue, comme une immense balle
330 élastique rebondissant sur le sol.

— Le ciel nous abandonne, dit Kennedy, il faudra tomber !

Joe ne répondit pas, il regardait son maître.

— Non ! dit celui-ci, nous avons encore plus de cent cinquante livres à jeter.

— Quoi donc ? demanda Kennedy, pensant que le docteur devenait fou.

335 — La nacelle ! répondit celui-ci. Accrochons-nous au filet ! Nous pouvons nous
retenir aux mailles° et gagner le fleuve ! Vite ! vite !

Et ces hommes audacieux n'hésitèrent pas à tenter un pareil moyen de salut. Ils
se suspendirent aux mailles du filet°, ainsi que l'avait indiqué le docteur, et Joe, se
retenant d'une main, coupa les cordes de la nacelle ; elle tomba au moment où
340 l'aérostat allait définitivement s'abattre.

— Hourra ! hourra ! s'écria-t-il, pendant que le ballon délesté remontait à trois
cents pieds dans l'air.

Les Talibas excitaient leurs chevaux ; ils couraient ventre à terre ; mais le *Victoria*,
rencontrant un vent plus actif, les devança et fila rapidement vers une colline qui
345 barrait l'horizon de l'ouest. Ce fut une circonstance favorable pour les voyageurs,
car ils purent la dépasser, tandis que la horde d'Al Hadji était forcée de prendre
par le nord pour contourner ce dernier obstacle.

Les trois amis se tenaient accrochés au filet ; ils avaient pu le rattacher au-dessous
d'eux, et il formait comme une poche flottante.

350 Soudain, après avoir franchi la colline, le docteur s'écria :

— Le fleuve ! le fleuve ! le Sénégal !

À deux milles, en effet, le fleuve roulait une masse d'eau fort étendue ; la rive
opposée, basse et fertile, offrait une sûre retraite et un endroit favorable pour
opérer la descente.

355 — Encore un quart d'heure, dit Fergusson, et nous sommes sauvés !

Mais il ne devait pas en être ainsi ; le ballon vide retombait peu à peu sur un terrain
presque entièrement dépourvu de végétation.

Le *Victoria* toucha plusieurs fois le sol et se releva ; ses bonds diminuaient de
hauteur et d'étendue ; au dernier, il s'accrocha par la partie supérieure du filet aux
360 branches élevées d'un baobab°, seul arbre isolé au milieu de ce pays désert.

mailles : *mesh*

filet : *net*

baobab : *arbre africain, à tronc énorme*

— C'est fini, fit le chasseur.

— Et à cent pas du fleuve, dit Joe.

Les trois infortunés mirent pied à terre, et le docteur entraîna ses deux compagnons vers le Sénégal.

365 En cet endroit, le fleuve faisait entendre un mugissement° prolongé ; arrivé sur les bords, Fergusson reconnut les chutes de Gouina[7] ! Pas une barque sur la rive ; pas un être animé. Sur une largeur de deux mille pieds, le Sénégal se précipitait d'une hauteur de cent cinquante pieds, avec un bruit retentissant. Il coulait de l'est à l'ouest, et la ligne de rochers qui barrait son cours s'étendait du nord au sud. Au 370 milieu de la chute se dressaient des rochers aux formes étranges, comme d'immenses animaux antédiluviens pétrifiés au milieu des eaux.

mugissement : roaring

L'impossibilité de traverser ce gouffre° était évidente ; Kennedy ne put retenir un geste de désespoir.

gouffre : abyss

Mais le docteur Fergusson, avec un énergique accent d'audace, s'écria :

375 — Tout n'est pas fini !

— Je le savais bien, fit Joe avec cette confiance en son maître qu'il ne pouvait jamais perdre.

La vue de cette herbe desséchée avait inspiré au docteur une idée hardie. C'était la seule chance de salut. Il ramena rapidement ses compagnons vers l'enveloppe 380 de l'aérostat.

— Nous avons au moins une heure d'avance sur ces bandits, dit-il ; ne perdons pas de temps, mes amis, ramassez une grande quantité de cette herbe sèche ; il m'en faut cent livres au moins.

— Pourquoi faire ? demanda Kennedy.

385 — Je n'ai plus de gaz ; eh bien ! je traverserai le fleuve avec de l'air chaud !

— Ah ! mon brave Samuel ! s'écria Kennedy, tu es vraiment un grand homme !

Joe et Kennedy se mirent au travail, et bientôt une énorme meule° fut empilée près du baobab.

meule : stack

Pendant ce temps, le docteur avait agrandi l'orifice de l'aérostat en le coupant 390 dans sa partie inférieure ; il eut soin préalablement° de chasser ce qui pouvait rester d'hydrogène par la soupape° ; puis il empila une certaine quantité d'herbe sèche sous l'enveloppe, et il y mit le feu.

préalablement : avant
soupape : valve

Il faut peu de temps pour gonfler un ballon avec de l'air chaud ; une chaleur de cent quatre-vingts degrés [100° centigrades,] suffit à diminuer de moitié la pesanteur 395 de l'air qu'il renferme en le raréfiant ; aussi le *Victoria* commença à reprendre sensiblement sa forme arrondie ; l'herbe ne manquait pas ; le feu s'activait par les soins du docteur, et l'aérostat grossissait à vue d'œil.

Il était alors une heure moins le quart.

En ce moment, à deux milles dans le nord, apparut la bande des Talibas ; on 400 entendait leurs cris et le galop des chevaux lancés à toute vitesse.

— Dans vingt minutes ils seront ici, fit Kennedy.

— De l'herbe ! de l'herbe ! Joe. Dans dix minutes nous serons en plein air !

---

[7] *waterfalls on the Senegal River*

— Voilà, Monsieur.

Le *Victoria* était aux deux tiers gonflé.

405 — Mes amis ! accrochons-nous au filet, comme nous l'avons fait déjà.

— C'est fait, répondit le chasseur.

Au bout de dix minutes, quelques secousses du ballon indiquèrent sa tendance à s'enlever. Les Talibas approchaient ; ils étaient à peine à cinq cents pas.

— Tenez-vous bien, s'écria Fergusson.

410 — N'ayez pas peur, mon maître ! n'ayez pas peur !

Et du pied le docteur poussa dans le foyer une nouvelle quantité d'herbe.

Le ballon, entièrement dilaté par l'accroissement de température, s'envola en frôlant les branches du baobab.

— En route ! cria Joe.

415 Une décharge de mousquets lui répondit ; une balle même lui laboura l'épaule ; mais Kennedy, se penchant et déchargeant sa carabine d'une main, jeta un ennemi de plus à terre.

Des cris de rage impossibles à rendre accueillirent l'enlèvement de l'aérostat, qui monta à plus de huit cents pieds. Un vent rapide le saisit, et il décrivit
420 d'inquiétantes oscillations, pendant que l'intrépide docteur et ses compagnons contemplaient le gouffre des cataractes ouvert sous leurs yeux.

Dix minutes après, sans avoir échangé une parole, les intrépides voyageurs descendaient peu à peu vers l'autre rive du fleuve.

Là, surpris, émerveillé, effrayé, se tenait un groupe d'une dizaine d'hommes qui
425 portaient l'uniforme français. Qu'on juge de leur étonnement quand ils virent ce ballon s'élever de la rive droite du fleuve. Ils n'étaient pas éloignés de croire à un phénomène céleste. Mais leurs chefs, un lieutenant de marine et un enseigne de vaisseau, connaissaient par les journaux d'Europe l'audacieuse tentative du docteur Fergusson, et ils se rendirent tout de suite compte de l'événement.

430 Le ballon, se dégonflant peu à peu, retombait avec les hardis aéronautes retenus à son filet ; mais il était douteux qu'il put atteindre la terre, aussi les Français se précipitèrent dans le fleuve, et reçurent les trois Anglais entre leurs bras, au moment où le *Victoria* s'abattait à quelques toises° de la rive gauche du Sénégal.

Les Français emportèrent les voyageurs au delà du fleuve, tandis que le ballon à
435 demi dégonflé, entraîné par un courant rapide, s'en alla comme une bulle immense s'engloutir avec les eaux du Sénégal dans les cataractes de Gouina.

— Pauvre *Victoria* ! fit Joe.

Le docteur ne put retenir une larme ; il ouvrit ses bras, et ses deux amis s'y précipitèrent sous l'empire d'une grande émotion.

toises : quelques mètres (hist.)

❦

Questions de compréhension

Chapitres 1 à 3

1. Quel est le projet annoncé dans le *Daily Telegraph* ?

2. Sur quoi est fondé l'amitié entre Fergusson et Kennedy ? Comment se ressemblent-ils ? Comment sont-ils différents l'un de l'autre ?

3. Pourquoi Kennedy voyage-t-il à Londres rendre visite à son ami ? Que pense celui-là du projet de Fergusson ?

4. Quels détails techniques le lecteur apprend-il sur le voyage dans le chapitre 3 ?

Chapitre 24

5. Quels sont les deux grands problèmes que confrontent les voyageurs dans ce chapitre ? Quelles solutions essaient-ils ?

6. Comment est le paysage que le *Victoria* survole ?

7. Qui s'inquiète le plus des trois ? Pourquoi ?

Chapitre 43

8. Pourquoi les voyageurs sont-ils en danger en ballon alors que les Talibas sont à cheval ?

9. Que font Fergusson, Kennedy et Joe pour faire relever le ballon ?

10. Que font-ils finalement avec la nacelle ?

11. Comment réussissent-ils à franchir le Sénégal ?

12. Décrivez leur arrivée. À quel danger les voyageurs échappent-ils ? Que font les Français ? Qu'arrive-t-il au ballon ?

13. Pourquoi le docteur ne peut-il pas retenir une larme ?

Réfléchissez et discutez ensemble

1. Trouvez des raisons pour expliquer le grand succès des romans de Jules Verne. Sont-ils démodés ou les lit-on encore aujourd'hui ?

2. Comparez le caractère de Fergusson à celui de Kennedy, en commençant par la description du Chapitre 3 et en continuant avec leurs réactions envers les dangers racontés dans les chapitres suivants.

3. Quels sont les avantages de traverser l'Afrique en ballon ? Quels en sont les inconvénients ?

4. Comment Jules Verne crée-t-il l'impression de chaleur et de calme dans le chapitre 24 ? De quelles images se sert-il ? De quels adjectifs ? De quels noms ?

5. Que fait Jules Verne pour souligner la férocité des Talibas ? Relevez des exemples précis du chapitre 43.

> Voir les pages 102–103 pour une révision de la comparaison, les pages 55–56 pour la formation et l'usage des adjectifs, et les pages 155–157 pour une révision des adverbes.

Jouez les scènes

1. Vous êtes journaliste et interviewez Kennedy après sa conversation avec Fergusson sur son projet. Vous voulez savoir ce qu'il a dit, alors vous utilisez le passé.

Voir les pages 104–105 pour les formes et l'usage du conditionnel.

2. Joe, le serviteur fidèle, veut accompagner son maître mais celui-ci hésite à lui faire courir tant de risques. Joe explique tout ce qu'il pourrait faire pour son maître et Fergusson exprime ses doutes.

3. Longtemps après ce voyage en ballon, Fergusson, maintenant grand-père, encourage ses petits-enfants à suivre ses traces. Quelques-uns ont hérité de l'esprit aventurier de leur grand-père mais d'autres hésitent.

À l'écrit

1. Kennedy écrit une lettre à un cousin avant son départ dans laquelle il décrit ce qu'il a l'intention de faire.

Voir les pages 103–104 pour une révision du futur.

Voir les pages 52–54 pour une révision des temps du passé.

2. Écrivez une page du carnet de bord [*log book*] d'une des journées d'extrême chaleur où vous n'avez guère avancé, du point de vue de Fergusson.

3. Imaginez que vous êtes le lieutenant français qui a accueilli les voyageurs britanniques. Vous écrivez un rapport, au passé, pour décrire leur arrivée, que vous avez pu suivre de loin, grâce à des jumelles. [*binoculars*]

Synthèse

Voir les pages 191–193 pour plus de détails sur la forme des lettres en français.

1. Les aventuriers ont presque toujours besoin d'argent pour pouvoir entreprendre leurs exploits. Fergusson écrit une lettre à la Société Royale Géographique pour demander leur soutien.

   Étapes à suivre :

   a. Les buts de votre exploit : ce que vous voulez faire et comment vous le ferez
   b. Ce qui garantira le succès : votre expérience, vos préparations
   c. Comment votre pays profitera de votre réussite : les bienfaits de l'exploit

   Commencez votre lettre : Messieurs les Directeurs,

   À la fin : Je vous prie d'agréer, Messieurs les Directeurs, l'assurance de mes sentiments respectueux.

2. Un journaliste sceptique : Vous avez lu l'article annonçant le projet du Docteur Fergusson que vous trouvez insensé. Pour votre journal, vous écrivez un éditorial le dénonçant.

   Étapes proposées :

   a. Raisons scientifiques
   b. L'orgueil de Fergusson
   c. Perte d'argent qu'on dépenserait mieux ailleurs

Au-dessus des Alpes

Le tour du monde en ballon

Le 21 mars 1999 à six heures du matin, le Suisse Bertrand Piccard[1] et son coéquipier, l'Anglais, Brian Jones[2], ont réussi un exploit qui faisait rêver les aventuriers depuis des années, le tour du monde en ballon sans escale°. Après 19 jours, 21 heures et 55 minutes de navigation, leur ballon, le Breitling[3] Orbiter III a atterri dans le sud-est de l'Égypte en battant tous les records de durée et de distance.

sans escale : *nonstop*

Le journal français, *Le Monde*, dans son édition du 21-22 mars 1999, décrit le voyage de Piccard et de Jones, la veille de leur atterrissage.

---

[1] 40 ans, psychiatre de profession
[2] 51 ans, ancien pilote de la Royal Air Force
[3] entreprise suisse, fondée en 1884, qui fabrique des chronographes et des compteurs pour les sciences et l'industrie, sponsor principal de l'exploit de Piccard et Jones

Un peu d'histoire	
1783	Les frères Montgolfier[4] font voler un ballon à air chaud sans nacelle°
1784	Première traversée de la Manche en vol libre, par le Français Blanchard et l'Américain Jeffries
1929	Tour de la terre en dirigeable (*Graf Zeppelin*) avec escales : 21 jours et 7 heures
1981	Première traversée du Pacifique, par les Américains Abruzzo, Aoki, Newman et Clarke
1996	Première tentative de tour du monde, par l'Américain Steve Fossett ; il doit abandonner après deux jours
1999	Bertrand Piccard et Brian Jones bouclent leur tour du monde en ballon

nacelle : panier suspendu au-dessous d'un ballon

Pour vous préparer à la lecture, voir Cahier, Unité 4.

Pré-lecture

Fond

Quelles sciences jouent un rôle dans la réalisation d'un tel exploit ? Expliquez brièvement leur rôle.

Forme

Vous allez lire un article de journal. À quoi vous attendez-vous quant à la forme et au style ?

Lecture dirigée

1. Lisez la première phrase de chaque paragraphe. De quels aspects de cette aventure s'agira-t-il dans l'article ?

2. Lisez tout le premier paragraphe pour trouver des réponses aux questions suivantes :
   a. Quand et où Piccard et Jones ont-ils démarré ?
   b. De quoi se compose le ballon ?
   c. Quelle expression indique que le Breitling Orbiter III a vraiment fait le tour du monde ?

Le tour du monde en ballon

station : *resort town;* **vaudoise** : de la région du Vaud, canton suisse

Breitling Orbiter III, le ballon piloté par le Suisse Bertrand Piccard et son coéquipier britannique, Brian Jones, était attendu, samedi 20 au soir ou dimanche 21 mars, quelque part dans le désert du Sahara. Partie de la station° vaudoise° de Château-d'Oex le 1er mars à 9h5, l'enveloppe argentée haute de 55 mètres, composée
5 d'air chaud et d'hélium, met ainsi un terme à la « dernière grande aventure », surnom que donna il y a quelques années le magazine américain *National Geographic*, au tour du monde en ballon sans escale. Tous les parallèles du globe auront bien été franchis, puisque Breitling Orbiter III avait démarré son voyage vers

---
[4] industriels français, inventeurs des premier aérostats, dits montgolfières

l'ouest, pour atteindre la longitude de 9 degrés et 27 minutes, au-dessus de la
10 Mauritanie, et les courants d'air chaud qui l'ont ensuite propulsé plein est°.

Bertrand Piccard a louvoyé° avec autant d'habilité au milieu des courants aériens
que dans les couloirs sinueux de la géopolitique. Car Bertrand Piccard faillit° ne
jamais partir. Le 23 décembre 1998, le milliardaire anglais Richard Branson avait
violé l'espace aérien chinois lors° de sa tentative, allant au-delà° du 26e parallèle,
15 limite autorisé par Pékin. Le premier ministre britannique, Tony Blair, avait dû
intervenir afin que des avions de chasse° chinois ne se lancent à la poursuite de
l'excentrique homme d'affaires. Cet « acte de piraterie » , au regard du droit aérien,
eut pour effet de « geler » les autorisations de survol que la Chine avait données
aux différents candidats au tour du monde en ballon. Bertrand Piccard et les autres
20 aérostiers° s'étaient alors retrouvés les ailes coupées°.

Des six concurrents s'apprêtant à larguer les amarres°, seul le Suisse est finalement
parvenu à récupérer le précieux visa. Si deux ministres de la Confédération
helvétique sont directement intervenus pour faire changer d'avis aux autorités
chinoises, ces dernières se sont également souvenues que Bertrand Piccard avait
25 pris la précaution de faire le déplacement jusqu'à elles, en août 1998, afin de
présenter son projet ainsi que ceux de ses compagnons d'aventure et néanmoins°
rivaux. Britanniques, Australiens ou Américains, ces derniers n'avaient en effet, que
très peu de chance de regagner la confiance de Pékin. Il en était tout autrement pour
Bertrand Piccard, citoyen d'un pays connu pour sa neutralité.

Merci aux météorologues

30 Entreprendre un tour du monde en ballon sans passer au-dessus de la Chine aurait
été un exercice impossible. Les Anglais Andy Elson et Colin Prescot s'y sont essayé
entre le 17 février et le 7 mars. À bord de *Cable & Wireless*, ils ont dû multiplier
les manœuvres afin de trouver des vents qui les porteraient au-delà des frontières
interdites. Ils y parvinrent, mais perdirent du temps et de l'énergie dans
35 l'opération. Le 9 mars, Bertrand Piccard et Brian Jones furent, eux, à deux doigts
de franchir le 26e parallèle. À 40 kilomètres près, ils auraient été dans l'obligation
de se poser prématurément.

Les deux aérostiers doivent une fière chandelle° aux météorologues Pierre Eckert
et Luc Trullemans qui, depuis l'aéroport de Genève, ont littéralement guidé leur
40 ballon. Plus de vingt jours durants, ils ont recoupé les prévisions et autres
données° fournies par les stations météorologiques du monde entier, mais aussi
par certaines compagnies aériennes ayant prêté leur collaboration. À bord de leur
capsule, Bertrand Piccard et Brian Jones n'ont eu qu'à suivre, à la lettre°, les
consignes des deux experts qui leur demandaient de prendre ou de perdre de
45 l'altitude au gré° des vents porteurs. Ce jeu de Yo-Yo à distance a permis de
contourner l'Irak ainsi qu'une zone militarisée du Yémen. Il a également évité au
ballon de se faire aspirer° par un jet-stream contraire qui l'aurait ramené vers le
Venezuela alors qu'il était en train de franchir le continent sud-américain.

Épreuve physique et morale

Leur route fabuleuse, Bertrand Piccard et Brian Jones l'ont menée aveuglément,
50 claquemurés° dans une cabine pressurisée de 30 m^3 et dont la température
intérieure oscillait entre 8 et 15 degrés. À l'inverse de marins partant faire le tour
du monde à la voile, les deux hommes ne garderont pas en mémoire des images
de cartes postales ou d'éléments déchaînés. Ils ont survolé une trentaine de pays,
mais n'en ont pratiquement rien vu. Absorbé par la bonne conduite de leur appareil,

plein est : *due east*

louvoyé : *tacked*
faillit : *very nearly*

lors : au moment de ; au-delà :
beyond
avions de chasse : *fighter planes*

aérostiers : pilotes de ballon ;
les ailes coupées : *their*
wings clipped ; larguer les
amarres : *to cast off*

néanmoins : cependant

doivent une fière chandelle : ont
une grande obligation

données : *data*

à la lettre : très exactement

au gré : *according to the will*

aspirer : *sucked in*

claquemurés : enfermés

dériver : *drift*

55 attentifs au moindre signal, synonyme de dysfonctionnement, ils se sont laissés dériver° en espérant que le « pire » ne viendrait jamais.

Quinze jours après être parti, Bertrand Piccard envoya le message suivant à son équipe basée à Genève : « *Quand nous passions une journée à l'intérieur de la capsule à Château d'Oex* [afin de simuler les conditions de vol] *, nous trouvions le*
60 *temps terriblement long et ennuyeux. À présent, nous avons pris notre rythme et nous pourrions tenir sans aucun problème encore une semaine.* » Une semaine plus tard, justement, le ton est tout autre : les deux aérostiers sont épuisés physiquement, ils ont le moral en capilotade° et se montrent mécontents car le ballon n'avance pas assez vite.

capilotade : en piteux état

65 Médecin psychiatre de profession, adepte de la technique de l'hypnose, Bertrand Piccard attendait de ce voyage en vase clos° qu'il lui apprenne des choses sur le comportement humain : « *Dans mon cabinet à Lausanne, je recommande à mes patients de contrôler les émotions produites par le psychisme° et de ne jamais déprimer° lorsque la vie vous joue de mauvais tours. À moi de donner l'exemple* »,
70 confiait-il en janvier 1998, peu de temps avant de prendre le départ de sa deuxième tentative infructueuse. L'expérience est désormais bouclée. Ces trois semaines passées à deux entre 2 000 et 10 000 mètres d'altitude, restera la meilleure « mise en situation » qui soit pour Bertrand Piccard, fils et petit-fils de savants célèbres[5], et vainqueur, à quarante ans, du dernier Graal[6] de l'histoire aérienne.

vase clos : confiné

psychisme : *psyche, mind*
déprimer : *to get depressed*

75 Frédéric Potet

Le Monde, 21–22.03.99

Questions de compréhension

1. Quel problème géopolitique Piccard a-t-il dû résoudre avant de partir ? Quelles démarches a-t-on entreprises ? Quel rôle y a joué sa nationalité ? Pourquoi était-il essentiel de résoudre ce problème ?

2. Quel rôle les météorologues ont-ils joué dans l'exploit ?

3. Quels pays Piccard et Jones ont-ils dû contourner ? Pourquoi ?

4. Quels souvenirs les aérostiers garderont-ils de leur voyage ? Expliquez.

5. En quoi le moral de Piccard et Jones a-t-il changé au cours de leur voyage ?

6. Qu'est-ce que Piccard espérait apprendre pendant son voyage ?

Réfléchissez et discutez ensemble

1. Selon vous, pourquoi est-ce que *National Geographic* a appelé ce voyage « la dernière grande aventure » ? Êtes-vous d'accord ?

2. Comment la profession de Piccard a-t-elle contribué au succès de cet exploit ?

3. Expliquez l'image utilisée dans la dernière phrase de l'article.

4. Quelles sont les conditions essentielles à la réussite d'une telle aventure, d'après vous ?

---

[5] Son père, Jacques, soucieux de la protection des mers et des lacs, bat le record de profondeur et construit son propre sous-marin; son grand-père, Auguste, est le premier homme à atteindre la stratosphère à bord d'un ballon de sa conception. Celui-ci inspire à Hergé, créateur de Tintin, le personnage du Professeur Tournesol.

[6] Vase d'émeraude qui aurait servi à Jésus-Christ pour la Cène [*Last Supper*] et dans lequel Joseph d'Arimathie aurait recueilli le sang qui coula de son flanc percé. Certains romans de la Table ronde racontent la quête du Graal par les chevaliers du roi Arthur. Devenu symbole du but d'une quête difficile.

À l'écrit

1. Enfant, Piccard rêve d'égaler les exploits de son père et de son grand-père (voir la note 5). Il décrit ses ambitions au futur dans son journal intime.

2. Le carnet de bord [*log book*] : Piccard, en tant que psychiatre, s'observe pendant le voyage. Imaginez une page de notes un jour où tout va bien, ou un jour où il déprime.

3. L'Américain, Steve Fossett, qui avait dû abandonner son effort, envoie une lettre de félicitations (qu'il a fait traduire en français) à Piccard et Jones.

Jouez les scènes

1. Piccard et Breitling. Piccard veut convaincre deux représentants de cette entreprise de subventionner son projet. Les représentants de Breitling sont plutôt sceptiques et posent beaucoup de questions.

2. Jones et sa famille. Jones rentre chez lui et explique à sa femme et à ses enfants adolescents, ce que Piccard lui a demandé de faire. Comment réagissent-ils ?

3. Jones et Piccard. Après dix-sept jours de voyage, Jones et Piccard sont épuisés et déprimés. Imaginez leur conversation et ce qu'ils se disent pour essayer de se remonter le moral.

4. La conférence de presse : après l'arrivée du *Breitling Orbiter III*, des journalistes posent des questions à Piccard et Jones qui répondent en donnant des détails de leur voyage.

Synthèse

1. Écrivez un résumé de cet article, en relevant ce qui est essentiel. Il n'y a que huit paragraphes, alors limitez-vous à dix phrases.

2. L'aventurier aujourd'hui. Plus rien à faire ? Reste-t-il des exploits à réaliser tels que ce voyage ? Les aventuriers ont-ils encore un rôle à jouer au vingt et unième siècle ?

   Écrivez un petit essai dans lequel vous réfléchissez à ces questions.

   Étapes proposées :

   Si vous pensez que oui :

   a. Il reste des défis pour l'homme ; la nature de l'homme ; une définition de l'aventurier

   b. Quels défis ? d'ordre scientifiques, sociaux, politiques, etc. Décrivez-les.

   c. Conclusion : l'importance de l'aventurier

   Si vous pensez que non :

   Les aventuriers n'apportent rien à la société : dépenses inutiles, etc.

   a. Ce dont le monde a vraiment besoin : d'ordre scientifique, social, politique, etc.

   b. Conclusion : avis aux jeunes qui veulent se distinguer

Voir les pages 103–104 pour une révision du futur.

Voir les pages 12–15 pour une révision du présent et de la négation.

Voir les pages 106–107 pour la formation des questions.

Voir les pages 151–155 pour une révision du subjonctif.

Voir les pages 219–221 pour le style indirect.

Voir la page 26 pour des étapes à suivre pour la rédaction d'un résumé.

UNITÉ 4 LE PASSÉ DANS LE PRÉSENT
FORMES ET STRUCTURES UTILES

Pour travailler davantage ces structures, voir Cahier, Unité 4.

A. *Faire* causatif

Si le sujet du verbe n'accomplit pas lui-même l'action, mais la provoque par l'intermédiaire de quelque chose ou quelqu'un d'autre, on emploie le verbe **faire** + l'infinitif du verbe qui exprime l'action.

- Vous avez déjà vu cette construction dans des lectures précédentes :

Le portrait : On **a fait transporter sa dépouille.** (la mère parlant à Hélène de Jean)
*We/they **had his body shipped**.*

La Belle et la Bête : ...la douleur que je sens **me fait voir** que je ne pourrais vivre sans vous
*...the pain that I feel **makes me see** that I couldn't live without you*

L'amour au Val-Fourré : On **faisait sauter un tabou.**
*We **were making a taboo explode**.*

- Si l'infinitif a un objet exprimé par un nom, le nom est placé après l'infinitif :

À Orléans, Jeanne d'Arc **fait lever le siège** par les soldats du roi.
*At Orléans, Joan of Arc **has the siege lifted** by the king's soldiers.*

Elle **fait sacrer le roi** à Reims par l'évêque.
*She **has the king annointed** in Reims by the bishop.*

- Si l'objet de l'infinitif est exprimé par un pronom, on met le pronom objet devant le verbe **faire**, pas à la place habituelle devant l'infinitif :

Les Anglais **vont la faire juger** par des Français.
*The English **are going to have her judged** by Frenchmen.*

Comparez : Les Français vont la juger.
The French are going to judge her.

- Comparez **faire** + infinitif/**rendre** + adjectif :

Cette histoire **me fait pleurer.** Cette histoire **me rend triste.**
*This story **makes me cry**.* *This story **makes me sad**.*

B. Pronoms relatifs

formes après antécédent = *that, which, who*	fonction	formes sans antécédent = *what*
qui C'est Mbâ **qui** l'aime.	(sujet)	**ce qui** Elle ne comprend pas **ce qui** s'est passé.
que Elle lit la lettre **que** son ami a écrite.	(objet direct)	**ce que** Elle ne croit pas **ce qu**'il dit.
dont Fergusson, **dont** les journalistes admirent le courage, réussira.	(objet de la préposition **de**)	**ce dont** Joe lui explique **ce dont** il a peur.
qui (personne) /lequel (chose) C'est le maire à **qui** nous nous adressons. Je ne connais pas l'adresse du bureau **auquel** il faut écrire.	(objet d'une préposition)	**ce à quoi** Fergusson ne révèle pas **ce à quoi** il pense.

Comme tous les pronoms, le pronom relatif aide à éviter la répétition des noms. Le pronom relatif a une fonction descriptive et suit immédiatement le nom décrit (l'antécédent) ; la forme employée est déterminée par la fonction grammaticale de l'antécédent par rapport au verbe suivant :

1. Qui/Que[1]

- Il faut employer **qui** comme pronom après un nom ou pronom qui est le sujet du verbe suivant :

    Le jeune étudiant **qui** venait de rentrer leur parlait d'hommes **qui** s'appelaient Marx et Engels. (étudiant = sujet de venir ; hommes = sujet de s'appeler)

- La forme de **qui** ne change pas devant une voyelle en général :

    Les filles **qui** allaient au collège…

    Les camarades d'Elo **qui** étaient rentrés de stage…

- Il faut employer **que** comme pronom après un nom ou pronom qui est l'objet direct du verbe suivant ; quand le sujet du verbe est un nom, il est souvent placé après le verbe :

    …au travers des larmes **que** Mbâ ne pouvait pas s'empêcher de verser (larmes=objet de verser)

    Les perruques **que** voulaient les collégiennes venaient de Kinshasa. (perruques = objet de vouloir ; sujet = collégiennes)

---

[1] l'adverbe **où** est employé après un antécédent qui indique un lieu ou une unité de temps: La ville **où** j'habitais. Le jour **où** je suis parti.

- Il faut toujours faire l'élision si **que** précède un mot commençant par une voyelle :

   Elles allaient au cours avec le même esprit **qu'**on peut avoir en allant à une surprise-partie.

   Mbâ avait été fascinée par un personnage féminin d'un roman **qu'**elle avait trouvé.

2. Dont

- Si l'antécédent est l'objet de la préposition **de**, on emploie le pronom relatif **dont**[2] :

   Elles portaient une hotte. Le bandeau de portage de la hotte marque profondément le front.
   Elles portaient une hotte **dont** le bandeau de portage marque profondément le front.
   Il consacre son temps à l'animation des pionniers. Il a charge des pionniers pour la région.
   Il consacre son temps aux pionniers **dont** il a charge pour la région.

- S'il s'agit d'une personne, on peut employer **qui** après la préposition **de** :

   Les hommes **de qui** l'étudiant parlait étaient des philosophes socialistes.

3. Lequel/Qui

- Si l'antécédent est une chose et l'objet d'une préposition autre que **de**, on emploie le pronom relatif **lequel**, qui doit refléter le genre et le nombre du nom qu'il représente :

   Mbouloukoué ramenait des revues sur **lesquelles** ils rêvaient. (ils rêvaient sur ces revues)

   Ces femmes **auxquelles** songeait Mbâ ne savaient ni lire ni écrire. (Mbâ songeait à ces femmes)

- Si l'objet de la préposition est une personne, on peut employer **qui** :

   Les jeunes cadres avec **qui** elles souhaitaient sortir étaient mariés.

4. Ce qui/Ce que/Ce dont

- Le pronom relatif est indéfini quand il n'y a pas d'antécédent et il faut employer **ce** devant les formes **qui**, **que** et **dont**. Les trois formes sont l'équivalent du pronom relatif *what* en anglais, mais chaque forme correspond à une fonction grammaticale différente : sujet, objet direct, et objet de la préposition **de** :

   Les trois ne cessaient d'échanger leur point de vue sur **ce qui** se passait autour d'eux. (**ce qui** = sujet de **se passer**)

   Elles ne s'intéressaient pas à **ce qu'**on leur apprenait. (**ce que** = objet d' **apprendre**)

---

[2] on doit employer une forme de **de + lequel** si **de** fait partie d'une préposition composée comme à **côté de**, **près de**, etc.

Mbâ se passionnait pour **ce dont** ses professeurs parlaient. (**ce dont** = objet de la préposition **de** dans **parler de**)

- Après le pronom **tout** (*everything*) devant un verbe ou un sujet + verbe, on doit employer **ce qui**, **ce que** ou **ce dont** selon sa fonction tandis qu'on ne voit pas toujours ces pronoms relatifs en anglais :

    Tout ce qu'elle apprenait en classe l'intéressait. (**tout** = objet direct d'**apprendre**)
    Everything she was learning in class interested her.

    Elle lui a dit **tout ce qui** n'était pas dans la lettre. (**tout** = sujet d'**être**)
    *She told him **everything that** wasn't in the letter.*

C. Adjectifs démonstratifs

Vous avez déjà employé les adjectifs démonstratifs, désignant un nom ou pronom comme si on le montrait, qui ont les formes suivantes selon le genre et le nombre du nom ou pronom qu'ils accompagnent :

	singulier	pluriel
masculin	ce, cet[3]	ces
féminin	cette	ces

Ce dernier était chinois.

Ils ont demandé le nom de l'usine à un ami. **Cet** ami s'appelait Ebon.

Elle dit que de toute **cette** expérience elle compte écrire un livre.

Mbâ fuyait **ces** groupes.

Elle ne croyait pas que **ces** femmes de la ville pourraient faire quelque chose.

D. Pronoms démonstratifs

On peut remplacer un nom spécifique pour éviter sa répétition en employant un pronom démonstratif dont la forme indique le genre et le nombre du nom remplacé.

	singulier	pluriel
masculin	celui	ceux
féminin	celle	celles

Ces pronoms se traduisent en anglais par *the one(s)*, *this (one)/that (one)*, *these/those*, *he/she/it*, ou *they* selon le contexte. Comme tous les pronoms, les pronoms démonstratifs peuvent exercer toutes les fonctions d'un nom : sujet, objet d'un

---

[3] devant un nom masculin qui commence par une voyelle

verbe ou objet d'une préposition, mais ces pronoms doivent être suivis d'un pronom relatif, d'une préposition ou d'un suffixe **–ci** ou **–là**. Ces suffixes servent aussi à distinguer entre deux noms mentionnés, comme on fait en anglais avec *the former* (-là) et *the latter* (-ci) :

> Mbâ a acheté des provisions pour **celui qu'**elle attend toujours.
> *Mbâ bought groceries for **the one** she is still waiting for.*

> Mbouloukoué se rendait compte qu'elle écoutait plus volontiers Elo. **Celui-ci** aimait surtout le football.
> *Mbouloukoué realized that she listened more readily to Elo. **The latter** especially liked soccer.*

> Il n'y aura pas que la fuite des cerveaux, mais aussi **celle des** mains habiles.
> *There will be not only the exodus of minds, but **that of** skilled workers as well.*

> Elo n'avait pas confiance en l'honnêteté de **ceux qui** utilisaient le plus ce mot.
> *Elo had no confidence in the honesty of **those who** used this word the most.*

> Ces femmes de la ville ne pourraient rien faire. **Celles qui** étaient mariées étaient trop timorées.
> *These city women wouldn't be able to do anything. **Those who** were married were too timid.*

On doit employer les formes plurielles de ces pronoms après **tous/toutes** (*all*) tandis qu'ils ne sont pas toujours présents en anglais :

> **Toutes celles qu'**il connaissait étaient moins intelligentes.
> ***All those** he knew weren't as intelligent.*

> **Tous ceux qui** allaient en France faisaient des stages.
> ***All who** were going to France were doing internships.*

Pronoms démonstratifs invariables

- **Ce** est employé comme sujet du verbe **être** devant un nom ou pronom pour le présenter :

  > **C'était** comme une bouffée d'air frais.
  > ***It was** like a breath of fresh air.*

  ou pour le mettre en relief :

  > La femme moderne, **c'est elle** que je chante.
  > *The modern woman, **she is the one** I'm praising.*

  ou devant un adjectif pour se référer à toute une idée déjà mentionnée :

  > Après six ans, Mbâ attend toujours Elo. **C'est étonnant !** (**ce** = le fait qu'elle attend depuis six ans)
  > *After six years, Mbâ is still waiting for Elo. **It's astonishing !***

- **Cela** est employé comme sujet de tous les autres verbes, comme objet direct ou objet d'une préposition pour représenter une idée déjà mentionnée, l'équivalent de *that* en anglais :

  > Tout **cela** séduisait Mbouloukoué. (**cela** = ce qui concerne l'émancipation de la femme africaine)
  > *All **that** seduced Mbouloukoué.*

Il faudrait que j'accepte une fille mariée coutumièrement. Hélène n'accepterait pas **cela**. (**cela** = le fait d'accepter une fille mariée coutumièrement)
*Hélène would not accept **that**.*

E. Style ou discours indirect

Quand on cite exactement les paroles d'une personne, on met ses paroles entre guillemets (« ... ») :

« J'ai l'intention de t'emmener avec moi. »

1. Style ou discours indirect

- Quand on reprend ce que la personne dit en employant la conjonction **que**, on emploie le style indirect et on n'a plus besoin de guillemets, mais il faut faire les changements nécessaires dans la forme des pronoms (sujets et objets), les possessifs et le verbe :

    Il dit **qu'il a** l'intention de **l'**emmener avec **lui**.

- Si le verbe principal de déclaration (comme **dire**) est au présent ou au futur, le temps du verbe subordonné ne change pas au discours indirect. Mais si le verbe principal est au passé, on doit respecter les changements de temps suivants pour le deuxième verbe :

Discours direct	(verbe de déclaration au passé)	Discours indirect
présent	→	imparfait
futur	→	conditionnel
passé composé	→	plus-que-parfait

    « Cet homme **se propose** de traverser en ballon toute l'Afrique. »
    → Le journal a annoncé que cet homme **se proposait** de traverser en ballon toute l'Afrique.

    « Nous **tiendrons** nos lecteurs au courant. »
    → Ils ont promis qu'ils **tiendraient** leurs lecteurs au courant.

    « La proposition de cette exploration **a été** faite hier. »
    → L'article a révélé que la proposition de cette exploration **avait été** faite la veille.

- Ces changements sont logiques si vous pensez à mettre l'action du verbe subordonné dans un contexte passé par rapport au verbe principal :

    imparfait = passé non-accompli
    conditionnel = futur dans le passé
    plus-que-parfait = action avant une autre au passé

- Si le verbe subordonné est déjà à l'imparfait, au conditionnel ou au plus-que-parfait au discours direct, on garde au style indirect ces mêmes formes :

    « Il ne **manquait** que cela ! »
    → Il a crié qu'il ne **manquait** plus que cela.

    « Quatre navires **iraient** croiser sur la côte occidentale. »
    → Il a expliqué que quatre navires **iraient** croiser sur la côte occidentale.

« Le ballon n'**avait** pas **gagné** vingt milles. »
→ Il a constaté que le ballon n'**avait** pas **gagné** vingt milles.

- Mais, qu'il y ait des changements dans le temps des verbes ou non, il ne faut pas oublier les changements dans les adjectifs possessifs et les pronoms ainsi que les terminaisons des verbes !

  « Je ne serais pas parti sans **t'**écrire. »
  → Il lui a déclaré qu'**il** ne serai**t** pas parti sans **lui** écrire.

- Il y a des changements dans les expressions de temps aussi :

  aujourd'hui → ce jour-là   hier → la veille
  en ce moment → en ce moment-là   il y a trois jours → trois jours plus tôt
  ce matin → ce matin-là   demain → le lendemain
  ce soir → ce soir-là   dans trois jours → trois jours après,
  prochain → suivant   plus tard

- D'autres verbes ayant la même signification que **dire** :

  affirmer que – *to affirm that*
  ajouter que – *to add that*
  annoncer que – *to announce that*
  avertir qqn que – *to warn someone that*
  avouer à qqn que – *to admit, to confess to someone that*
  crier à qqn que – *to shout to someone that*
  déclarer à qqn que – *to declare to someone that*
  s'exclamer que – *to exclaim that*
  expliquer (à qqn) que – *to explain (to someone) that*
  jurer (à qqn) que – *to swear (to someone) that*
  prétendre que – *to claim that*
  promettre (à qqn) que – *to promise (someone) that*
  répondre (à qqn) que – *to answer (someone) that*
  révéler (à qqn) que – *to reveal (to someone) that*

2. Questions au style indirect

- Les questions auxquelles on peut répondre **oui** ou **non** en français peuvent être formulées de façon différente au style direct :

  a. sujet verbe + intonation montante   « Tu parles sérieusement ? »

  b. Est-ce que + sujet verbe   « Est-ce que tu parles sérieusement ? »

  c. par l'inversion : verbe-sujet   « Parles-tu sérieusement ? »

- Au **style indirect** une question à laquelle on peut répondre **oui** ou **non** est remplacée par **si** + sujet + verbe (il n'y a plus d'inversion) :

  Il a demandé s'il parlait sérieusement.

- Les pronoms interrogatifs **Qu'est-ce qui** (sujet) et **Qu'est-ce que** (objet direct) deviennent **ce qui** et **ce que** respectivement au style indirect.

Direct	Indirect
« **Qu'est ce qui** te fait entreprendre ce voyage ? »	→ Il voulait savoir **ce qui** lui faisait entreprendre ce voyage.
« **Qu'est-ce qu'**il faut jeter ? »	→ Il a demandé **ce qu'**il fallait jeter.

- La plupart des autres questions gardent le même mot interrogatif au style indirect sans l'inversion du style direct :

« **Pourquoi** iras-tu de l'est à l'ouest ? »

→ Il voulait savoir **pourquoi** il irait de l'est à l'ouest.

« **Où** sont-ils ? »

→ Je me demandais **où** ils étaient.

3. Impératif

On emploie la forme impérative du verbe pour donner des ordres au style direct ; au style indirect on emploie la préposition **de** + l'infinitif :

Direct	**Indirect**
« Assois-toi. »	→ Il lui a dit **de s'asseoir.**
« Sois tranquille. »	→ Il lui a conseillé **d'être** tranquille.

Rappel ! Si l'ordre est au négatif, toute la négation précède l'infinitif au style indirect :

« Ne jetez pas les fusils avant de les décharger. » → Il leur a prié de **ne pas jeter** les fusils avant de les décharger.

APPENDICE : VERBES

A. Verbes conjugués avec l'auxiliaire *être* aux temps composés

(les temps composés : passé composé, plus-que-parfait, passé du subjonctif,
futur antérieur, passé du conditionnel, passé antérieur)

1. aller

arriver

descendre*

devenir

entrer

monter*

mourir

naître

partir

passer*

rentrer*

rester

retourner*

revenir

sortir*

tomber

venir

et les composés de ces verbes,
par exemple : remonter,
repartir, renaître, etc.

Pour vous rappeler certains de
ces verbes, vous pouvez les
grouper par leur opposé :

aller/venir
arriver/partir
entrer/sortir
rester/partir
naître/mourir
monter/descendre

Ou : les grouper pour produire
ce nom curieux :
Dr Mrs Vandertrampp

Descendre
Rester

Mourir
Retourner
Sortir

Venir
Arriver
Naître
Devenir
Entrer
Revenir
Tomber
Rentrer
Aller
Monter
Partir
Passer

* Ces verbes peuvent aussi être des transitifs directs, conjugués avec **avoir**. Ils ont
alors un sens un peu différent.

Comparez :

Je **suis** monté au deuxième étage.   *I went up to the second floor.*
J'**ai** monté les valises.   *I took the suitcases up.*

Il **est** sorti hier soir.   *He went out last night.*
Il **a** sorti son portefeuille.   *He took his wallet out.*

2. Verbes pronominaux (conjugués avec un pronom personnel « réfléchi » : **me, te, se, nous, vous, se**) et d'autres verbes utilisés à la forme réfléchie ou réciproque (se parler, se voir, s'aimer, etc.)

Ils **se sont** mariés.

Vous **vous étiez** couché tôt.

Nous **nous sommes** parlé.　　MAIS : Nous **avons** parlé à nos amis.

Elles **se sont** vues au restaurant.　　MAIS : Elles **ont** vu leurs enfants.

B. Les conjugaisons

1. verbes réguliers en **–er** : admir**er**

sujet	présent	passé composé	imparfait	futur
je (j')	admir**e**	ai admiré	admir**ais**	admirer**ai**
tu	admir**es**	as admiré	admir**ais**	admirer**as**
il/elle/on	admir**e**	a admiré	admir**ait**	admirer**a**
nous	admir**ons**	avons admiré	admir**ions**	admirer**ons**
vous	admir**ez**	avez admiré	admir**iez**	admirer**ez**
ils/elles	admir**ent**	ont admiré	admir**aient**	admirer**ont**

sujet	conditionnel	présent du subjonctif	passé simple	impératif (sans pronom sujet)
je (j')	admirer**ais**	admir**e**	admir**ai**	
tu	admirer**ais**	admir**es**	admir**as**	admir**e**
il/elle/on	admirer**ait**	admir**e**	admir**a**	
nous	admirer**ions**	admir**ions**	admir**âmes**	admir**ons**
vous	admirer**iez**	admir**iez**	admir**âtes**	admir**ez**
ils/elles	admirer**aient**	admir**ent**	admir**èrent**	

participe présent : admir**ant**　　**participe passé** : admiré

futur antérieur : j'aurai admiré　　**conditionnel passé** : j'aurais admiré

plus-que-parfait : j'avais admiré　　**passé du subjonctif** : j'aie admiré

2. verbes à changements d'orthographe

a. en –**el**er : app**el**er

sujet	présent	passé composé	imparfait	futur
je (j')	appelle	ai appelé	appelais	appellerai
tu	appelles	as appelé	appelais	appelleras
il/elle/on	appelle	a appelé	appelait	appellera
nous	appelons	avons appelé	appelions	appellerons
vous	appelez	avez appelé	appeliez	appellerez
ils/elles	appellent	ont appelé	appelaient	appelleront

sujet	conditionnel	présent du subjonctif	passé simple	impératif (sans pronom sujet)
je (j')	appellerais	appelle	appelai	
tu	appellerais	appelles	appelas	appelle
il/elle/on	appellerait	appelle	appelas	
nous	appellerions	appelions	appelâmes	appelons
vous	appelleriez	appeliez	appelâtes	appelez
ils/elles	appelleraient	appellent	appelèrent	

participe présent : appelant   **participe passé :** appelé

futur antérieur : j'aurai appelé   **conditionnel passé :** j'aurais appelé

plus-que-parfait : j'avais appelé   **passé du subjonctif :** j'aie appelé

NOTE ! Les verbes en –**ter** changent de la même manière: je**ter** : je je**tte**, nous jetons etc.

b. en –**y**er : pa**y**er, emplo**y**er, (s')ennu**y**er, envo**y**er,* etc.

sujet	présent	passé composé	imparfait	futur*
je (j')	paie	ai payé	payais	paierai
tu	paies	as payé	payais	paieras
il/elle/on	paie	a payé	payait	paiera
nous	payons	avons payé	payions	paierons
vous	payez	avez payé	payiez	paierez
ils/elles	paient	ont payé	payaient	paieront

sujet	conditionnel	présent du subjonctif	passé simple	impératif (sans pronom sujet)
je (j')	paierais	paie	payai	
tu	paierais	paies	payas	paie
il/elle/on	paierait	paie	paya	
nous	paierions	payions	payâmes	payons
vous	paieriez	payiez	payâtes	payez
ils/elles	paieraient	paient	payèrent	

participe présent : payant **participe passé :** payé

futur antérieur : j'aurai payé **conditionnel passé :** j'aurais payé

plus-que-parfait : j'avais payé **passé du subjonctif :** j'aie payé

*Le verbe **envoyer** est conjugué comme le verbe *voir* **au futur** et **au conditionnel : j'enverrai, j'enverrais**, etc.

c. changement d'accent (**e → è**) : se lever*, acheter, mener, etc.

sujet	présent	passé composé	imparfait	futur
je (j')	me lève	me suis levé(e)	me levais	me lèverai
tu	te lèves	t'es levé(e)	te levais	te lèveras
il/elle/on	se lève	s'est levé(e)	se levait	se lèvera
nous	nous levons	nous sommes levé(e)s	nous levions	nous lèverons
vous	vous levez	vous êtes levé(e)(s)	vous leviez	vous lèverez
ils/elles	se lèvent	se sont levé(e)s	se levaient	se lèveront

sujet	conditionnel	présent du subjonctif	passé simple	impératif (sans pronom sujet)
je (j')	me lèverais	me lève	me levai	
tu	te lèverais	te lèves	te levas	lève-toi
il/elle/on	se lèverait	se lève	se leva	
nous	nous lèverions	nous levions	nous levâmes	levons-nous
vous	vous lèveriez	vous leviez	vous levâtes	levez-vous
ils/elles	se lèveraient	se lèvent	se levèrent	

participe présent : se levant **participe passé :** levé

futur antérieur : je me serai levé(e) **conditionnel passé :** je me serais levé(e)

plus-que-parfait : je m'étais levé(e) **passé du subjonctif :** je me sois levé(e)

* verbe pronominal, conjugué avec l'auxiliaire **être** aux temps composés

d. changement d'accent (**é → è**) : préférer, régner

sujet	présent	passé composé	imparfait	futur
je (j')	préf**è**re	ai préféré	préférais	préférerai
tu	préf**è**res	as préféré	préférais	préféreras
il/elle/on	préf**è**re	a préféré	préférait	préférera
nous	préférons	avons préféré	préférions	préférerons
vous	préférez	avez préféré	préfériez	préférerez
ils/elles	préf**è**rent	ont préféré	préféraient	préféreront

sujet	conditionnel	présent du subjonctif	passé simple	impératif (sans pronom sujet)
je (j')	préférerais	préf**è**re	préférai	
tu	préférerais	préf**è**res	préféras	préf**è**re
il/elle/on	préférerait	préf**è**re	préféra	
nous	préférerions	préférions	préférâmes	préférons
vous	préféreriez	préfériez	préférâtes	préférez
ils/elles	préféreraient	préf**è**rent	préférèrent	

participe présent : préférant   **participe passé :** préféré

futur antérieur : j'aurai préféré   **conditionnel passé :** j'aurais préféré

plus-que-parfait : j'avais préféré   **passé du subjonctif :** j'aie préféré

3. verbes réguliers en **–ir** : réuss**ir**

sujet	présent	passé composé	imparfait	futur
je (j')	réuss**is**	ai réussi	réussiss**ais**	réussir**ai**
tu	réuss**is**	as réussi	réussiss**ais**	réussir**as**
il/elle/on	réuss**it**	a réussi	réussiss**ait**	réussir**a**
nous	réuss**issons**	avons réussi	réussiss**ions**	réussir**ons**
vous	réuss**issez**	avez réussi	réussiss**iez**	réussir**ez**
ils/elles	réuss**issent**	ont réussi	réussiss**aient**	réussir**ont**

sujet	conditionnel	présent du subjonctif	passé simple	impératif (sans pronom sujet)
je (j')	réussir**ais**	réussi**sse**	réuss**is**	
tu	réussir**ais**	réussi**sses**	réuss**is**	réuss**is**
il/elle/on	réussir**ait**	réussi**sse**	réuss**it**	
nous	réussir**ions**	réussi**ssions**	réuss**îmes**	réuss**issons**
vous	réussir**iez**	réussi**ssiez**	réuss**îtes**	réuss**issez**
ils/elles	réussir**aient**	réussi**ssent**	réuss**irent**	

participe présent : réussissant **participe passé** : réussi
futur antérieur : j'aurai réussi **conditionnel passé** : j'aurais réussi
plus-que-parfait : j'avais réussi **passé du subjonctif** : j'aie réussi

4. verbes réguliers en –**re** : rend**re**

sujet	présent	passé composé	imparfait	futur
je (j')	rend**s**	ai rendu	rend**ais**	rendr**ai**
tu	rend**s**	as rendu	rend**ais**	rendr**as**
il/elle/on	rend	a rendu	rend**ait**	rendr**a**
nous	rend**ons**	avons rendu	rend**ions**	rendr**ons**
vous	rend**ez**	avez rendu	rend**iez**	rendr**ez**
ils/elles	rend**ent**	ont rendu	rend**aient**	rendr**ont**

sujet	conditionnel	présent du subjonctif	passé simple	impératif (sans pronom sujet)
je (j')	rendr**ais**	rend**e**	rend**is**	
tu	rendr**ais**	rend**es**	rend**is**	rend**s**
il/elle/on	rendr**ait**	rend**e**	rend**is**	
nous	rendr**ions**	rend**ions**	rend**îmes**	rend**ons**
vous	rendr**iez**	rend**iez**	rend**îtes**	rend**ez**
ils/elles	rendr**aient**	rend**ent**	rend**irent**	

participe présent : rendant **participe passé** : rendu
futur antérieur : j'aurai rendu **conditionnel passé** : j'aurais rendu
plus-que-parfait : j'avais rendu **passé du subjonctif** : j'aie rendu

Verbes irréguliers :

5. accueillir, cueillir

sujet	présent	passé composé	imparfait	futur
je (j')	accueille	ai accueilli	accueillais	accueillerai
tu	accueilles	as accueilli	accueillais	accueilleras
il/elle/on	accueille	a accueilli	accueillait	accueillera
nous	accueillons	avons accueilli	accueillions	accueillerons
vous	accueillez	avez accueilli	accueilliez	accueillerez
ils/elles	accueillent	ont accueilli	accueillaient	accueilleront

sujet	conditionnel	présent du subjonctif	passé simple	impératif (sans pronom sujet)
je (j')	accueillerais	accueille	accueillis	
tu	accueillerais	accueilles	accueillis	accueille
il/elle/on	accueillerait	accueille	accueillit	
nous	accueillerions	accueillions	accueillîmes	accueillons
vous	accueilleriez	accueilliez	accueillîtes	accueillez
ils/elles	accueilleraient	accueillent	accueillirent	

participe présent : accueillant   **participe passé :** accueilli

futur antérieur : j'aurai accueilli   **conditionnel passé :** j'aurais accueilli

plus-que-parfait : j'avais accueilli   **passé du subjonctif :** j'aie accueilli

6. aller*

sujet	présent	passé composé	imparfait	futur
je (j')	vais	suis allé(e)	allais	irai
tu	vas	es allé(e)	allais	iras
il/elle/on	va	est allé(e)	allait	ira
nous	allons	sommes allé(e)s	allions	irons
vous	allez	êtes allé(e)(s)	alliez	irez
ils/elles	vont	sont allé(e)s	allaient	iront

*conjugué avec l'auxiliaire **être** aux temps composés

sujet	conditionnel	présent du subjonctif	passé simple	impératif (sans pronom sujet)
je (j')	irais	aille	allai	
tu	irais	ailles	allas	va
il/elle/on	irait	aille	alla	
nous	irions	allions	allâmes	allons
vous	iriez	alliez	allâtes	allez
ils/elles	iraient	aillent	allèrent	

participe présent : allant   **participe passé** : allé(e)

futur antérieur : je serai allé(e)   **conditionnel passé** : je serais allé(e)

plus-que-parfait : j'étais allé(e)   **passé du subjonctif** : je sois allé(e)

7. apprendre (voir : prendre)

8. avoir

sujet	présent	passé composé	imparfait	futur
je (j')	ai	ai eu	avais	aurai
tu	as	as eu	avais	auras
il/elle/on	a	a eu	avait	aura
nous	avons	avons eu	avions	aurons
vous	avez	avez eu	aviez	aurez
ils/elles	ont	ont eu	avaient	auront

sujet	conditionnel	présent du subjonctif	passé simple	impératif (sans pronom sujet)
je (j')	aurais	aie	eus	
tu	aurais	aies	eus	aie
il/elle/on	aurait	ait	eut	
nous	aurions	ayons	eûmes	ayons
vous	auriez	ayez	eûtes	ayez
ils/elles	auraient	aient	eurent	

participe présent : ayant   **participe passé** : eu

futur antérieur : j'aurai eu   **conditionnel passé** : j'aurais eu

plus-que-parfait : j'avais eu   **passé du subjonctif** : j'aie eu

9. battre (voir : promettre)

10. boire

sujet	présent	passé composé	imparfait	futur
je (j')	bois	ai bu	buvais	boirai
tu	bois	as bu	buvais	boiras
il/elle/on	boit	a bu	buvait	boira
nous	buvons	avons bu	buvions	boirons
vous	buvez	avez bu	buviez	boirez
ils/elles	boivent	ont bu	buvaient	boiront

sujet	conditionnel	présent du subjonctif	passé simple	impératif (sans pronom sujet)
je (j')	boirais	boive	bus	
tu	boirais	boives	bus	bois
il/elle/on	boirait	boive	but	
nous	boirions	buvions	bûmes	buvons
vous	boiriez	buviez	bûtes	buvez
ils/elles	boiraient	boivent	burent	

participe présent : buvant   **participe passé :** bu

futur antérieur : j'aurai bu   **conditionnel passé :** j'aurais bu

plus-que-parfait : j'avais bu   **passé du subjonctif :** j'aie bu

11. comprendre (voir : prendre)

12. connaître (voir : reconnaître)

13. convaincre, vaincre

sujet	présent	passé composé	imparfait	futur
je (j')	convaincs	ai convaincu	convainquais	convaincrai
tu	convaincs	as convaincu	convainquais	convaincras
il/elle/on	convainc	a convaincu	convainquait	convaincra
nous	convainquons	avons convaincu	convainquions	convaincrons
vous	convainquez	avez convaincu	convainquiez	convaincrez
ils/elles	convainquent	ont convaincu	convainquaient	convaincront

sujet	conditionnel	présent du subjonctif	passé simple	impératif (sans pronom sujet)
je (j')	convaincrais	convainque	convainquis	
tu	convaincrais	convainques	convainquis	convaincs
il/elle/on	convaincrait	convainque	convainquit	
nous	convaincrions	convainquions	convainquîmes	convainquons
vous	convaincriez	convainquiez	convainquîtes	convainquez
ils/elles	convaincraient	convainquent	convainquirent	

participe présent : convainquant   **participe passé :** convaincu

futur antérieur : j'aurai convaincu   **conditionnel passé :** j'aurais convaincu

plus-que-parfait : j'avais convaincu   **passé du subjonctif :** j'aie convaincu

14. courir, parcourir

sujet	présent	passé composé	imparfait	futur
je (j')	cours	ai couru	courais	courrai
tu	cours	as couru	courais	courras
il/elle/on	court	a couru	courait	courra
nous	courons	avons couru	courions	courrons
vous	courez	avez couru	couriez	courrez
ils/elles	courent	ont couru	couraient	courront

sujet	conditionnel	présent du subjonctif	passé simple	impératif (sans pronom sujet)
je (j')	courrais	coure	courus	
tu	courrais	coures	courus	cours
il/elle/on	courrait	coure	courut	
nous	courrions	courions	courûmes	courons
vous	courriez	couriez	courûtes	courez
ils/elles	courraient	courent	coururent	

participe présent : courant   **participe passé :** couru

futur antérieur : j'aurai couru   **conditionnel passé :** j'aurais couru

plus-que-parfait : j'avais couru   **passé du subjonctif :** j'aie couru

15. croire

sujet	présent	passé composé	imparfait	futur
je (j')	crois	ai cru	croyais	croirai
tu	crois	as cru	croyais	croiras
il/elle/on	croit	a cru	croyait	croira
nous	croyons	avons cru	croyions	croirons
vous	croyez	avez cru	croyiez	croirez
ils/elles	croient	ont cru	croyaient	croiront

sujet	conditionnel	présent du subjonctif	passé simple	impératif (sans pronom sujet)
je (j')	croirais	croie	crus	
tu	croirais	croies	crus	crois
il/elle/on	croirait	croie	crut	
nous	croirions	croyions	crûmes	croyons
vous	croiriez	croyiez	crûtes	croyez
ils/elles	croiraient	croient	crurent	

participe présent : croyant   **participe passé** : cru

futur antérieur : j'aurai cru   **conditionnel passé** : j'aurais cru

plus-que-parfait : j'avais cru   **passé du subjonctif** : j'aie cru

16. découvrir, couvrir, offrir, ouvrir, souffrir

sujet	présent	passé composé	imparfait	futur
je (j')	découvre	ai découvert	découvrais	découvrirai
tu	découvres	as découvert	découvrais	découvriras
il/elle/on	découvre	a découvert	découvrait	découvrira
nous	découvrons	avons découvert	découvrions	découvrirons
vous	découvrez	avez découvert	découvriez	découvrirez
ils/elles	découvrent	ont découvert	découvraient	découvriront

sujet	conditionnel	présent du subjonctif	passé simple	impératif (sans pronom sujet)
je (j')	découvrirais	découvre	découvris	
tu	découvrirais	découvres	découvris	découvre
il/elle/on	découvrirait	découvre	découvrit	
nous	découvririons	découvrions	découvrîmes	découvrons
vous	découvririez	découvriez	découvrîtes	découvrez
ils/elles	découvriraient	découvrent	découvrirent	

participe présent : découvrant   **participe passé :** découvert

futur antérieur : j'aurai découvert   **conditionnel passé :** j'aurais découvert

plus-que-parfait : j'avais découvert   **passé du subjonctif :** j'aie découvert

17. détruire, conduire, construire, réduire, reproduire, séduire, traduire

sujet	présent	passé composé	imparfait	futur
je (j')	détruis	ai détruit	détruisais	détruirai
tu	détruis	as détruit	détruisais	détruiras
il/elle/on	détruit	a détruit	détruisait	détruira
nous	détruisons	avons détruit	détruisions	détruirons
vous	détruisez	avez détruit	détruisiez	détruirez
ils/elles	détruisent	ont détruit	détruisaient	détruiront

sujet	conditionnel	présent du subjonctif	passé simple	impératif (sans pronom sujet)
je (j')	détruirais	détruise	détruisis	
tu	détruirais	détruises	détruisis	détruis
il/elle/on	détruirait	détruise	détruisit	
nous	détruirions	détruisions	détruisîmes	détruisons
vous	détruiriez	détruisiez	détruisîtes	détruisez
ils/elles	détruiraient	détruisent	détruisirent	

participe présent : détruisant   **participe passé :** détruit

futur antérieur : j'aurai détruit   **conditionnel passé :** j'aurais détruit

plus-que-parfait : j'avais détruit   **passé du subjonctif :** j'aie détruit

18. devoir

sujet	présent	passé composé	imparfait	futur
je (j')	dois	ai dû	devais	devrai
tu	dois	as dû	devais	devras
il/elle/on	doit	a dû	devait	devra
nous	devons	avons dû	devions	devrons
vous	devez	avez dû	deviez	devrez
ils/elles	doivent	ont dû	devaient	devront

sujet	conditionnel	présent du subjonctif	passé simple	impératif (sans pronom sujet)
je (j')	devrais	doive	dus	
tu	devrais	doives	dus	dois
il/elle/on	devrait	doive	dut	
nous	devrions	devions	dûmes	devons
vous	devriez	deviez	dûtes	devez
ils/elles	devraient	doivent	durent	

participe présent : devant   **participe passé :** dû

futur antérieur : j'aurai dû   **conditionnel passé :** j'aurais dû

plus-que-parfait : j'avais dû   **passé du subjonctif :** j'aie dû

19. dire, interdire, prédire

sujet	présent	passé composé	imparfait	futur
je (j')	dis	ai dit	disais	dirai
tu	dis	as dit	disais	diras
il/elle/on	dit	a dit	disait	dira
nous	disons	avons dit	disions	dirons
vous	dites	avez dit	disiez	direz
ils/elles	disent	ont dit	disaient	diront

sujet	conditionnel	présent du subjonctif	passé simple	impératif (sans pronom sujet)
je (j')	dirais	dise	dis	
tu	dirais	dises	dis	dis
il/elle/on	dirait	dise	dit	
nous	dirions	disions	dîmes	disons
vous	diriez	disiez	dîtes	dites
ils/elles	diraient	disent	dirent	

participe présent : disant   **participe passé :** dit

futur antérieur : j'aurai dit   **conditionnel passé :** j'aurais dit

plus-que-parfait : j'avais dit   **passé du subjonctif :** j'aie dit

20. dormir (voir : partir)

21. écrire, décrire, récrire

sujet	présent	passé composé	imparfait	futur
je (j')	écris	ai écrit	écrivais	écrirai
tu	écris	as écrit	écrivais	écriras
il/elle/on	écrit	a écrit	écrivait	écrira
nous	écrivons	avons écrit	écrivions	écrirons
vous	écrivez	avez écrit	écriviez	écrirez
ils/elles	écrivent	ont écrit	écrivaient	écriront

sujet	conditionnel	présent du subjonctif	passé simple	impératif (sans pronom sujet)
je (j')	écrirais	écrive	écrivis	
tu	écrirais	écrives	écrivis	écris
il/elle/on	écrirait	écrive	écrivit	
nous	écririons	écrivions	écrivîmes	écrivons
vous	écririez	écriviez	écrivîtes	écrivez
ils/elles	écriraient	écrivent	écrivirent	

participe présent : écrivant   **participe passé :** écrit

futur antérieur : j'aurai écrit   **conditionnel passé :** j'aurais écrit

plus-que-parfait : j'avais écrit   **passé du subjonctif :** j'aie écrit

22. émouvoir

sujet	présent	passé composé	imparfait	futur
je (j')	émeus	ai ému	émouvais	émouvrai
tu	émeus	as ému	émouvais	émouvras
il/elle/on	émeut	a ému	émouvait	émouvra
nous	émouvons	avons ému	émouvions	émouvrons
vous	émouvez	avez ému	émouviez	émouvrez
ils/elles	émeuvent	ont ému	émouvaient	émouvront

sujet	conditionnel	présent du subjonctif	passé simple	impératif (sans pronom sujet)
je (j')	émouvrais	émeuve	émus	
tu	émouvrais	émeuves	émus	émeus
il/elle/on	émouvrait	émeuve	émut	
nous	émouvrions	émouvions	émûmes	émouvons
vous	émouvriez	émouviez	émûtes	émouvez
ils/elles	émouvraient	émeuvent	émurent	

participe présent : émouvant   **participe passé** : ému

futur antérieur : j'aurai ému   **conditionnel passé** : j'aurais ému

plus-que-parfait : j'avais ému   **passé du subjonctif** : j'aie ému

23. être

sujet	présent	passé composé	imparfait	futur
je (j')	suis	ai été	étais	serai
tu	es	as été	étais	seras
il/elle/on	est	a été	était	sera
nous	sommes	avons été	étions	serons
vous	êtes	avez été	étiez	serez
ils/elles	sont	ont été	étaient	seront

sujet	conditionnel	présent du subjonctif	passé simple	impératif (sans pronom sujet)
je (j')	serais	sois	fus	
tu	serais	sois	fus	sois
il/elle/on	serait	soit	fut	
nous	serions	soyons	fûmes	soyons
vous	seriez	soyez	fûtes	soyez
ils/elles	seraient	soient	furent	

participe présent : étant　　　　**participe passé :** été

futur antérieur : j'aurai été　　**conditionnel passé :** j'aurais été

plus-que-parfait : j'avais été　　**passé du subjonctif :** j'aie été

24. faire

sujet	présent	passé composé	imparfait	futur
je (j')	fais	ai fait	faisais	ferai
tu	fais	as fait	faisais	feras
il/elle/on	fait	a fait	faisait	fera
nous	faisons	avons fait	faisions	ferons
vous	faites	avez fait	faisiez	ferez
ils/elles	font	ont fait	faisaient	feront

sujet	conditionnel	présent du subjonctif	passé simple	impératif (sans pronom sujet)
je (j')	ferais	fasse	fis	
tu	ferais	fasses	fis	fais
il/elle/on	ferait	fasse	fit	
nous	ferions	fassions	fîmes	faisons
vous	feriez	fassiez	fîtes	faites
ils/elles	feraient	fassent	firent	

participe présent : faisant　　　**participe passé :** fait

futur antérieur : j'aurai fait　　**conditionnel passé :** j'aurais fait

plus-que-parfait : j'avais fait　　**passé du subjonctif :** j'aie fait

25. lire

sujet	présent	passé composé	imparfait	futur
je (j')	lis	ai lu	lisais	lirai
tu	lis	as lu	lisais	liras
il/elle/on	lit	a lu	lisait	lira
nous	lisons	avons lu	lisions	lirons
vous	lisez	avez lu	lisiez	lirez
ils/elles	lisent	ont lu	lisaient	liront

sujet	conditionnel	présent du subjonctif	passé simple	impératif (sans pronom sujet)
je (j')	lirais	lise	lus	
tu	lirais	lises	lus	lis
il/elle/on	lirait	lise	lut	
nous	lirions	lisions	lûmes	lisons
vous	liriez	lisiez	lûtes	lisez
ils/elles	liraient	lisent	lurent	

participe présent : lisant   **participe passé :** lu
futur antérieur : j'aurai lu   **conditionnel passé :** j'aurais lu
plus-que-parfait : j'avais lu   **passé du subjonctif :** j'aie lu

26. mentir (voir : partir)

27. mettre (voir : promettre)

28. mourir*

sujet	présent	passé composé	imparfait	futur
je	meurs	suis mort(e)	mourais	mourrai
tu	meurs	es mort(e)	mourais	mourras
il/elle/on	meurt	est mort(e)	mourait	mourra
nous	mourons	sommes mort(e)s	mourions	mourrons
vous	mourez	êtes mort(e)(s)	mouriez	mourrez
ils/elles	meurent	sont mort(e)s	mouraient	mourront

*conjugué avec l'auxiliaire **être** aux temps composés

sujet	conditionnel	présent du subjonctif	passé simple	impératif (sans pronom sujet)
je	mourrais	meure	mourus	
tu	mourrais	meures	mourus	meurs
il/elle/on	mourrait	meure	mourut	
nous	mourrions	mourions	mourûmes	mourons
vous	mourriez	mouriez	mourûtes	mourez
ils/elles	mourraient	meurent	moururent	

participe présent : mourant **participe passé :** mort(e)(s)

futur antérieur : je serai mort(e) **conditionnel passé :** je serais mort(e)

plus-que-parfait : j'étais mort(e) **passé du subjonctif :** je sois mort(e)

29. naître (voir : reconnaître)

30. offrir, ouvrir (voir : découvrir)

31. partir*, sortir*, servir, dormir, s'endormir*, sentir, se sentir*, ressentir, pressentir, mentir

sujet	présent	passé composé	imparfait	futur
je	pars	suis parti(e)	partais	partirai
tu	pars	es parti(e)	partais	partiras
il/elle/on	part	est parti(e)	partait	partira
nous	partons	sommes parti(e)s	partions	partirons
vous	partez	êtes parti(e)(s)	partiez	partirez
ils/elles	partent	sont parti(e)s	partaient	partiront

sujet	conditionnel	présent du subjonctif	passé simple	impératif (sans pronom sujet)
je (j')	partirais	parte	partis	
tu	partirais	partes	partis	pars
il/elle/on	partirait	parte	partit	
nous	partirions	partions	partîmes	partons
vous	partiriez	partiez	partîtes	partez
ils/elles	partiraient	partent	partirent	

participe présent : partant **participe passé :** parti

futur antérieur : je serai parti(e) **conditionnel passé :** je serais parti(e)

plus-que-parfait : j'étais parti(e) **passé du subjonctif :** je sois parti(e)

* conjugués avec l'auxiliaire **être** aux temps composés

32. peindre, craindre, joindre, se plaindre*

sujet	présent	passé composé	imparfait	futur
je (j')	peins	ai peint	peignais	peindrai
tu	peins	as peint	peignais	peindras
il/elle/on	peint	a peint	peignait	peindra
nous	peignons	avons peint	peignions	peindrons
vous	peignez	avez peint	peigniez	peindrez
ils/elles	peignent	ont peint	peignaient	peindront

sujet	conditionnel	présent du subjonctif	passé simple	impératif (sans pronom sujet)
je (j')	peindrais	peigne	peignis	
tu	peindrais	peignes	peignis	peins
il/elle/on	peindrait	peigne	peignit	
nous	peindrions	peignions	peignîmes	peignons
vous	peindriez	peigniez	peignîtes	peignez
ils/elles	peindraient	peignent	peignirent	

participe présent : peignant **participe passé** : peint

futur antérieur : j'aurai peint **conditionnel passé** : j'aurais peint

plus-que-parfait : j'avais peint **passé du subjonctif** : j'aie peint

*verbe pronominal conjugué avec **être** aux temps composés.

33. pouvoir

sujet	présent	passé composé	imparfait	futur
je (j')	peux (ou puis)	ai pu	pouvais	pourrai
tu	peux	as pu	pouvais	pourras
il/elle/on	peut	a pu	pouvait	pourra
nous	pouvons	avons pu	pouvions	pourrons
vous	pouvez	avez pu	pouviez	pourrez
ils/elles	peuvent	ont pu	pouvaient	pourront

sujet	conditionnel	présent du subjonctif	passé simple	impératif (sans pronom sujet)
je (j')	pourrais	puisse	pus	
tu	pourrais	puisses	pus	
il/elle/on	pourrait	puisse	put	
nous	pourrions	puissions	pûmes	
vous	pourriez	puissiez	pûtes	
ils/elles	pourraient	puissent	purent	

participe présent : pouvant   **participe passé** : pu

futur antérieur : j'aurai pu   **conditionnel passé** : j'aurais pu

plus-que-parfait : j'avais pu   **passé du subjonctif** : j'aie pu

34. prendre, apprendre, comprendre, entreprendre, reprendre, surprendre

sujet	présent	passé composé	imparfait	futur
je (j')	prends	ai pris	prenais	prendrai
tu	prends	as pris	prenais	prendras
il/elle/on	prend	a pris	prenait	prendra
nous	prenons	avons pris	prenions	prendrons
vous	prenez	avez pris	preniez	prendrez
ils/elles	prennent	ont pris	prenaient	prendront

sujet	conditionnel	présent du subjonctif	passé simple	impératif (sans pronom sujet)
je (j')	prendrais	prenne	pris	
tu	prendrais	prennes	pris	prends
il/elle/on	prendrait	prenne	prit	
nous	prendrions	prenions	prîmes	prenons
vous	prendriez	preniez	prîtes	prenez
ils/elles	prendraient	prennent	prirent	

participe présent : prenant   **participe passé** : pris

futur antérieur : j'aurai pris   **conditionnel passé** : j'aurais pris

plus-que-parfait : j'avais pris   **passé du subjonctif** : j'aie pris

35. promettre, mettre, admettre, commettre, compromettre, omettre, permettre, soumettre, transmettre, battre*, combattre*, débattre*

sujet	présent	passé composé	imparfait	futur
je (j')	promets	ai promis	promettais	promettrai
tu	promets	as promis	promettais	promettras
il/elle/on	promet	a promis	promettait	promettra
nous	promettons	avons promis	promettions	promettrons
vous	promettez	avez promis	promettiez	promettrez
ils/elles	promettent	ont promis	promettaient	promettront

sujet	conditionnel	présent du subjonctif	passé simple	impératif (sans pronom sujet)
je (j')	promettrais	promette	promis	
tu	promettrais	promettes	promis	promets
il/elle/on	promettrait	promette	promit	
nous	promettrions	promettions	promîmes	promettons
vous	promettriez	promettiez	promîtes	promettez
ils/elles	promettraient	promettent	promirent	

participe présent : promettant **participe passé :** promis

futur antérieur : j'aurai promis **conditionnel passé :** j'aurais promis

plus-que-parfait : j'avais promis **passé du subjonctif :** j'aie promis

*participes passés : battu, combattu, débattu

36. recevoir, apercevoir, décevoir,

sujet	présent	passé composé	imparfait	futur
je (j')	reçois	ai reçu	recevais	recevrai
tu	reçois	as reçu	recevais	recevras
il/elle/on	reçoit	a reçu	recevait	recevra
nous	recevons	avons reçu	recevions	recevrons
vous	recevez	avez reçu	receviez	recevrez
ils/elles	reçoivent	ont reçu	recevaient	recevront

sujet	conditionnel	présent du subjonctif	passé simple	impératif (sans pronom sujet)
je (j')	recevrais	reçoive	reçus	
tu	recevrais	reçoives	reçus	reçois
il/elle/on	recevrait	reçoive	reçut	
nous	recevrions	recevions	reçûmes	recevons
vous	recevriez	receviez	reçûtes	recevez
ils/elles	recevraient	reçoivent	reçurent	

participe présent : recevant   **participe passé :** reçu

futur antérieur : j'aurai reçu   **conditionnel passé :** j'aurais reçu

plus-que-parfait : j'avais reçu   **passé du subjonctif :** j'aie reçu

37. reconnaître, connaître, naître*

sujet	présent	passé composé	imparfait	futur
je (j')	reconnais	ai reconnu	reconnaissais	reconnaîtrai
tu	reconnais	as reconnu	reconnaissais	reconnaîtras
il/elle/on	reconnaît	a reconnu	reconnaissait	reconnaîtra
nous	reconnaissons	avons reconnu	reconnaissions	reconnaîtrons
vous	reconnaissez	avez reconnu	reconnaissiez	reconnaîtrez
ils/elles	reconnaissent	ont reconnu	reconnaissaient	reconnaîtront

sujet	conditionnel	présent du subjonctif	passé simple	impératif (sans pronom sujet)
je (j')	reconnaîtrais	reconnaisse	reconnus	
tu	reconnaîtrais	reconnaisses	reconnus	reconnais
il/elle/on	reconnaîtrait	reconnaisse	reconnut	
nous	reconnaîtrions	reconnaissions	reconnûmes	reconnaissons
vous	reconnaîtriez	reconnaissiez	reconnûtes	reconnaissez
ils/elles	reconnaîtraient	reconnaissent	reconnurent	

participe présent : reconnaissant   **participe passé :** reconnu

futur antérieur : j'aurai reconnu   **conditionnel passé :** j'aurais reconnu

plus-que-parfait : j'avais reconnu   **passé du subjonctif :** j'aie reconnu

*s'emploie surtout au passé composé, conjugué avec l'auxiliaire **être** aux temps composés, **participe passé :** né(e)(s)

38. rire, sourire

sujet	présent	passé composé	imparfait	futur
je (j')	ris	ai ri	riais	rirai
tu	ris	as ri	riais	riras
il/elle/on	rit	a ri	riait	rira
nous	rions	avons ri	riions	rirons
vous	riez	avez ri	riiez	rirez
ils/elles	rient	ont ri	riaient	riront

sujet	conditionnel	présent du subjonctif	passé simple	impératif (sans pronom sujet)
je (j')	rirais	rie	ris	
tu	rirais	ries	ris	ris
il/elle/on	rirait	rie	rit	
nous	ririons	riions	rîmes	rions
vous	ririez	riiez	rîtes	riez
ils/elles	riraient	rient	rirent	

participe présent : riant   **participe passé :** ri
futur antérieur : j'aurai ri   **conditionnel passé :** j'aurais ri
plus-que-parfait : j'avais ri   **passé du subjonctif :** j'aie ri

39. savoir

sujet	présent	passé composé	imparfait	futur
je (j')	sais	ai su	savais	saurai
tu	sais	as su	savais	sauras
il/elle/on	sait	a su	savait	saura
nous	savons	avons su	savions	saurons
vous	savez	avez su	saviez	saurez
ils/elles	savent	ont su	savaient	sauront

sujet	conditionnel	présent du subjonctif	passé simple	impératif (sans pronom sujet)
je (j')	saurais	sache	sus	
tu	saurais	saches	sus	sache
il/elle/on	saurait	sache	sut	
nous	saurions	sachions	sûmes	sachons
vous	sauriez	sachiez	sûtes	sachez
ils/elles	sauraient	sachent	surent	

participe présent : sachant   **participe passé :** su

futur antérieur : j'aurai su   **conditionnel passé :** j'aurais su

plus-que-parfait : j'avais su   **passé du subjonctif :** j'aie su

40. sentir, servir (voir : partir)

41. suivre, poursuivre

sujet	présent	passé composé	imparfait	futur
je (j')	suis	ai suivi	suivais	suivrai
tu	suis	as suivi	suivais	suivras
il/elle	suit	a suivi	suivait	suivra
nous	suivons	avons suivi	suivions	suivrons
vous	suivez	avez suivi	suiviez	suivrez
ils/elles	suivent	ont suivi	suivaient	suivront

sujet	conditionnel	présent du subjonctif	passé simple	impératif (sans pronom sujet)
je (j')	suivrais	suive	suivis	
tu	suivrais	suives	suivis	suis
il/elle	suivrait	suive	suivit	
nous	suivrions	suivions	suivîmes	suivons
vous	suivriez	suiviez	suivîtes	suivez
ils/elles	suivraient	suivent	suivirent	

participe présent : suivant   **participe passé :** suivi

futur antérieur : j'aurai suivi   **conditionnel passé :** j'aurais suivi

plus-que-parfait : j'avais suivi   **passé du subjonctif :** j'aie suivi

42. venir, devenir, intervenir, parvenir, revenir, se souvenir, tenir*, appartenir*, obtenir*, retenir*, soutenir*

sujet	présent	passé composé	imparfait	futur
je (j')	viens	suis venu(e)	venais	viendrai
tu	viens	es venu(e)	venais	viendras
il/elle/on	vient	est venu(e)	venait	viendra
nous	venons	sommes venu(e)s	venions	viendrons
vous	venez	êtes venu(e)(s)	veniez	viendrez
ils/elles	viennent	sont venu(e)s	venaient	viendront

sujet	conditionnel	présent du subjonctif	passé simple	impératif (sans pronom sujet)
je (j')	viendrais	vienne	vins	
tu	viendrais	viennes	vins	viens
il/elle/on	viendrait	vienne	vint	
nous	viendrions	venions	vînmes	venons
vous	viendriez	veniez	vîntes	venez
ils/elles	viendraient	viennent	vinrent	

participe présent : venant   **participe passé** : venu

futur antérieur : je serai venu(e)   **conditionnel passé** : je serais venu(e)

plus-que-parfait : j'étais venu(e)   **passé du subjonctif** : je sois venu(e)

* conjugués avec l'auxiliaire **avoir** aux temps composés

43. vivre, revivre, survivre,

sujet	présent	passé composé	imparfait	futur
je (j')	vis	ai vécu	vivais	vivrai
tu	vis	as vécu	vivais	vivras
il/elle/on	vit	a vécu	vivait	vivra
nous	vivons	avons vécu	vivions	vivrons
vous	vivez	avez vécu	viviez	vivrez
ils/elles	vivent	ont vécu	vivaient	vivront

sujet	conditionnel	présent du subjonctif	passé simple	impératif (sans pronom sujet)
je (j')	vivrais	vive	vécus	
tu	vivrais	vives	vécus	vis
il/elle/on	vivrait	vive	vécut	
nous	vivrions	vivions	vécûmes	vivons
vous	vivriez	viviez	vécûtes	vivez
ils/elles	vivraient	vivent	vécurent	

participe présent : vivant   **participe passé :** vécu

futur antérieur : j'aurai vécu   **conditionnel passé :** j'aurais vécu

plus-que-parfait : j'avais vécu   **passé du subjonctif :** j'aie vécu

44. voir, prévoir, revoir

sujet	présent	passé composé	imparfait	futur
je (j')	vois	ai vu	voyais	verrai
tu	vois	as vu	voyais	verras
il/elle/on	voit	a vu	voyait	verra
nous	voyons	avons vu	voyions	verrons
vous	voyez	avez vu	voyiez	verrez
ils/elles	voient	ont vu	voyaient	verront

sujet	conditionnel	présent du subjonctif	passé simple	impératif (sans pronom sujet)
je (j')	verrais	voie	vis	
tu	verrais	voies	vis	vois
il/elle/on	verrait	voie	vit	
nous	verrions	voyions	vîmes	voyons
vous	verriez	voyiez	vîtes	voyez
ils/elles	verraient	voient	virent	

participe présent : voyant   **participe passé :** vu

futur antérieur : j'aurai vu   **conditionnel passé :** j'aurais vu

plus-que-parfait : j'avais vu   **passé du subjonctif :** j'aie vu

45. vouloir

sujet	présent	passé composé	imparfait	futur
je (j')	veux	ai voulu	voulais	voudrai
tu	veux	as voulu	voulais	voudras
il/elle/on	veut	a voulu	voulait	voudra
nous	voulons	avons voulu	voulions	voudrons
vous	voulez	avez voulu	vouliez	voudrez
ils/elles	veulent	ont voulu	voulaient	voudront

sujet	conditionnel	présent du subjonctif	passé simple	impératif (sans pronom sujet)
je (j')	voudrais	veuille	voulus	
tu	voudrais	veuilles	voulus	veux (veuille)
il/elle/on	voudrait	veuille	voulut	
nous	voudrions	voulions	voulûmes	voulons
vous	voudriez	vouliez	voulûtes	voulez (veuillez)
ils/elles	voudraient	veuillent	voulurent	

participe présent : voulant   **participe passé :** voulu

futur antérieur : j'aurai voulu   **conditionnel passé :** j'aurais voulu

plus-que-parfait : j'avais voulu   **passé du subjonctif :** j'aie voulu

46. Cas particuliers

a. valoir : s'emploie surtout à la troisième personne et dans les expressions impersonnelles : **valoir mieux** (Il vaut mieux) **valoir la peine** (Cela vaut la peine)

sujet	présent	passé composé	imparfait	futur
il/elle/cela	vaut	a valu	valait	vaudra
ils/elles	valent	ont valu	valaient	vaudront

sujet	conditionnel	présent du subjonctif	passé simple	impératif (sans pronom sujet)
il/elle/cela	vaudrait	vaille	valut	
ils/elles	vaudraient	vaillent	valurent	

participe présent : valant   **participe passé :** valu

futur antérieur : il/elle aura valu   **conditionnel passé :** il/elle aurait valu

plus-que-parfait : il/elle avait voulu   **passé du subjonctif :** il/elle ait valu

b. falloir : conjugué seulement à la troisième personne du singulier

sujet	présent	passé composé	imparfait	futur
il (impersonnel)	faut	a fallu	fallait	faudra

sujet	conditionnel	présent du subjonctif	passé simple	impératif (sans pronom sujet)
il (impersonnel)	faudrait	faille	fallut	

participe passé : fallu

futur antérieur : il aura fallu   **conditionnel passé :** il aurait fallu

plus-que-parfait : il avait fallu   **passé du subjonctif :** il ait fallu

c. coûter : s'emploie surtout à la troisième personne

sujet	présent	passé composé	imparfait	futur
il/elle/cela	coûte	a coûté	coûtait	coûtera
ils/elles	coûtent	ont coûté	coûtaient	coûteront

sujet	conditionnel	présent du subjonctif	passé simple	impératif (sans pronom sujet)
il/elle/cela	coûterait	coûte	coûta	
ils/elles	coûteraient	coûtent	coûtèrent	

participe présent : coûtant   **participe passé :** coûté

futur antérieur : il/elle aura coûté   **conditionnel passé :** il/elle aurait coûté

plus-que-parfait : il/elle avait coûté   **passé du subjonctif :** il/elle ait coûté

LEXIQUE FRANÇAIS-ANGLAIS

A

abaisser   to bring down
abattre   to cut down, to fell (tree);
   s'____ sur   to descend on
aborder   to approach a topic or person
aboutir   to succeed, lead to
abri *m*   shelter
abroger   to repeal
abstrait, aite   abstract
accalmie *f*   lull, break
acclamer   to cheer
accomplir   to accomplish
accord *m*   agreement
accoutumer (s')   to get used to
accrocher   to hang (on a wall)
accroissement *m*   increase, growth
   accroître   to increase something;
   s'____   to increase; to grow
accueil *m*   welcome, reception
   accueillir   to welcome, receive
achever   to finish
acquérir   to acquire
acquitter   to discharge, to release from
actualité *f*   current event, news
   actuel, elle   present
   actuellement, à l'heure actuelle   at present
admettre   to admit, to acknowledge
adoucir   to soften, to make milder
adroit   skillful, clever
aérien, ienne   aerial
aéronaute *m*   pilot
   aérostat *m*   hot air balloon
   aérostier *m*   hot air balloon pilot
affaire *f*   business, matter, case, deal
affectif, ive   emotional, affective
affectueux, euse   affectionate
affliger   to distress, to grieve
affoler   to terrify;
   s'____   to panic
affreux, euse   awful, dreadful, horrible
agir   to act, to behave
agréer   to accept, to approve
aider   to help
aigu, uë   high-pitched, sharp, acute
aile *f*   wing

ailleurs   elsewhere
aimable   kind, nice
aîné, ée   elder, older
ainsi   thus, in the same way
aise *f*   ease, comfort
ajouter   to add
alène *f*   awl
alimenter   to feed, to supply
allée *f*   lane, path, avenue
alléger   to lighten, to reduce
allègre   gay, cheerful, lively
   allégresse *f*   elation
allonger (s')   to stretch (out), to extend
allumer   to light, to switch on, to turn on
alors   then, so, well, in those days
altérer   to make one thirsty
amant, ante   lover
amarre *f*   rope, cable (Naut.)
amateur *m*   admirer, lover of
ambassade *f*   embassy
ambisé, ée   light (skin)
âme *f*   soul
amener   to bring (along)
Amérindiens *m pl*   American Indians, Native
   Americans
amidonné, ée   starched
amitié *f*   friendship
amoureux, euse (de)   in love (with)
ample   roomy, full, wide
ampoule *f*   lightbulb, blister
amuser   to entertain, to amuse;
   s'____   to have fun, a good time
ananas *m*   pineapple
ancêtre *mf*   ancestor, old man/woman
ancien, ienne   old, antique, former
ancre *f*   anchor
anémique   anemic
angoisse *f*   anxiety, distress, anguish
   angoissé, ée   anguished, anxious
animer   to animate, to lead
anneau *m*   ring, hoop
antédiluvien, ienne   before the biblical flood,
   ancient
antérieur   previous, earlier

apaisant   soothing
apercevoir   to see, to catch sight of, to perceive
aphone   voiceless
apparaître   to appear, to come to light
appareil *m*   appliance, apparatus
apparenté, ée   related
appartenir   to belong
appel *m*   call
applaudissement *m*   applause, clapping
apporter   to bring, to supply
apprendre   to learn
apprêter (s')   to get ready for
approbation *f*   approval
approfondir   to deepen, to go deeper into
appui *m*   support
  appuyer   to lean, to press, to support
aquarelle *f*   watercolor
arbitraire   arbitrary
arbre *m*   tree
arbuste *m*   bush, small shrub
arc *m*   bow, arch
archevêque *m*   archbishop
argent *m*   money; silver
  argenté, ée   silver, silvery
armée *f*   army
arracher   to pull up or out, to tear off
arranger   to arrange, to organize, to fix;
  s'____   to work out
arrestation *f*   arrest
arrêt *m*   stop, stopping
  arrêter   to stop, to cancel, to arrest
arrière *m*   back, rear, behind
arrivée *f*   arrival, coming
arrondir   to make round, to polish;
  s'____   to become round
asile *m*   asylum, refuge
aspirer   to inhale, to breathe, to aspire
assécher   to dry, to drain
assentiment *m*   assent, consent
asseoir (s')   to sit down
assiéger   to besiege
assuré, ée   certain, sure, insured
  assurément   most certainly, assuredly
  assurer   to assure, to insure, to maintain
atelier *m*   studio, workshop
attaché, ée   attached to, tied to
attaquer   to attack, to assault
atteindre   to reach
attente *f*   expectation

attentif, ive   attentive, careful
attentionné, ée   thoughtful, considerate
atterrir   to land
  atterrissage *m*   landing
attester   to vouch for
  attestation *f*   certificate
attirance *f*   attraction
  attirer   to attract, to appeal
  attrait *m*   attraction, appeal
attraper   to catch, to get
attribuer   to grant, to award, to attribute
auberge *f*   hostel
aucun, e   no, none
audace *f*   daring, audacity
  audacieux, euse   daring, bold
au-dessus   above
auditeur *m*   listener, audience
  auditoire *m*   audience
augmenter   to increase, to raise
aujourd'hui   today, nowadays
auparavant   before, first
auprès de   next to, close to, by
auriculaire   heard, told
aurore *f*   dawn, daybreak
aussitôt   straight away, immediately
autant   as much
auteur *m*   author, writer, composer
autonome   autonomous, self-governing
autorisation *f*   permission, authorization
  autoriser   to authorize, to give permission
  autorité *f*   authority
autour   around, about
autre   other
avantage *m*   advantage
avant-garde   in the forefront, before its time
avenir *m*   future
aventureux, euse   adventurous, bold
  aventurier, ière   adventurer/ess
avérer (s')   to turn out to be
avertir   to tell, to inform, to warn
aveugle   blind
  aveuglément   blindly
avidité *f*   eagerness, greed
  avide   greedy, avid
avion de chasse *m*   fighter plane
avis *m*   opinion, notice
aviser   to advise, inform
avocat, e   lawyer
avoine *f*   oat
avouer   to confess, to admit

B

babyfoot *m*   table football
bachelier *m*   person who passed the baccalauréat
bagage *m*   luggage, bag
bague *f*   ring
baguette *f*   bread, stick, baton
bahut *m*   school (slang)
baiser *m*   kiss
bal *m*   dance, ball
ballon *m*   ball, balloon
banalité *f*   banality, triviality
bande dessinée *f*   comic strip
banlieue *f*   city outskirts, "inner city"/projects
bannir   to prohibit, to banish, exclude
baobab *m*   tropical African tree
baraque *f*   house (slang), shed, hut,
barbe *f*   beard
barda *m*   responsibility
baron *m*   baron, lord
barreau *m*   bar (of cage or prison)
barrer   to block, to barricade, to cross out
bas   softly (speak)
basané, ée   sun-tanned, dark-skinned
baser   to base
bassin *m*   pond, pool, basin
bas-relief *m*   sculpture with the design raised
   slightly from the background
bataille *f*   battle, fight
bâtard, arde   illegitimate child
bateau *m*   boat, ship
bâton *m*   stick
battre   to beat, to hit
bénéfice *m*   profit, advantage
   bénéficiaire   beneficiary
bengalais, e   bengalese
berceau *m*   cradle
   bercer   to rock, to cradle
berceuse *f*   rocking chair
berger *m*   shepherd
besogne *f*   work
besoin *m*   need
bête   stupid, silly
   bêtise *f*   stupidity, foolishness
betterave *f*   beet
beur *m*   second-generation North African living
   in France
beurre *m*   butter
bibliothèque *f*   library
bien   well, properly
bien(s) *m*   material good, property
bienfait *m*   kindness, benefit
bientôt   soon
bile *f*   anger, worry
blafard   pale, pallid
blague *f*   joke, trick
blanchir   to whiten, to lighten
blé *m*   wheat
blesser   to hurt, to injure
blottir (se)   to curl up, huddle up
blouse *f*   overall, blouse
bœuf *m*   ox, steer, beef
boghey *m*   buggy
bohémien, ienne   bohemian, gypsy
boire   to drink
bois *m*   wood
boîte *f*   box
bond *m*   leap, jump
   bondir   to jump, to leap
bonheur *m*   happiness, joy
bonhomme *m*   guy
bonté *f*   kindness, goodness
bord *m*   edge, side, bank, shore, brink
borne *f*   kilometer marker, milestone, limit
bosser   to work hard, to slog away
bouc émissaire *m*   scapegoat
bouche *f*   mouth
   bouchée *f*   mouthful
boucherie *f*   butcher's shop
boucler   to buckle, to finish
bouffée *f*   puff of air, outburst
bouger   to move
   la bougeotte (avoir la bougeotte) to always be
   on the move
bougonner   to grouch, to grumble
boulangerie *f*   bakery
bouleverser   to move deeply, to shatter, to disrupt
boulot *m*   work, job (fam)
bourdonnant   buzzing, humming
bourgeois, e   middle class
bourreau *m*   torturer, executioner
bourse *f*   money, purse, scholarship
bousculer   to jostle, to rush, to hurry
bout *m*   end, tip, piece
bouteille *f*   bottle
boutique *f*   store
bouton *m*   button, pimple
braise *f*   embers
brandir   to brandish, to flourish
bras *m*   arm

bride *f* bridle, rein
brièvement briefly, concisely
brillant, e shiny, bright
   briller to shine, to sparkle
brise *f* breeze
briser to break, to ruin
brousse *f* bush
bruire to rustle, to murmur
bruit *m* noise, sound
brûler to burn
brunir to get a tan, to go darker
brusque abrupt, blunt
bruyéreux, euse covered with heather
bûcher *m* stake
buisson *m* bush
bulle *f* bubble
bureau de tabac *m* tobacco shop (selling stamps
   and newspapers)
burnous *m* Arab coat
but *m* aim, goal, purpose
buter to stumble, trip

C

cabrer to rear up
cacher to hide, to conceal;
   se ____ to hide (oneself)
cachette *f* hiding-place, hideout
   en ~ secretly
cadet, te younger, youngest / youngest child
cadre *m* frame, setting, executive
caillou *m* stone, pebble
   caillouteux stony, pebbly
cajolerie *f* cuddling, flattery
calquer to trace, to copy exactly
camelote *f* junk, rubbish
camionneur *m* truck driver
canal *m* canal, channel
canne *f* stick, cane, crutch
cannelle *f* cinnamon
canoniser to declare a saint
canular *m* hoax
capétien, ne of the Capetian dynasty
capilotade (en) in a pulp, in smithereens
capote *f* top, hood
captiver to fascinate, to captivate
capturer to catch, to capture
car *m* bus
carabine *f* rifle, gun

caractère *m* nature, character
carnet de bord *m* travel diary
carrément bluntly, straight out
carte *f* map, card
carton *m* cardboard, box
cas *m* case, occurence
cascade *f* waterfall, cascade, stunt
case *f* hut, box (on a form)
casser (se) to break
   casser la figure à quelqu'un to hit
   someone in the face
   se casser la figure (fam) to fall down
cataracte *f* waterfall
catin *f* (vieilli, québécois) doll
causer to chat, to talk, to cause, to bring about
   causeur, euse talker
cavalier *m* rider, partner
cave *f* cellar, basement
céder to give up, to yield to
ceinturon *m* belt
célèbre famous
céleste celestial, heavenly
celle this/that one
cependant however, nevertheless
cercler to ring, to hoop
cerner to surround, to outline, to figure out
certes certainly, of course
certificat d'études *m* certificate obtained
   at the end of primary school
cerveau *m* brain
cesser to stop, to cease
chacun, e each one, everyone
chagrin *m* grief, sorrow
   chagriner to grieve, upset
chair *f* flesh
chaise *f* chair
chaleur *f* heat
chalumeau *m* burner
chambre *f* bedroom
champ *m* field
chance *f* luck
chandelle *f* candle
changer d'avis to change one's mind
chant *m* song, singing
   chanter to sing
   chanteur, euse singer
chapeau *m* hat
chaque each, every
charbon *m* coal

charge *f* load, burden, responsibility
  charger to load
charivari *m* hullabaloo, uproar
charpentier *m* carpenter
charrette *f* cart
  charrier to cart, to carry
chasser to hunt, to chase away
chat *m* cat
château *m* castle
chatterie *f* playful attention or caresses
chauffer to heat up, to warm up
chaussure *f* shoe
chef *m* head, boss, leader
  chef d'œuvre *m* masterpiece
chemin *m* path, track
  chemin de fer *m* railroad
chemise *f* shirt
cher, ère dear, expensive
chercher to look for, to search for
chétif, ive puny, sickly, meager
cheval *m* horse
chevet *m* bedside
cheveux *mpl* hair
cheville *f* ankle
chèvre *f* goat
chiant, e (slang) annoying, boring
chignage *m* complaint (québécois)
chinois *m* Chinese
choix *m* choice
chômage *m* unemployment
choyer to cherish, to pamper
chronique *f* chronicle
chuchoter to whisper, to murmur
chute *f* fall, collapse
ci-dessous below, hereunder
ciel *m* sky
cierge *m* candle
cime *f* summit, peak, top
cimetière *m* cemetery
cinéaste *m* film-maker, movie director
circonstance *f* occasion, circumstance
ciselure *f* carving, engraving
citadelle *f* fortress
citer to quote, to cite
citoyen *m* citizen
civique civic
clair, e bright, light, clear
clair-obscur *m* chiaroscuro, twilight
clairvoyant, e clear-sighted, perceptive

clandestin, e secret, underground, illegal
  clandestinité *f* secret nature, underground
claquemurer to coop up
classer to classify, to file
clavecin *m* harpsichord
cligner to blink, to wink
clochette *f* bell
coaliser to unite
coéquipier *m* teammate
cœur *m* heart
coffre *m* chest, trunk
cohabiter to live together, to cohabit
coiffure *f* hairstyle
coin *m* corner, area
colère *f* anger
collaborer to work with, to collaborate
colle *f* glue
  coller to stick, to glue
collectif, ive collective
collectionner to collect
  collectionneur *m* collector
collège *m* school, junior high school
  collégien, ienne schoolboy/girl
collier *m* necklace
colline *f* hill
colloque *m* colloquium, conversation
colonisateur *m* colonizer
combien how much, how many
combinaison *f* combination, combining, scheme
combler to fill in, to make up, to fulfill
commémoratif, ive memorial
commencer to start, to begin
commenter to comment on, to make comments
commère *f* gossiper
commettre to commit, to make
commode convenient
commun, e in common
  communauté *f* community
communiquer to communicate, to convey
compagne *f* female companion
  compagnon *m* male companion
complaisance *f* kindness, accomodating attitude
complet, ète complete, full, total
complicité *f* unspoken understanding between two people
comportement *m* behavior
  comporter to be composed of;
  se ____ to behave
compositeur *m* composer
compréhensif, ive understanding

comprendre to understand
compte *m* account, count
   compter to count
comte *m* count, earl
concernant concerning, relating, regarding
concevoir to imagine, to conceive, to design
concision *f* conciseness
conclure to conclude, to end
concours *m* competitive exam
concurrence *f* competition
   concurrent, e competing, rival
condisciple *m* fellow student
conduite *f* behavior, driving
confectionner to prepare, to make
confiance *f* trust, confidence
confidence *f* secret
confier to confide
confins *mpl* borders, edges
confiture *f* jam
conflit *m* conflict, dispute
congé *m* holiday, vacation
conjoncture *f* situation, circumstances
connaissance *f* knowledge
   connaître to know, to be acquainted with
conquérir to conquer, to win
   conquête *f* conquest
consacrer to devote, to dedicate
conseil *m* advice
conséquent (**par** ____) therefore, consequently
consolider to strengthen, to reinforce
constituer to set up, to form
construire to build, to construct
contenir to contain, to hold, to control
contourner to skirt, to bypass
contraindre to force, to compel, to restrain
contraire contrary, opposite
contre against
contre-attaque *f* counter-attack
contrecœur (à) reluctantly
contredire to contradict, to refute
contrôleur *m* inspector
convaincre to convince, to persuade
convenable suitable, fitting, acceptable
   convenir to suit, to be convenient for
convoiter to covet, to lust after
copain, copine *m, f* friend, buddy
coranique relating to the Koran, the holy book of Islam
corde *f* rope
corne *f* horn

corniche *f* decorative edge
cornichon *m* pickle
corps *m* body
corriger to correct
corrompre to corrupt, to bribe
corsage *m* blouse
costume *m* costume, dress
côte *f* coast
côté *m* side
cou *m* neck
coucher to lay down;
   se ____ to go to bed, to lie down
   coucher avec to sleep (with)
coudre to sew
couler to run, to flow, to leak
couloir *m* corridor
coup *m* blow, punch
coupable guilty
couper to cut
coupole *f* dome
cour *f* courtyard, court
courant, e everyday, standard, ordinary, common
courir to run
couronne *f* crown
   couronner to crown
courrier *m* mail, letters
courroucé, ée very angry
cours *m* academic course
course *f* running, race
court, e short
courtois, e courteous
coûter to cost
coutume *f* custom, habit
   coutumièrement customarily
couvert covered, overcast
couvre-pieds *m* quilt
couvrir to cover
cracher to spit
craindre to fear, to be afraid of
   crainte *f* fear
cravate *f* tie
créateur, trice creative
   créer to create
crépuscule *m* twilight
cri *m* scream
   crier to scream, to shout
crise *f* crisis, outburst, fit
crispation *f* tensing, contraction
croire to believe
croiser to cross, to fold, to run into

croissant, e increasing, growing
   croître to increase, to grow
cruel, elle cruel, ferocious
   cruellement cruelly
cueillir to pick, to gather
cuir *m* leather
cuisse *f* thigh
cultiver to cultivate, to farm
curieux, euse curious

D

dame *f* lady
damné, ée damned, cursed
dauphin *m* successor to the throne
débarquer to unload, to land
débarrasser (se) to get rid of
débile sickly, weak, stupid
débloquer to release
déborder to overflow
debout standing (up)
début *m* beginning
   débutant, e beginner, novice
décadence *f* decline, decadence
décamper to clear out
déception *f* disappointment
décerner to give, award
décès *m* death
décevoir to disappoint
déchaîné, ée raging, wild
décharger to unload
   déchargeur *m* unloader
déchirer to tear up
déclencher to launch, to release
décor *m* scenery, decor
décourager to discourage
découverte *f* discovery
   découvreur *m* discoverer
   découvrir to discover
décrire to describe
décrocher to unhook, to take down, to get
dédaigner to disdain, to scorn
dedans inside
déesse *f* goddess
défaillance *f* weakness, failure
défaire to undo, to dismantle, to take down
défaut *m* flaw, fault
défectueux, euse defective
défendre to defend, to forbid

défense *f* defense, protection
   défenses *f pl* elephant tusks
   défenseur *m* defender, advocate
défi *m* challenge, defiance
   défier to challenge
définir to define
définitif, ive final, permanent
dégager to free, to extricate, to release
dégarni, e bare
dégonflant deflating
dégoûté, ée disgusted
dehors outside
déjà already
délabré, e dilapidated, ramshackle
délai *m* time limit
délester to remove ballast from
délices *m pl* delights
délier to untie, to unbind
délinquance *f* criminality
   délinquant, ante delinquent
délivrer to set free
démarche *f* gait, walk, procedure, reasoning
démêler to disentangle, to untangle
demeurer to stay, to live somewhere, to remain
demi, ie half
démission *f* resignation
démodé, e old-fashioned
demoiselle *f* young lady
dénatter to unplait hair
dénicher to unearth, to discover
dentelle *f* lace
départ *m* departure, start
départager to separate
dépasser to pass, overtake
dépêcher (se) to hurry
dépendre (de) to be dependent upon
dépense *f* expense
   dépenser to spend
dépit *m* pique, vexation ;
   (en) dépit (de) in spite of
déplacement *m* moving, displacement
déplaire to be disliked, to displease
déposer to lay down, to put down
dépossédé, ée deprived, dispossessed
dépouille *f* remains
dépourvu, e lacking, without, devoid of
déprime *f* depression
depuis since
déranger to disturb
dériver to drift

dérogation *f* dispensation
déroutant, e disconcerting
derrière behind
dé *m* die; **dés** *pl* dice
dès as soon as, from
désaffecter to withdraw, to close down
désaltérer (se) to quench one's thirst
désarçonné, ée baffled, thrown
désargenté, ée broke, penniless
descendance *f* descendants
descente *f* going down, descent
déséquilibré, ée unbalanced
désespérant, ante despairing
   désespéré, ée in despair
   désespoir *m* despair
déshabiller (se) to undress
déshonorer to disgrace, dishonor
désigner to point out, to indicate, to appoint
désireux, euse (de) anxious to do, desirous of
désormais from now on
desséché, ée dried out, withered
dessein *m* intention, plan
dessin *m* drawing
   dessiner to draw
dessus on top, above, over
destin *m* destiny
   destinataire *m* addressee
   destiner (à) to be intended
détachement *m* detachment
   détacher (se) (de) to free oneself from, to renounce
détenir to hold, to have
déterrer to dig up
détresse *f* distress
détricoter to unravel knitting
détruire to destroy
dette *f* debt
devenir to become
dévergondé, ée shameless, loose, wild
deviner to guess, to foresee
dévoué, ée devoted
diable *m* devil
diamant *m* diamond
diapositive *f* photographic slide
dicton *m* saying
digne dignified
dilaté, ée dilated, distended
diminuer to decrease, to reduce
dirigeable *m* dirigible

dirigeant, e leader, ruling
   diriger to lead
discours *m* speech, discourse
disparaître to disappear
   disparition *f* disppearance
disposition *f* arrangement, layout
disputer (se) to fight
dissemblable dissimilar, different
disserter to speak on
dissimuler to conceal, to hide
distraire to distract, to entertain, to amuse
divers, e diverse, varied
divorcer (d'avec quelqu'un) to get a divorce
doigt *m* finger
dolent, e mournful
domaine *m* estate, property, field
dommage *m* harm, injury; too bad
don *m* gift, talent
donc thus, so, therefore
doré, e golden, gilded
   dorure *f* gilt, gilding
dorloter to pamper, to coddle
dormir to sleep
dos *m* back
dossier *m* file, issue, question
douleur *f* pain, grief
   douloureux, euse painful
doute *m* doubt, uncertainty
doux, douce soft, smooth, sweet, gentle
   doucement gently, softly, slowly
draguer to flirt and try to pick someone up
   dragueur, euse someone who tries to pick someone up
dramaturge *m* playwright
drap *m* sheet, woolen cloth
dresser to draw up, to make up, to put up
drogue *f* drug
droit *m* right, duty
droit, e straight, right
duc *m* duke
duper to dupe, to deceive, to fool
dur, e hard
durant for, during, in the course of
   durée *f* duration, length, period
dysfonctionnement *m* dysfunction

E

eau *f* water
  eau de vie *f* brandy
ébattre (s') to frolic
éblouir to dazzle
écarter (s') to move apart, to move away, to part
ecclésiastiques *m pl* church authorities
échange *m* exchange
  échanger to exchange
échantillon *m* sample
échapper to escape, to evade
échec *m* failure
  échouer to fail
écheveau *m* skein, hank
éclatant, e bright, glaring
écouter to listen to
écrier (s') to exclaim, to cry out
écriture *f* writing
écurie *f* stable
édicter to enact, to decree
effacer to erase
effectivement actually, really, effectively, indeed
effondrer (s') to collapse
efforcer (s') (de) to try hard
effrayant, e frightening, alarming
  effrayer to frighten, to scare
égal, e equal, even
égard *m* consideration
élaborer to elaborate on, to work out the details of
élan *m* surge, rush, burst of
élargir to stretch, to widen, to enlarge
électeur *m* voter
élever to raise, to bring up, to rear, to put up, to erect
élire to elect
éloge *f* praise
éloigner (s') to move away, to remove, to take away
embarquer (s') to embark, to get on board
embaumé, ée fragrant, balmy
embrasser to kiss
embrouillé, ée muddled, confused, mixed up
  embrouiller to confuse, to tangle, to muddle
émerveillement *m* wonder, marvel
  émerveiller to fill with wonder
émigré, ée expatriate, émigré worker
emmener to take away, to take along

émoi *m* emotion, excitement
émouvant, e moving, touching
  émouvoir to move, to stir, to arouse
emparer (s') to seize, to grab
empêcher to prevent, to stop
empiler to pile up, to stack up
emplir to fill up
emporter to take away, to sweep away
emprisonner to imprison
emprunter to borrow
enceinte pregnant
encombre (sans) without mishap or incident
encontre (à l'encontre de) against, counter to
encourir to incur, to bring upon
encre *f* ink
en-dessous below
endimanché, ée in one's Sunday's best
endormir (s') to fall asleep
endroit *m* place, spot
énerver to get on one's nerves, to irritate ;
  s'___ to become irritated
enfermer to shut up, to lock in
enfin at last, finally
enfouir (s') to bury
enfuir (s') to flee, to run away
engagement *m* commitment, involvement, promise
  engager (s') to commit to, to become involved
engloutir to swallow up
engraisser to fatten up, to get fatter
engueuler to bawl someone out ;
  s'___ to have a big argument
enlèvement *m* lifting
  enlever to remove, to lift
ennemi *m* enemy
ennui *m* boredom
  ennuyer to bore, to weary
  ennuyeux, euse boring
enquête *f* enquiry, investigation
enrichir to enrich, to make rich
enrober to wrap up, to coat
enrôler to enlist, to enroll, to sign up
enrouler to roll up, to wind
enseigne de vaisseau *m* lieutenant
ensemble together
ensoleillé, ée sunny
ensuivre (s') to follow, to ensue
entendre to hear;
  s'entendre (avec) to get along (with)

enterrer to bury

entier, ière entire, whole

entortillage *m* twisting, winding

entourer to surround

entraîner to carry, to drag along

entrée *f* entrance, entry

entreprendre to begin, to start, to set about

entreprise *f* firm, company

entretenir to maintain, to support

entrouverte half-open, ajar

envahir to invade, overrun

envelopper to wrap, to envelop

envers towards, to *m* wrong side, inside, back

envie *f* desire, craving

   envier to desire, to be envious of

   envieux, euse envious

environ about, approximately *m* surroundings

envoi *m* sending

   envoyer send

envoler (s') to take off, to fly away

épanchement *m* effusion, outpouring

   épancher to give vent to

épargne *f* savings

   épargner to save, to spare

éparse scattered

épaule *f* shoulder

éphémère ephemeral, short-lived

épineux, euse thorny, prickly

épopée *f* epic

époque *f* time, age, era

épouser to marry, to wed

   époux, ouse husband, wife

épouvantable terrible, dreadful

épreuve *f* test, ordeal

éprouver to feel, experience

épuisement *m* exhaustion

   épuiser to exhaust, to wear out

équipe *f* team

escalader to climb

escale *f* stop-over

escalier *m* stairs

escapade *f* walk, short trip

esclavage *m* slavery

espace *m* space

espèce *f* species

espérance *f* hope, expectation

espoir *m* hope

esprit *m* spirit

essai *m* attempt, trying out, testing

estomac *m* stomach

établir to establish, to set up, to erect

étanchement *m* quenching

   étancher to quench

étang *m* pond

étape *f* stage, leg

état *m* state, condition

étau *m* vice, shaper

éteindre to switch off, to put out

étendre (s') to spread out, stretch out

   étendue *f* area, expanse

ethnie *f* ethnicity

étoffe *f* material, fabric

étoilé, e starry, starlit

étonnant, ante surprising, amazing

   étonnement *m* surprise, astonishment

   étonner to surprise, to amaze

étouffer to suffocate, to stifle

étrange strange

étranger, ère foreign, foreigner

être to be *m* being

étroit, e narrow, confined

étude *f* study

évanouir (s') to faint, to pass out

éveil *m* awakening

   éveiller to awaken, to arouse

événement *m* event

éventrer to disembowel, to gore

évêque *m* bishop

évidemment of course, obviously

éviter to avoid, to dodge

évoluer to evolve, to develop

évoquer to evoke, to recall

exaucer to fulfill, to grant

excès *m* excess, surplus

exciter to arouse, to stimulate, to stir

exclu, e excluded

   exclusion *f* expulsion, exclusion

exemplaire *m* copy

exercer to fulfill, to exercise, to exert

exhorter to exhort, to urge

exigence *f* requirement, strictness

   exiger to demand, to require

exil *m* exile

existence *f* existence, life

   exister to exist, to be

expérience *f* experience, experiment

explicatif, ive explanatory

exposer to display, to exhibit

exprès on purpose
exprimer to express
expulsion *f* expulsion, deportation, eviction
extase *f* ecstasy

F

fabrication *f* manufacture, making
fabuleux, euse mythical, legendary
face *f* side
fâcher (se) to get angry
   fâcheux, euse unfortunate, regrettable
facile/difficile à vivre easy/difficult to get
   along with
faciliter to facilitate, to make easier
façon *f* way, manner
facteur *m* postman
faible weak, soft
   faiblir to weaken, to get weaker
faillir to almost do something
familier, ère familiar, informal
fané, ée withered, wilted
fantaisiste fanciful, whimsical
farce *f* joke
farouche shy, timid, unsociable
fastes *m* annals
fatma *f* a muslim woman
faux, fausse fake, false
fauve tawny, musky, wild
faveur *f* favor
féconde fertile
fée *f* fairy
féodal, e feudal
fer *m* iron
   fer à friser *m* curling iron
ferme *f* farm
féroce ferocious, fierce
fête *f* feast, holiday, fair, celebration, party
fêter to celebrate
féticheur *m* African priest
feu *m* fire
feuille *f* leaf, petal
   feuillage *m* foliage, greenery
fiacre *m* cab, carriage
fiançailles *f pl* engagement
fiancé, ée engaged to be married
   fiancer (se) to get engaged to be married
fiche *f* card, sheet, slip, form
fielleux, euse venomous, spiteful

fier, ière proud
   fierté *f* pride
fièvre *f* fever
figure *f* face, picture, figure
filer to spin
filet *m* dribble, trickle, wisp, net
filière *f* path, channels, procedures, course
filleul *m* godson
fin *f* end
financier, ière financial
fixer to set, to arrange, to fix, to fasten
flattant, e flattering
   flatter to flatter
   flatterie *f* flattery
fleuri, e in bloom, blossoming
fleuve *m* river
flotter to float
foi *f* faith
foin *m* hay
fois *f* time (once)
folie *f* madness, insanity
fonctionnaire *m* state employee
fond *m* bottom, back, far end
fonder to found, to set up
forêt *f* forest
formule de politesse *f* polite phrase
fort very
fort, e strong, stout, large
fortifié, ée fortified
fou (fol), folle crazy
foudre *f* lightning
fougue *f* spirit, fieriness
fouille *f* searching, frisking
fourchette *f* fork
fournaise *f* blaze, fire
fournir to supply, to provide
foutent **ils s'en foutent** (fam) they don't give a
   damn
foyer *m* home, fireplace
fraîcheur *f* coolness
frais, aîche fresh, cool
fraise *f* strawberry
franchir to clear, to get over, to cross
frapper to hit, to strike
frayer to open up, to clear
frayeur *f* fright
frémir to tremble, to shudder
   frémissement *m* quivering, shivering
fréquenter to frequent, to go around with
frileux, euse sensitive to cold

frimer   to show off
friser   to curl
frissonner   to tremble, to shudder
frivolité *f*   frivolity, triviality
frôler   to brush against, to skim
froment *m*   wheat
front *m*   forehead
frotter   to rub
fuir   to flee, to evade, to avoid
   fuite *f*   escape, leak
fumée *f*   smoke
funèbre   funeral
funeste   disastrous, grievous
fusil *m*   rifle, gun
fusion *f*   fusion, melting

G

gadjo *m*   gypsy
gaillard *m*   a strong man
galeriste *m*   gallery owner
galop *m*   gallop
gamin *m*   kid
gant *m*   glove
garde-champêtre *m*   rural policeman
garder   to look after, to keep, to guard
garni, e   well-stocked, well-filled
gâté, ée   spoiled
gaz *m*   gas
geler   to freeze
gémissant, e   moaning, creaking
gêner   to bother, to hamper
génie *m*   genius, genie
genou *m*   knee
genre *m*   type, style, appearance, gender
gitan, ane   gypsy
glace *f*   ice, ice cream, mirror
glapir   to yap, to yelp
glisser   to slide along, to slip
gombos *m pl*   tropical garden vegetable
gonfler   to pump up, to inflate
gosse *m*   kid, brat
gouffre *m*   abyss, gulf, chasm
gourmand, e   greedy
gourmandise *f*   greed, delicacy
goût *m*   taste
goûter   to taste
gouttelette *f*   droplet
grâce *f*   grace, charm

gracieux, euse   gracious
graine *f*   seed, grain
grandeur *f*   size, greatness
grandir   to grow, to increase
grange *f*   barn
grave   very serious, solemn
gravir   to climb
gré *m*   liking
gredin *m*   rascal, scoundrel
grenier *m*   attic
grève *f*   strike
   gréviste *m*   striker
grimper   to climb
griot *m*   African bard
grog *m*   toddy
grossesse *f*   pregnancy
grossier, ière   coarse, unrefined, crude
guenille *f*   rag
guère   hardly, scarcely
guerre *f*   war
guetter   to watch, to lie in wait for
guillemet *m*   quotation mark

H

habile   skillfull, clever
   habileté *f*   skill, dexterity
habitude *f*   habit
   habituer (s') (à)   to become accustomed to
hâbleur, euse   bragging, boasting
haleine *f*   breath
hanche *f*   hip
hanter   to haunt
hardi, e   bold, daring
hâter   to hasten, to hurry
haut, e   high
hautain, e   haughty
hauteur *f*   height
hein ?   huh?
hennir   to neigh, to whinny
herbe *f*   grass
   herbeux, euse   grassy
herborisant   collecting plants
héréditaire   hereditary
hérissé, ée   bristling
héritage *m*   inheritance
hermine *f*   ermine
hésiter   to hesitate
hideux, euse   hideous

hirondelle *f* swallow

HLM *f* (**Habitation à Loyer Modéré**) public housing project

hommage *m* tribute

honte *f* shame

horaire *m* schedule

horloge *f* clock

hors except, apart from, outside

hospitalier, ière hospital, hospitable

hotte *f* basket, hood

houe *m* hoe

huile *f* oil

humeur *f* mood, temper

humour *m* humor

hurlement *m* howl, howling

  hurler to howl, to scream, to yell out

hutte *f* hut

hydrographie *f* oceanography

I

igname *f* yam

ignorer to ignore, not to be aware of

imbattable unbeatable

immensément immensely, tremendously

immigré, ée immigrant

immoler to sacrifice

immuable unchanging, immutable

imprévisible unpredictable

inanimé, e unconscious, lifeless

incendie *m* fire, blaze

inciter to encourage

incompréhensif, ive unsympathetic

inconnu, e unknown

inconscience *f* unconsciousness

incrédule incredulous, unbelieving

inculpé *m* accused

indéchiffrable incomprehensible

indicible inexpressible, unspeakable

indien, ienne Indian

indigène *m* indigenous, native

individu *m* individual

inefficace ineffective

inépuisable inexhaustible

infirme disabled, crippled

  infirmité *f* disability

information *f* piece of information, news

infranchissable impassable

infructueux, euse fruitless, unsuccessful

ingénieur *m* engineer

ingénieux, euse ingenious, clever

  ingéniosité *f* ingenuity, cleverness

ingrat, e ungrateful, thankless

inique inequitable, unjust

injure *f* abuse, insult

inquiet, iète worried, anxious

insensé, ée insane, mad

insolite unusual, out of the ordinary

institutrice *f* elementary teacher

instruire to teach, to educate

insupportable unbearable

intégriste *m* fundamentalist

interdire to forbid

internement *m* internment, confinement

interpeller to call out, to shout out, to hail

interrogatoire *m* questioning, interrogation

  interroger to interrogate, to question, to ask

interrompre to break, to interrupt

intransitif, ive intransitive, having no direct object

intrépidité *f* boldness

inutile useless

inverser to invert, to reverse

invraisemblable improbable, unlikely

issu, e born of, result

ivoire *m* ivory

ivresse *f* drunkness, intoxication

J

jadis formerly, long ago

jalousie *f* jealousy

  jaloux, ouse jealous

jamais never

jérémiade *f* moaning, whining

jeter to throw

jeunesse *f* youth

joindre to join, to put together

joue *f* cheek

jouet *m* toy

jupe *f* skirt

jurer to swear, to vow

juridiquement legally

jusque up to, as far as

juste fair, right, just

justement exactly, precisely

justifier to justify, to prove

K

kilo *m* kilogramme
kilomètre *m* kilometer

L

labourer to plough
lâcher to let go, to leave alone
là-dessus on that, up there
laid, e ugly, unattractive
   laideur *f* ugliness
laine *f* wool
lait *m* milk
lance *f* spear, lance
lancer to throw, to hurl
langue *f* tongue, language
large wide, broad
   largeur *f* width
larguer to loosen, to release, to drop
larme *f* tear
las, lasse weary, tired
laurier-rose *m* oleander
léger, ère light
léguer to hand down, to bequeath
légume *m* vegetable
lendemain *m* following day, next day
lenteur *f* slowness
lentisque *m* mastic tree
lequel which, who, whom
lever to lift, to raise, to levy;
   se ___ to get up, to rise
lèvre *f* lip
lexique *m* glossary
liaison *f* liaison, affair, connection
libérer to free, to release, to discharge
   liberté *f* freedom
   libre free
lien *m* link, bond, connection
lier to bind up, to tie up
lieu *m* place, scene
lignée *f* descendants, posterity
limpidité *f* clarity, lucidity
lire to read
lires *f pl* tears (québécois)
lisière *f* edge
livrer to deliver, to hand over
logement *m* housing
logis *m* dwelling, abode
loin far, a long way

lointain, e faraway, distant
loi *f* law
lorsque when
lot *m* burial plot
louange *f* praise
loup *m* wolf
lourd, e heavy
louvoyer to tack (naut.), to evade
loyauté *f* loyalty, faithfulness
lueur *f* glimmer, light
luire to gleam, to shine
lumière *f* light
lune *f* moon
lunette *f* telescope, glasses
lutte *f* struggle, fight
   lutter to fight, to struggle

M

mâcher to chew
machinalement mechanically, automatically
machiste chauvinist
macho *m* macho, male chauvinist
magasin *m* store
magazine *m* magazine
maghrébin, e from the Maghreb, North Africa
main *f* hand
maintenir to hold, to support,
   to keep, to maintain
maître *m* master
mal *m* evil, harm, sorrow
malade sick
malaise *m* ill-being, feeling of general
   discomfort
malgré despite, in spite of
malheur *m* misfortune, ordeal
   malheureux, euse unhappy, unfortunate
malhonnête dishonest, crooked
malice *f* mischievousness
malin, igne cunning, shrewd
mander to command
manie *f* odd habit, mania
manière *f* way, manner
manifestation *f* demonstration, expression
   manifester to express, to show, to demonstrate
manquer to miss, to fail, to lack
marabout *m* witch doctor
marais *m* swamp, marsh
marbre *m* marble

marchand, e dealer, shopkeeper, tradesman
  marchandise *f* commodity, merchandise
  marché *m* market
marche *f* walking, march, progress
  marcher to walk
mari *m* husband
  marier (se) to get married
matière *f* matter, material
maudire to curse
  maudit, e cursed, damned
méandre *m* twists and turns
mec *m* guy
méchant, e mean, nasty, malicious
médaille *f* medal
médiatisant, e covered by the media
méfait *m* ravages, damaging effect, wrongdoing
meilleur, e better
mélancolique melancholy
mélange *m* mix
  mélanger to mix
mémère *f* granny, grandma
ménage *m* housekeeping, housework
mendier to beg
mener to take, to lead
mensonge *m* lie
mentir to lie
méprendre to make a mistake, to be mistaken
mépriser to despise, to look down on
mer *f* sea
mériter to deserve
métier *m* occupation, job, profession
mettre to put
  mettre en cause to question, to implicate
meublé, e furnished
meule *f* stack
midi noon
miel *m* honey
mignon, onne cute, handsome, sweet
milieu *m* middle, environnment
militant, ante activist, militant
  militer to be a militant, an activist
mille-pattes *m* centipede, millipede
milliers *m pl* thousands
mince slim, thin, slender
ministère *m* ministry, department
  ministre *m* minister, secretary
minutieusement meticulously
misanthrope hating mankind
mode *f* fashion *m* form, mode, method
modeler to model, to shape

mœurs *f pl* morals, habits
moindre lesser, slightest
moitié *f* half
mollesse *f* softness, flabbiness
môme *m* kid, brat
moment *m* time, moment, instant
momentanément for the moment, at present
mondial, e world
monotone monotonous, dull
monseigneur *m* Your Grace
montage *m* assembly, setting, editing
montagne *f* mountain
montant rising
monter to go up, to climb
moquer (se) (de) to make fun of
  moqueur, euse mocking
morceau *m* piece, bit
mosquée *f* mosque
mou, molle soft, limp, flabby, lifeless
mouche *f* fly
mouchoir *m* handkerchief
mouiller to make wet, to dampen
moulin *m* mill
mourir to die
mousquet *m* musket
mousse *f* moss, froth
mouton *m* sheep
moyen *m* means, way
  moyen, enne medium, average, middle
muet, ette dumb, silent
mugissement *m* lowing, mooing
mur *m* wall
mûr, e ripe, mature
mutation *f* transfer, transformation
mutisme *m* silence

N

nacelle *f* gondola (of a hot air balloon)
naïf, ïve innocent, naïve
naissance *f* birth
  naître to be born
navire *m* ship, vessel
néanmoins nevertheless, yet
neige *f* snow
netteté *f* neatness, clearness
  nettoyer to clean
neveu *m* nephew
nez *m* nose

ni...ni   neither...nor...
nid *m*   nest
niveau *m*   level, floor, standard
noces *f pl*   wedding
noircir   to blacken
nommer   to appoint, to nominate
normand, e   Norman
nouer   to tie, to knot
nu, e   naked
nuage *m*   cloud
nuée *f*   thick cloud, horde
nuire   to harm, to injure, to damage
nul, nulle   no, useless, hopeless

O

obsédé, ée   obsessed
obstruer   to obstruct, to block
obtenir   to get, to obtain
occidental, e   western
occupé, ée   busy
occuper (s') (de)   to take care of
occurrence (en l')   in this case
odeur *f*   smell, odor
odorat *m*   sense of smell
œuvre *f*   work (artistic or literary)
offenser   to offend
offre *f*   offer
   offrir   to give, to offer
oignon *m*   onion
oiseau *m*   bird
ombre *f*   shadow
oncle *m*   uncle
ondulation *f*   undulation, wave
opérer   to implement, carry out
or *m*   gold
orage *m*   storm
   orageux, euse   stormy
ordre *m*   order, command
oreille *f*   ear
oreiller *m*   pillow
orgueil *m*   pride, arrogance
   orgueilleux, euse   proud, arrogant
oriental, e   oriental, eastern
orifice *m*   opening
original, e   original, eccentric
orné, ée   ornate
orthographe *f*   spelling

os *m*   bone
   ossement *m*   bones
oser   to dare
ôter   to take away, to remove
oublier   to forget
ouest *m*   west
ouï *m*   hearing
ouragan *m*   hurricane
outre   as well as, besides;
   en~   moreover
ouverture *f*   opening
ouvrage *m*   work, piece of work
ouvrier *m*   worker
ouvrir   to open, to unlock

P

pagne *m*   skirt, loincloth
paille *f*   straw
paisible   peaceful, quiet
palais *m*   palace
palette *f*   palette, range
palmeraie *f*   palm grove
palpitant, ante   thrilling, exciting
panier *m*   basket
pantalon *m*   pants
pape *m*   pope
papier *m*   paper
Pâque *f*   Passover
Pâques *f pl*   Easter
paquet *m*   package, packet
paquetage *m*   pack, kit
paradis *m*   paradise, heaven
paraître   to seem, to appear, to show
parcelle *f*   parcel, plot
parcourir   to skim, to cover, to travel
parcours *m*   distance, journey
pareil, eille   similar, the same
paresseux, euse   lazy
parfait, e   perfect
parfois   sometimes
parmi   among
parois *f*   wall, surface
parole *f*   spoken word, lyrics
parrainage *m*   sponsorship
   parrainer   to sponsor
part *f*   share, portion, slice
partager   to share
parti *m*   party

particularité *f* particularity, characteristic

particulier peculiar, particular;
  en particulier in particular, especially

partie *f* part, amount

partir to leave, to go

partisan *m* supporter

partout everywhere

parvenir (à) to get to, to reach, to succeed in

passer to spend, to pass, to go, to get through,
  to take

passe-temps *m* hobby, pastime

passionné, ée passionate

pathétique moving, full of pathos

patiemment patiently

pâtisserie *f* cake shop, pastry

patrimoine *m* inheritance, heritage

pauvreté *f* poverty

payer to pay

pays *m* country

paysage *m* landscape, scenery

peau *f* skin

peindre to paint

peine *f* sorrow, sadness, trouble, difficulty

peintre *m* painter

peinture *f* painting, picture, paint

pèlerin *m* pilgrim

peluche *f* stuffed animal

penchant *m* tendency, propensity

pencher to tilt, to lean

pendant while, during

pendre to hang, to hang up

pénible hard, difficult, painful

pensée *f* thought

pension *f* pension, boarding school, allowance

pente *f* slope

percer to pierce, to make a hole

percevoir to perceive, to detect, to feel

perdre to lose

perfectionner to perfect

périr to perish, to die

permettre to allow, to permit

perron *m* steps to an entrance

perruque *f* wig

perte *f* loss, waste

pesanteur *f* weight
  peser to weigh

pétillant, e sparkling, twinkling

pétrifié, ée petrified

pétrole *m* oil, petroleum

peu little, not much

peuplade *f* tribe, people

peuple *m* people, nation

peur *f* fear

physique physical

picoter to tickle, tingle, sting

pictural, e pictorial

pierre *f* stone

pieux, euse pious, devoted

pilier *m* pillar, mainstay

pinceau *m* brush

pincer (se) to pinch (oneself)

pinte *f* pint

pionnier, ière pioneer

pire worse

piste *f* track, trail, course

placidité *f* placidness, calmness

plage *f* beach

plaindre to pity, to feel sorry for;
  se____ (de) to moan, to complain (about)

plaine *f* plain

plainte *f* moan, groan

plaire to please

plaisanterie *f* joke

plaisir *m* pleasure

planche *f* board, plank

plaquer (fam) to dump

plat, e flat, smooth, still

platane *m* plane tree

plateau *m* plateau, stage

plâtre *m* plaster

plein, e full

pleur *m* tear, sob
  pleurer to cry, to weep

plier to bend, to fold

plomb *m* lead

ployer to bend, to give way

pluie *f* rain

plume *f* feather

plupart *f* most of, the majority of

pluriel, elle plural

plus more;
  ne ...plus not any longer, not any more,
  no more

plutôt rather, instead

poche *f* pocket

poids *m* weight

poignée *f* handful, fistful, handle

poil *m* hair, coat

poisson *m* fish

poitrine *f* chest, breast

polir to polish
pomponner to doll up
pont *m* bridge
portée *f* range, reach, scope, capacity
porte-parole *m* spokesperson
poser to pose, to lay down, to ask (a question)
poste *m* post, station, job *f* post office
pot *m* jar, can, (fam) luck
poudre *f* powder, dust
poule *f* hen
   poulet *m* chicken
poupée *f* doll
poursuite *f* pursuit, chase
   poursuivre to chase, to pursue, to seek
pourtant yet, nevertheless, even so
pourvu que let's hope that, provided
pousser (un soupir) to sigh
poussière *f* dust
pouvoir to be able to, can, may
préalablement first, beforehand
précipitation *f* haste, hurry
   précipiter (se) to hasten, to speed up, to hurry
précisément precisely, accurately, exactly
   préciser to specify, to make clear, to clarify
prédire to predict
préfecture *f* prefecture, headquarters
préjugé *m* prejudice
prendre au sérieux to take seriously
prendre parti to take someone's side
préservatif *m* condom
presque almost
pressé, ée in a hurry, hurried, urgent
pressentir to sense, to have a premonition
prêt *m* loan, advance
   prêter to lend
prétendre to claim, to maintain, to assert
prêtre *m* priest
prévenir to warn, to inform
prier to pray, to beg
prière *f* prayer
prisonnier, ière captive, prisoner
privation *f* deprivation, loss
   priver to deprive
prix *m* price, cost, prize
procès *m* legal proceeding, legal action, lawsuit
proche close to, near
prodigieux, euse prodigious, incredible
profiter (de) to take advantage of, to make the most of

profond, e deep
   profondément deeply, intensely
   profondeur *f* depth
proie *f* prey
promener to take for a walk;
   se____ to go for a walk
promesse *f* promise, word
   promettre to promise
propension *f* propensity
propos *m* words;
   (à) propos (de) about, concerning
propre clean
   proprement cleanly, neatly
   propreté *f* cleanliness
prouver to prove
provençal, e of Provence
provincial, e provincial, outside Paris
provision *f* supply, stock
prunelle *f* pupil (eye)
pucelle *f* virgin
puis then, next
puisque since
puissance *f* power, strength
   puissant, e powerful, potent
puits *m* well
punir to punish
   punition *f* punishment
pur, e pure, clear

Q

quai *m* platform, wharf, bank
quartier *m* neighborhood, area, district
quasi almost, nearly
québécois, e of Quebec
quelconque some, any, ordinary
quelque some, any
quelquefois sometimes
quelques-uns, unes some, a few
quereller (se) to quarrel
quérir to seek
quiet, quiète calm, tranquil
quitter to leave, to give up
quoi what
quoique although, though
quotidien, ienne daily

R

rabougri, ie stunted, scraggy
raccourcir to shorten, to cut
raccrocher to hang up (phone), to hang back up
racheter to buy back
racine *f* root
raconter to tell
radieux, euse radiant with happiness
rafraîchir to cool, to freshen
raï *m* Arab music
raide stiff, straight
  raidir to stiffen, to harden
raison *f* reason;
  (avoir) raison to be right
  raisonnement *m* reasoning, argument
rallier to rally, to unite
ramasser to pick up, to gather
ramener to bring back, to restore
rampe *f* slope, ramp
rancune *f* rancor, grudge
rangé, e orderly, settled, steady
  ranger to tidy, to put away
ranimer to revive
rappeler to call back, to remind
rapport *m* connection, relationship, ratio, report
  rapporter to bring back, to retrieve, to report
raser to graze, to shave
rassembler (se) to gather, to assemble, to collect
rassurer (se) to reassure
rattacher to attach again, to link
ravin *m* gully, ravine
raviser (se) to change one's mind, to decide otherwise
raviver to revive, to bring back to life
rayon *m* ray, beam
  rayonnement *m* influence, radiance
  rayonner to shine forth, to be radiant
réagir to react, to respond
réalisateur *m* director, film-maker
rebondir to bounce back
récemment recently
recensement *m* inventory, census
recette *f* recipe, formula
recevoir to receive, to get, to welcome
recherche *f* research, pursuit
rechigner to balk
réciproque mutual, reciprocal
réclamer to claim, to demand, to complain

récolte *f* harvest
  récolter to harvest, to collect
récompense *f* award
reconnaissance *f* gratitude, gratefulness
reconnaître to recognize
recours *m* resort, recourse, appeal
recouvrer to recover, to regain
recrutement *m* recruiting
rectiligne straight
recueil *m* collection, book, anthology
  recueilli collected
reculer to step back, to move back, to retreat
récupérer to get back, to recover
rédacteur, rice editor
  rédiger to write, to compose
redoutable formidable, dreadful, tough
  redouter to dread, to fear
réel, elle real, true
référant à referring to
réfléchir to think, to reflect
refléter to reflect, to mirror
réfréner to curb, to hold in check
regard *m* look, glance
regimber to rebel
règle *f* rule
règne *m* reign
  régner to reign
regretter to miss, to regret
régularisation *f* regularization, sorting out
réhabiliter to rehabilitat, to discharge
reine *f* queen
rejeter to reject, to refute
réjouir (se) to be delighted or thrilled to
relancer to restart
reléguer to relegate, to consign
relever to lift up, to raise
religieux, euse religious
remercier to thank
remettre to put back, to put off, to postpone, to deliver
remise *f* delivery, handing in, discount
remonter to come back, to pull up, to go up
remplir to fill (up), to fulfill
remporter to take back, to win, to take away
remuer to shake, to move, to stir
rencontre *f* meeting, encounter
  rencontrer to meet, to run into, to find
rendez-vous *m* appointment
rendormir (se) to go back to sleep
rendre to give back, to return

rendre compte (se) to realize
renfermer to contain, to hold, to lock in
renier to renounce, to disown
renoncer to give up, to renounce
renouer to tie again, to resume
renseigner to give some information;
   se ____ to make inquiries
rentrée *f* start of the new school year
rentrer to go back
réparation *f* repairing, fixing
   réparer to repair, to fix, to mend
repartie *f* retort, repartee
repartir to start off again, to get going again
repas *m* meal
repassage *m* ironing
repentir (se) to repent
repère *m* bearing, line, marker
répit *m* respite, rest
replier (se) to retreat, withdraw
répliquer to reply
replonger to dive back in
repos *m* rest, pause
   reposer (se) to rest, to rely on
repousser to push out of the way, to repel,
   to turn down
reprise *f* resumption, renewal
requête *f* request, petition
résoudre to solve, to resolve
respectueux, euse respectful
respirer to breathe
ressentir to feel
resserrer to tighten up, to narrow
ressortir to go out again, to stand out, to release
ressources *f pl* resources, means
restant *m* remainder
reste *m* rest, left over
rester to stay, to remain
retailles *f pl* scraps, remnants
retenir to hold back, to retain
retentir to ring out, to reverberate
retirer to take off, to remove, to withdraw
retomber to fall again, to come down, to collapse
retour *m* return, way back
   retour en arrière *m* flashback
retraite *f* retreat, retirement
rétrécir to shrink, to narrow
retrouver to find (again), to meet (up with) again
réunion *f* meeting, collection, gathering
   réunir to gather, to collect
rêve *m* dream

réveiller (se) to wake, to awaken, to rouse
révélateur revealing, telling
   révéler to reveal, to disclose, to discover
revenant *m* ghost
revenir to come back, to come again, to return
rêver to dream
revêtu, e dressed
revivre to live again, to come alive again
révolté, e rebellious, outraged
revue *f* review, magazine
richesse *f* wealth, richness
ride *f* wrinkle, ripple
rideau *m* curtain
ridicule ridiculous, ludicrous
rigoler to laugh, to have fun
rigoureusement rigorously, harshly
   rigueur *f* harshness, stringency, rigor
riposter to answer back, to retaliate
rire to laugh, to be joking *m* laugh, laughter
rive *f* shore, bank
rivière *f* river
rocher *m* rock
rôder to roam, to wander about
roi *m* king
romain, e Roman
roman-photos *m* photo romance
rompre to break off, to break up
ronchonner to grumble, to grouch
rond, e round
roseau *m* reed
roue *f* wheel
rougir to blush, to turn red
rouler to roll, to trick
route *f* road
royaume *m* kingdom, realm
royauté *f* royalty
ruban *m* ribbon
ruelle *f* alley, lane
ruisseau *m* stream, brook
ruisseler to stream, to flow
rusé, ée cunning, crafty, sly

S

sable *m* sand
sac *m* bag, sack
sacrer to crown, to consecrate
sacrifier to sacrifice, to give up
sainteté *f* saintliness

Saint-Siège *m* Catholic church, papacy
salé, ée salty, salted
salir to make dirty, to mess up, to corrupt
salopard *m* bastard
saluer to greet, to say goodbye, to salute
sangloter to sob
sans papiers *m* immigrant(s) without proper
   identity papers
santé *f* health
sapin *m* fir tree
sauf except, but
sautiller to hop, to skip
sauvage wild, primitive, savage
sauver to rescue
saveur *f* savor, flavor
savane *f* savannah, swamp
savon *m* soap
savourer to savor
scandaleux, euse scandalous, outrageous
séance *f* meeting, session, sitting
sec, sèche dry
   sécher to dry
secouer to shake
secours *m* help, aid, assistance
secousse *f* jolt, bump
sédentaire sedentary, settled
séduire to charm, to appeal to
seigneur *m* lord
séjour *m* stay, living room, lounge
sel *m* salt
selon according, in accordance with
semer to sow, to spread, to scatter
sens *m* meaning, sense
sensibilité *f* sensitivity, sensitiviness
sensible sensitive, appreciable, noticeable
sensiblement considerably
sentier *m* path
sentir to sense, to smell, to taste;
   se____ to feel
septième art *m* cinema
serpent *m* snake
serrer to hold tight;
   se ____ la main to shake hands
serti, e set (jewelry)
servir to serve, to wait on
seuil *m* threshold, doorway
seulement only, alone, solely
sida *m* AIDS
siècle *m* century
siège *m* siege, seat, chair

sifflement *m* whistling, hissing
significatif, ive significant, revealing
   signification *f* significance, meaning
simplette *f* simple minded, ingenuous
singe *m* monkey, ape
sinon exept, other than, if not
sinueux, euse winding, meandering
sirène *f* siren, mermaid
site *m* setting, site
sitôt as soon as, immediately
sœur *f* sister
soi-disant so-called
soif *f* thirst
soigneusement carefully, neatly
soin *m* care, tidiness
soir *m* evening
sol *m* ground, floor, soil
soldat *m* soldier
solde *m* pay, balance, sale
soleil *m* sun
solennellement solemnly, formally
sombre dark
somme *f* sum, amount
sommeil *m* sleepiness, drowsiness
   sommeiller to sleep, to doze
sommet *m* summit, top, crown
sondage *m* poll, survey
songe *m* dream
   songer to dream, to reflect, to consider
sonner to ring, to sound
   sonnerie *f* doorbell, ringing
sorcellerie *f* witchcraft, sorcery
sorcier, ière sorcerer, witch
sort *m* lot, fate
sot, sotte silly, foolish, stupid
   sottise *f* stupidity, foolishness
sou *m* cent
souci *m* worry, concern
   soucier (se) to care about
   soucieux, euse concerned, worried
soudain suddenly, all of a sudden
soudeur *m* solderer, welder
souffle *m* blow, puff, breath
   souffler to blow, to get one's breath back
souffrance *f* suffering
   souffrir to suffer, to bear
souhaitable desirable
   souhaiter to wish for
souiller to soil, to dirty, to pollute
soulagement *m* relief

soulever to lift, to raise

soulier *m* shoe

souligner to underline, to accentuate

soumettre to subject, to subjugate, to submit

soupape *f* valve

souper to dine, to have supper

soupir *m* sigh

    soupirer to sigh

source *f* spring, source

sourcil *m* eyebrow

sourd, e deaf

sourd-muet, sourde-muette *m, f* deaf-mute

sourire *m* smile

sous under, underneath, beneath

soute *f* baggage hold

soutenir to support, to hold up

souvenir *m* memory, recollection, remembrance

    se ____ de to remember

souvent often

souverain sovereign, supreme

spectacle *m* show

spectre *m* ghost

spontanément spontaneously

squelette *m* skeleton

stade *m* stadium

stagiaire *mf* trainee, intern

stopper to stop, halt

stupéfaction *f* amazement, astonishment

subir to be subjected to, to suffer

subtilité *f* subtlety

subvenir to provide for, to meet

subventionner to subsidize

sucre *m* sugar

sueur *f* sweat

suffisant sufficient, enough, satisfactory

suite *f* continuation, following, result

suivant following, next

suivre to follow

supplice *m* torture

supprimer to delete, to remove, cancel

sûr, e certain, sure, safe

    sûreté *f* safety, reliability

surgir to appear suddenly, to loom up

surmonter to surmount, to overcome

surprenant, ante surprising

surprendre to surprise, to discover, to overhear

sursaut *m* start, jump

    sursauter to jump, to start

surtout above all, especially, particularly

surveillance *f* watch, surveillance, monitoring

    surveiller to watch, to keep an eye on,
to supervise

survol *m* skimming, flying over

susceptible touchy, thin-skinned, sensitive

suscription *f* address

sympathiser to get along (well)

T

tableau *m* painting, picture

tablier *m* apron

tâche *f* task, work

tâcher to try, to endeavour

tailler to cut, to hew, to carve

tailleur *m* tailor

taire (se) to be silent, to keep quiet

tambour *m* drum, drummer

tandis que while, as, whereas

tant so much, so

tante *f* aunt

taper to beat, to slap, to smack

tas *m* pile, heap

teinte *f* shade, hue, tint

teinture *f* dye, dyeing

tel, telle such, like

témoignage *m* testimony, evidence

    témoigner to testify

    témoin *m* witness

tenaille *f* pliers

tendresse *f* tenderness, affection

tenir to hold, to keep

tentative *f* attempt

tenter to tempt, to try, to attempt

terrain *m* ground, piece of land, soil

terroir *m* soil, land

testament *m* will

théière *f* teapot

tiède lukewarm, tepid

tiers *m* third

tige *f* stem, stalk

timoré, ée fearful

tirer d'affaire (se) to get oneself out of a mess

tiret *m* dash

tiroir *m* drawer

toile *f* cloth, canvas, web

toilette *f* cleaning, outfit, clothes

toise *f* measure of two meters

toit *m* roof
   toiture *f* roof, roofing
tomber to fall, to drop
tordre to wring, to wind, to twist
tort *m* fault, wrong
tortiller to twist
tortueux, euse winding, twisting
tour *f* tower   *m* trip, outing, round, turn
tourbillon *m* whirlwind
tournée *f* tour, round
tournesol *m* sunflower
toxicomanie *f* drug addiction
tracasser (se) to worry, to bother
traduire to translate
trahir to betray
   trahison *f* betrayal, treachery, treason
traîner to pull, to drag
trait *m* stroke, feature, line
traité *m* treaty
traiter to treat, to deal with
traître treacherous, traitorous
transmettre to pass on, to hand down,
   to transmit
trappeur *m* trapper, fur trader
travers width, breadth
   à ~ across, through
traversée *f* crossing, going through
traverser to cross, to traverse
tremper to soak, to drench
trépigner to stamp (one's feet)
   trépignement *m* stamping
trésor *m* treasure
tressaillir to quiver, to shudder
trêve *f* truce, rest, respite
tribu *f* tribe
tribunal *m* court
tricoter to knit
tromper to deceive, to trick, to fool
   se ____ to make a mistake
   tromperie *f* deception, deceit, trickery
   trompeur, euse deceitful, deceptive
tronc *m* trunk
trône *m* throne
trou *m* hole, burrow
tube *m* hit record
tubercule *m* root vegetable
tuer to kill, to shoot
tunique *f* tunic, gown

U

urgence *f* emergency, urgency
   urgent, e urgent, pressing, emergency
usine *f* factory
utile useful, helpful
utiliser to use

V

vague *f* wave
vaincre to defeat, to beat
   vainqueur *m* victor, conqueror, winner
vainement vainly, in vain
vaisseau *m* vessel
valeur *f* value, price
valise *f* suitcase
valoir to be worth
vanité *f* vanity, conceit
   vanter to praise;
   se ____ to boast, brag
vaquer à to attend to, to see to
veille *f* wakefulness, watch
   veiller to stay up, to sit up, to watch over
venelle *f* alley
ventre *m* belly, stomach
vents alizés *m pl* trade winds
verlan *m* backslang
verre *m* glass, drink
vers towards, around   *m* line, verse
   verset *m* verse
vertu *f* virtue, power
vêtement *m* clothes, garment
   vêtir to clothe, to dress
viande *f* meat
victoire *f* victory
vide empty, vacant
   vider to empty, to drain, to clear
vieillesse *f* old age, age
   vieillir to grow old, to age
vierge *f* virgin
vieux (vieil), vieille old, ancient
vif, ive lively, vivacious, sharp, bright
vilain, e ugly, nasty, wicked
virage *m* turn, curve
visage *m* face
viser to aim at, to target

vite   fast, quickly

  vitesse *f*   speed, rapidity

vitrine *f*   (shop) window

vivant, ante   alive, live, lively

vive-voix   in person, personally

vivier *m*   fishpond, fishtank

vivre   to live, to be alive

vœux *m pl*   wishes, vows

voie *f*   way, road

voire   or even, indeed

voisin, e   neighbor

voiture *f*   car, automobile

voix *f*   voice, vote

volée *f*   flight, flock

voler   to fly, to steal

volonté *f*   will, wish

volontiers   gladly, willingly

vouer   to dedicate, to vow, to devote

vouloir   to want

vouvoyer   to address someone as *vous*

voyager   to travel

CREDITS

Text, Charts

4–5 *Les chroniques de l'ingénieur Norton*, Christine Kerdellant, ©Belfond 1997; **5** *Les Français vus par les Français*, 1998, Les Echoes/BVA; **6** *Les valeurs des Européens*, 1998, IPSOS; **22–23** *La cathédrale*, André Maurois, *Pour un piano seul*, Flammarion; **32–33** *pour faire le portrait d'un oiseau*, Jacques Prévert, *Paroles*, Éditions Gallimard; **40–43** *Le portrait*, Yves Thériault, *L'île introuvable*, ©1996 Succession Yves Thériault et Bibliothèque québécoise (édition de poche) Reproduit avec la permission de la Succession Yves Thériault; **87** Aidalai, 1991, Mecano, *Hijo de la luna (Dis-moi, lune d'argent)* par J.M. Cano; **91–97** *La première nuit*, Bernard B. Dadié, dans *Les contes de Koutou-As-Samala*, ©Présence Africaine, 1982; **100** Véronique Tadjo, extrait de *Latérite*, Collection Monde Noir Poche, ©Hatier, Paris; **113–116** *Éloge de l'amitié*, Tahar Ben Jelloun, Arléa, 1996, pp. 14-22, 116-117; **119–129** *La route d'Altamont*, Gabrielle Roy, Flammarion, 1966; **136–138** *L'amour au Val Fourré*, Faudel, *Le Nouvel Observateur*, No 1733, 22–28 janvier 1998; **141** *Mère Awa*, Malick Fall, dans *Reliefs*, Présence Africaine, 1964; **163–164** *La langue de chez nous*, paroles et musique: Yves Duteil ©1977 Les Éditions de l'Écritoire; **166–172** *La France au cours des âges*, Colette Dubois Brichant, 1973, pp. 143–147 ©The McGraw-Hill Companies; **174–175** *Jehanne d'Arc*, Raymond Devos : *Matière à rire*, Sketch Jeanne d'Arc, Librairie Plon, 1991; **176–183** *La fuite de la main habile*, Henri Lopès, dans *Tribaliques*, Les Éditions CLE, 1972, pp. 1–9; **187–189** extrait de *Sans papiers : les parrainages de l'urgence*, Association : Comité 34 des Parrains-Marraines des Sans-Papiers; **210–212** « Bertrand Piccard et Brian Jones bouclent leur tour du monde en ballon » de Frédéric Potet, *Le Monde*, 21–22.03.99.

Photographs

Cover Peter Gridley/FPG International LLC; **2–3** *left* Dan Nelken/Liaison Agency, Inc.; **2–3** *top right* Hulton Getty/Archive Photos; **3** *bottom right* SuperStock, Inc.; **10** Buddy Mays/Corbis; **11** Wernher Krutein/Liaison Agency, Inc.; **16** *bottom* Christie's Images/SuperStock, Inc.; **16** *left* Quinn/Liaison Agency, Inc.; **16–17** *top right* Charles & Josette Lenars/Corbis; **21** Corbis; **23** Sammlung Oskar Reinhart; **27** Corbis; **29** Sami Sarkis/PhotoDisc, Inc.; **39** John Elk III; **46** Rodin Museum, Paris, France; **48** Rodin Museum, Paris, France; **60** *center* Stock Montage, Inc./Historical Pictures Collection; **60–61** *bottom* SuperStock, Inc; **61** *top* M. Huet/Liaison Agency, Inc.; **65** Art Resource, N.Y.; **70** Kobal Collection; **73** Kobal Collection; **74** Photofest; **77** Photofest; **79** Photofest; **81** Photofest; **90** Paul Almasy/Corbis; **94** SuperStock. Inc.; **100** Michele Burgess/SuperStock, Inc.; **108** *inset* The Stock Market; **108** Steve Mason/PhotoDisc, Inc.; **109** Charles Nes/Liaison Agency Inc.; **114** Christopher Bissell/Stone; **120** Stone; **133** SuperStock, Inc.; **137** Marc Garanger/Corbis; **142** Michel Renaudeau/Liaison Agency, Inc.; **158–159** *bottom* Rassias Evangelis/Liaison Agency, Inc.; **158** *top* Michel Euler/AP/Wide World Photos; **159** *right* SuperStock, Inc.; **165** Sherri Zann Rosenthal; **171** The Granger Collection; **181** Alain Nogues/Corbis/Sygma; **187** Bernard Bisson/Corbis/Sygma; **196** The New York Public Library Photographic Services; **203** The New York Public Library Photographic Services; **209** AP/Wide World Photos.

Illustration

32–33, 87, 124, 163, 164 Eileen Hine.

Maps

168, 177 Ortelius Design.

Cartoons

31 Maurice Henry, "Portrait of Jacques Prevert", ©2000 Artists Rights Society (ARS), New York/ ADAGP, Paris; **51** « Vieilles dames », Jacques Faizant; **144** *La femme du pionnier*, Claire Bretécher, *Les Frustrés*.

INDICE : STRUCTURES